嵌入与建构：
专门学校社会工作服务模式研究

肖建国　周锦章　主编

中国人民公安大学出版社
·北　京·

图书在版编目（CIP）数据

嵌入与建构：专门学校社会工作服务模式研究/肖建国，周锦章主编 . —北京：中国人民公安大学出版社，2021. 12

ISBN 978-7-5653-4266-0

Ⅰ. ①嵌…　Ⅱ. ①肖…②周…　Ⅲ. ①工读学校—社会工作—社会服务—研究—中国　Ⅳ. ①G765

中国版本图书馆 CIP 数据核字（2021）第 141798 号

嵌入与建构：专门学校社会工作服务模式研究

肖建国　周锦章　主编

出版发行：中国人民公安大学出版社
地　　址：北京市西城区木樨地南里
邮政编码：100038
经　　销：新华书店
印　　刷：天津嘉恒印务有限公司

版　　次：2021 年 12 月第 1 版
印　　次：2021 年 12 月第 1 次
印　　张：15. 25
开　　本：787 毫米×1092 毫米　1/16
字　　数：280 千字

书　　号：ISBN 978-7-5653-4266-0
定　　价：60. 00 元

网　　址：www. cppsup. com. cn　　www. porclub. com. cn
电子邮箱：zbs@ cppsup. com　　zbs@ cppsu. edu. cn

营销中心电话：010-83903991
读者服务部电话（门市）：010-83903257
警官读者俱乐部电话（网购、邮购）：010-83901775
公安业务分社电话：010-83905672

嵌入与建构：
专门学校社会工作服务模式研究

主　　编　肖建国　周锦章

副 主 编　姚鹏龄　金超然

编写人员（按姓氏笔画排序）

王　萌　付俊杰　李海龙　李静怡

肖建国　吴志娇　张　旭　林海燕

金超然　周锦章　侯仕静　姚鹏龄

高　越　席小华　唐　培　陶　静

彭丹丹　彭军凯　穆彧飞

序一

目前，我国正处于经济社会迅速发展时期，在校青少年的教育、管理、服务等面临着多样化的需求。

北京市海淀寄读学校作为专门学校，学生发展需要相对于普通学生更为复杂多样，对教育多样化的需求更加迫切。为此，我们紧紧围绕“办适合我们学生的教育”的工读办学目标，努力探索各种适合学生的教育手段，如心理教育、科技教育、法治教育，这些特色化的教育形式从不同方面促进了学生的成长。

2014 年，我们的“适合教育”迎来了新的发展契机。这一年，北京市超越青少年社工事务所与北京市海淀寄读学校合作，将社工资源引入专门学校，成立了驻校社工站，助力学生成长。

五年来，社工站建立、完善了专门学校驻校社工的工作机制，探索开展了适合专门学校学生的多项服务实践，在重点学生群体的教育矫正、预防和减少学生的偏差行为、学生家庭教育等方面发挥了积极的作用。

驻校社工有着与众不同的朝气、活力和创新精神，他们依托小小的社工站，跟学生们谈心，开展个别辅导；带着学生走出学校，到地铁沿线开展“城市历奇活动”；深入家庭开展亲职辅导，资助困难家庭。他们如同一缕阳光，照在学生们的心头，给他们带来了希望和力量。

社工站大量细致、深入的工作取得了很好的成效。有的学生说：“社工站就是我的第二个学校，这里的社工能接纳我，我的心事有地方表达、想法有地方实现。”有的家长说：“每周都盼着社工站的家长活动，觉得很充实、很实用，能够帮助家长解决很多的困惑，谢谢社工们为家长所做的一切。”学生在课余时间一有空就往社工站跑，他们喜欢待在那里；社工设计的各种活动让学生们感到非常快乐；在每年的社工总结会上，年轻社工们展示出他们平时所做的大量工作，以及学生个案身上发生的巨大转变。

社工的工作是联系社会、服务学生，他们从不张扬，默默地为学生付出，给学生搭建广泛的平台，促进学生不断地树立自信、实现成长。这就是教育的本义，也是专门教育“静听花开”的教育特色。

实践表明，驻校社工以其第三方身份，通过运用专业方法，链接多方资源，开展个案服务、小组活动、危机介入，对于防止校园欺凌、预防未成年人违法犯罪具有良好效果，在帮助青少年提升抗逆力、摆脱情绪困扰等方面起到了重要作用。

在此，特别感谢首都师范大学席小华教授将社工这一宝贵而又专业的资源引入我校，让学校的工作有了新的特色与抓手，让学生的成长有了新的平台和起点。

希望社会各界继续关注北京市海淀寄读学校的教育工作，指导我们并和我们一起为有特殊成长需要的学生服务，为未成年人教育保护事业和学生的健康成长及家庭幸福作出更多的贡献。

肖建国

2019 年 7 月

序二

自21世纪初以来，专业的力量促使我国社会工作快速发展，一些发达地区开始出现社会工作与专门教育合作为学生提供服务的实践与探索，这些实践与探索为学校社会工作和未成年人司法社会工作的专业化发展积累了经验。

2006年，首都师范大学社会工作系与北京市海淀寄读学校开启了合作历程，首先开展了“温暖心泉——中学生成长夏令营”活动，之后，又连续三年组织开展了团体辅导、个案支持、教师培训等相关服务，取得了良好的成效，这是双方后期得以继续开展合作的重要基础。

2014年，在北京市海淀区教育委员会的支持下，海淀寄读学校决定与北京超越青少年社工事务所（在首都师范大学少年司法社会工作研究与服务中心已有服务的基础上注册成立）建立长期合作关系，并确立了政府购买服务的合作形式。截至2019年，在双方的共同努力下，形成了稳定的合作机制，服务内容更加完善，服务效果得到了学生、教师、家长的一致好评与肯定。

在社会工作与专门学校合作迎来五周年之际，双方希望对过去五年的实践进行系统的梳理和总结，并认为以下几个方面是非常重要的：

一是双方合作的基础与背景。首都师范大学与海淀寄读学校的合作，从浅层次上看，与高校教师的专业倡导和寄读学校领导的远见卓识密不可分；从深层次上看，与寄读学校学生多元化的教育需求，专门学校政策的走向、国内社会工作专业化的发展以及未成年人保护理念的深入发展密切相关。因此，立足现阶段的教育发展背景，对社会工作专业与专门学校合作的基础进行分析是非常必要的。这既是理解过去二者得以合作的切入点，也是展望未来二者得以继续合作的源泉。

二是双方合作的内容。众所周知，社会工作是以价值为本的专业，社会工作者对专门学校的学生具有强烈的价值关怀，并希望通过身体力行提升学生的价值观与素质能力。因此，社会工作专业进入专门学校后，通过学校场域里的哪些环节为学生开展服务，用什么样的形式开展服务，服务成效如何，社会工作专业弥补了原有教育场域的何种缺陷与不足，这些都是社会工作专业和学校场域里的工作者最关心的问题，也是二者未来能否长期开展合作的核心动力。

三是双方合作的模式与机制。社会工作作为一支新兴的专业力量，是以独立的专业身份嵌入到专门学校场域里开展服务的，相对于传统的教育体系而言，社会工作专业既是外来的也是新生的。因此，社会工作专业在学校场域的嵌入过程如何，以及二者通过系列互动形成了何种合作机制与合作模式，这些问题的研究对于我国专业社会工作的发展路径分析具有重要意义。同时，对于专门学校而言，如果引入社会工作专业力量成为未来发展趋势，那么，此项研究或许可以提供宝贵的借鉴经验。

按照以上思考路径，北京超越青少年社工事务所的一线社工、研究员与海淀寄读学校的教师组成专门课题组，围绕相关问题开展了为期近一年的专项研究。研究团队在研究过程中，始终秉持以下两个基本原则：

一是注重实用性。目前，我国社会工作专业介入专门学校教育的实践样本较少，也缺少系统的实践经验总结与梳理，因此，研究团队整理了过去五年所有的服务内容，提炼出“学生个体服务、朋辈群体服务、班级学校服务、家庭服务、社会联结服务”五大板块，进行了分类，然后通过服务案例呈现了不同的服务内容。在案例分析中，既有一线社工对服务方法与服务技巧的分享，也有班主任、相关教师与社工开展合作的经验与感受，完整展现了在学生服务中社工与学校教师的合作过程。

这种案例分析方式，可以形象生动地体现社会工作在专门学校的服务内容与服务过程，既有利于理解服务案例本身，也具有较强的指导性和可操作性，可以为后续的相关服务提供指导和支持。

二是注重研究性。北京超越青少年社工事务所的成立源于首都师范大学社会工作系师生的专业实践。一直以来，北京超越青少年社工事务所秉持研究与实务并重的基本理念，践行“知行合一、经世致用”的根本使命，每项服务都坚持以研究为本，不断推动实践的有效性，同时，在社会工作实践基础上扎实开展社会工作理论研究。在本研究成果形成过程中，研究团队围绕服务基础、服务模式、服务机制等相关内容展开理论研讨，以期从理论认识的高度概括和总结过去五年的专业实践，实现理论与实践的对话，推动社会工作理论的具体化与创新发展。

在历史的长河中，五年的实践仅是沧海一粟，而汲取其中精华更好地为后续服务奠定基础才是最重要的，研究团队为此作出了积极的努力，付出了辛勤的劳动。本书正是研究团队通力合作的成果，具体分工如下：肖建国、付俊杰负责第一章第三节；周锦章负责第一章第一节、后记二；席小华负责第一章第二节；姚鹏龄负责后记一；金超然负责第二章第一节、第九章、附录；吴志娇负责第二章第二节，第三章第一节、第三节，第六章，第七章；陶静负责第二章第二节，第三章第二节、第三节，第五章，第八章；林海燕负责第四章；王萌负责第四章、第七章、第八章；李海龙负责第五章；彭丹丹负责第六章。另外，特邀海淀寄读学校的李静怡、张旭、金超然、侯仕静、高越、唐培、彭军凯、穆彧飞老师为第四章至第八章的服务内容进行了点评。最后，由周锦章负责统稿、审定。

由于编写人员水平有限，书中难免存在疏漏与不妥之处，希冀读者不吝赐教。

席小华

2019 年 8 月

目 录

第一章

专门学校社会工作服务的背景

第一节　不良行为学生的成长轨迹与教育干预

根据《现代汉语词典》（第7版）的解释，所谓工读教育，是指对有较轻违法犯罪行为的青少年进行改造、挽救的教育。结合《中华人民共和国未成年人犯罪法》和中央发布的《关于进一步加强和改进未成年人思想道德建设的若干意见》可知，所谓有较轻违法犯罪的青少年，指的就是存在不良行为或严重不良行为的青少年。随着我国改革开放的深入和社会转型的加速，青少年学生的不良行为作为一个严重的问题逐渐成为社会关注的焦点。青少年时期是人生的转折蜕变期，也是人生的关键时期，青少年由于生理、心理及身体的急遽发展与变化，又面临重新确认自己、考虑未来、如何与社会网络中的他人相处等纷至沓来的各种新问题与新要求，难免常常感到彷徨和疑虑，不知道如何调适自己以适应这些突如其来的巨变。再加上社会转型速度加快，各种价值观念不断发生冲突，多数青少年学生常常产生无所适从、无所归依的迷失感。如果政府、学校、家庭和社会不能及时地予以有效协助与辅导，不良行为就容易发生。这些不良行为不但影响了青少年的健康成长，而且也给学校、家庭和社会等带来很多的麻烦和危害。另外，在长期的犯罪学研究中发现，大量的青少年犯罪，往往是从不良行为开始的。一部分犯罪青少年往往在学校期间就有不良行为，然后逐渐发展，最终恶化成为犯罪行为。由此可见，深入研究和尽早干预青少年的不良行为，不仅可以帮助学校老师及相关研究者认识到不良行为产生的原因、具体的应对方法以及预防策略；还可以真正阻断青少年从不良行为、越轨行为走向犯罪，有效地预防青少年犯罪行为的产生；更可以帮助学生认识自我，养成良好的行为习惯，健康成长，成为社会的栋梁之材。

本节试图通过对未成年犯罪嫌疑人、青少年犯罪嫌疑人、犯罪青少年及普通中学和技校的有不良行为青少年等群体的剖析①，揭示当前青少年不良行为的基本概况，分析不良行为产生的历程与发展轨迹，向社会呈现该群体的真实面貌，并在此基础上探索依托专门学校教育完善青少年不良行为的干预机制，为切实解决和预防青少年不良行为的发生提供借鉴与参考。

一、青少年不良行为的定义与特点

（一）不良行为的定义

关于不良行为的定义，学界尚无明确界定。在调研过程中，一线教育工作者更爱用“问题学生”或“偏常生”指代这类学生。本书中的不良行为学生，主要根据《中华人民共和国预防未成年人犯罪法》（以下简称《预防未成年人犯罪法》）的相关概念进行了界定。《预防未成年人犯罪法》第 14 条和第 34 条指出，未成年人不良行为，是指容易引发未成年人犯罪，严重违背社会公德，尚不够刑事处罚的行为。未成年人不良行为分为一般不良行为和严重不良行为。一般不良行为，是指违反社会生活、学习和劳动纪律等公共道德规范的行为，是违反一般生活准则的行为。严重不良行为，是指严重危害社会，尚不够刑事处罚的违法行为。它与一般不良行为一样，都是反社会的，其差别在于危害程度不同。

近年来，青少年的不良行为出现了一些新的形式和特点，尤其是网络成瘾行为在青少年群体中发生比例较高。作为信息社会带来的新的社会问题，网络成瘾理应纳入不良行为青少年的研究视野。因此，在本书中，所谓不良行为，主要是指青少年违反社会公共生活准则与有关行为规范，或者不能良好适应社会生活，从而给社会、他人和本人造成不良影响或危害的行为。除了《预防未成年人犯罪

① 2013 年，首都师范大学少年司法社会工作研究与服务中心联合共青团北京市委员会共同就北京市青少年不良行为展开调研，试图通过深入广泛的社会调查，揭示当前北京市不良行为青少年的基本概况，分析不良行为产生的影响因素及其与青少年犯罪之间的关系，本节的数据与结论皆来自此次调研。

法》中规定的9种不良行为，还应将“与社会不良人员联系较多”、“抽烟喝酒”、“与家庭和学校社会关系紧张”及“网络成瘾”等13种不良行为纳入其中。

（二）不良行为青少年的特点

1. 男性有不良行为的比例高于女性

从有不良行为青少年的性别比例来看，男多女少。调研发现，近年来女生的不良行为有所增加，尤其是从媒体披露的一些社会影响较大和侵害性较强的案例来看，其隐蔽性较强。

2. 城乡接合部是不良行为青少年的聚集地

从有不良行为青少年的户籍地来看，除了城市未成年犯罪嫌疑人外（这是因为属地化管理制度导致样本中多数城市未成年犯罪嫌疑人是城区户籍），郊区及农村的不良行为青少年居多。尤其是城乡接合部地带，聚集了大量不良行为青少年，给原本相对薄弱的社区管理带来很大压力和隐患。

3. 行为失范与社会交往不良等是青少年不良行为的主要体现

青少年不良行为的类型频次主要集中在抽烟喝酒，逃学、旷课、夜不归宿，打架斗殴、辱骂他人及与社会不良人员联系等四个方面。调研中，一线教师与教学管理人员反映，他们所见的不良行为也主要集中在上述四个方面。可见，感染上述四种行为的青少年是不良行为发生的高危人群。

4. 六成不良行为青少年有两种以上不良行为

从不良行为的交织来看，超过六成的不良行为青少年有两种以上的不良行为，而且这些行为往往相伴相生，呈现出复杂的趋势。

二、不良行为青少年的发展路径

在不良行为青少年的案例分析中，往往都要对其生活经历、影响因素、演变经过及所受惩罚进行研究，实际上就是一种对不良行为青少年的发展路径的研究。这种研究是必要且有积极意义的。但是，它仅是对于个别人的人生轨迹研究，尽管也有警示后人的作用，但由于研究对象指向的是个案，所以其意义相对而言有所局限。如果将不良行为青少年的人生轨迹研究扩而大之，从个案研究推向整体研究，从无数个案的特殊性中探寻群体的共同性，从他们个体的特殊人生轨迹中总结出这一社会群体的发展路径，从而发现他们感染不良行为的普遍规律，那无疑是更有价值和意义的。

（一）不良行为青少年的生命历程

所谓生命历程，是指将个体的成长理解为一个由多个生命事件构成的序列。

每个人从出生开始，通常都历经就学、就业、成家、生育等人生环节，直至离开人世。不良行为青少年的人生轨迹与常人相比，既有共性又有特殊性。笔者从出生年龄、上学年龄、首次不良行为年龄、团伙形成的年龄、离校年龄、首次受惩处年龄、首次作案年龄及被抓获年龄等动点的平均值的集中趋势出发，分析了不良行为青少年的生命历程。

统计结果显示，青少年首次不良行为的平均年龄是 12.25 岁，这应该是预防和干预的关键期。同时，由于种种原因，不良行为青少年平均 15 岁离开学校。他们当中的许多人还处于义务教育阶段，却在最需要有人“拉一把”的时候离开了学校。

（二）不良行为青少年的发展轨迹

1. 最早发生的不良行为

为了寻找青少年成长历程中发生较早的不良行为，笔者对 7 种不良行为发生的先后顺序进行了分析。按照“最早发生”的人数比例排序，“最早发生”的前 4 种不良行为是：抽烟喝酒，打架斗殴、辱骂他人，逃学、旷课、夜不归宿，与学校和家庭关系紧张。也就是说，在 7 种不良行为中，这 4 项经历最可能成为青少年成长过程中最早发生的不良行为。尤其是最早发生的“抽烟喝酒”行为通常是不良行为青少年发展轨迹的起点。

2. 不良行为的相关性

为了描述各种不良行为的相关性，需要分析“有某种不良行为的青少年”同时感染其他不良行为的可能性。统计结果表明，有“抽烟喝酒”行为的青少年最可能同时感染的 4 种不良行为分别是：打架斗殴、辱骂他人，逃学、旷课、夜不归宿，进入法律、法规规定未成年人不适宜进入的营业性歌舞厅等场所，与社会不良人员联系；有“打架斗殴、辱骂他人”行为者最可能同时感染的 4 种不良行为分别是：抽烟喝酒，逃学、旷课、夜不归宿，进入法律、法规规定未成年人不适宜进入的营业性歌舞厅等场所，与社会不良人员联系。

3. 不良行为青少年的发展轨迹

在确定了有“抽烟喝酒”不良行为青少年容易感染的其他不良行为后，笔者对不良行为发生的先后进行排序，用以描述不良行为青少年的发展轨迹。统计结果表明，有“抽烟喝酒”行为的不良行为青少年的发展轨迹可以归纳为：抽烟喝酒——打架斗殴、辱骂他人——与学校和家庭关系紧张——逃学、旷课、夜不归宿——与社会不良人员联系——进入法律、法规规定未成年人不适宜进入的

营业性歌舞厅等场所。

（三）结论

1. 预防和矫治青少年的不良行为是学校义不容辞的责任

首先，青少年首次不良行为的平均年龄是12.25岁，与青春期的萌芽大体一致。这一时期的青少年正值青春发育期，反叛性强，缺乏自制能力，教育工作者应该从生理、心理、思维及情绪等角度去关心他们，爱护他们，并“对症下药”。其次，由于青少年不良行为最早发生的时间恰好是初一前后，小升初阶段应该是预防不良行为产生的最佳时期。再次，青少年不良行为团伙的形成主要依附于学校空间。在日常管理中，学校应当重点关注青少年朋辈交往的需要、环境和存在的问题。最后，学校要对感染了不良行为的青少年进行心理和行为方面的矫治和训练，附带对他们进行学习和就业辅导，帮助他们摆脱颓废无望的生活状态，不抛弃不放弃，防止其因失学进一步危害社会。

2. 预防工作应当找准重点，分级干预

抽烟喝酒，打架斗殴、辱骂他人，逃学、旷课、夜不归宿及与学校和家庭关系紧张是青少年成长历程中发生较早的不良行为，应该作为一级预防的重点。与社会不良人员联系，进入法律、法规规定未成年人不适宜进入的营业性歌舞厅等场所，偷拿财物、偷窃、故意毁坏财物，网络成瘾及强行向他人索要财物等不良行为，则是二级预防的关键。

3. 抽烟喝酒是青少年偏离正常轨道的起点或早期征兆

从青少年不良行为发展的轨迹看，如果青少年开始有抽烟喝酒的行为，之后往往伴随着打架斗殴、辱骂他人，与学校和家庭关系紧张，逃学、旷课、夜不归宿，与社会不良人员联系及进入法律、法规规定未成年人不适宜进入的营业性歌舞厅等场所的一系列行为。从这一点来看，抽烟喝酒是学生走向不良行为甚至犯罪的危险信号。

三、对不良行为青少年进行教育干预的对策与建议

青少年的不良行为问题具有长期性、复杂性和紧迫性的特点。综合以往的研究成果及调研情况，笔者认为，影响青少年不良行为的危机因素包括社会公共政策、家庭、学校、同伴群体以及个体等，而且这些因素之间还存在复杂的交互作用。如果我们用树来比喻青少年，这棵树生长的土壤就是他们所处的社会环境，家庭、学校以及同伴群体作为树根将树和土壤连接在一起，并为树提供支持和养

料。树干则由青少年个体的特定行为、态度和技能组成，它是青少年发展的传输管道，这个传输管道会引发特定的不良行为类型，而各种不良行为就是这棵树的枝叶、果实和花朵。

由此可知，对不良行为青少年进行教育干预，必须动员全社会的力量，依据不良行为的具体原因和特殊规律，从政治、经济、文化教育、思想道德及法律等各个方面，积极保护青少年的合法权益，为他们的生活、学习和工作提供良好环境，以保证其健康成长。尤其是学校，面对规模不断壮大、群体结构复杂以及社会需求多样的青少年，更应该找准定位，主动切入，搭建平台与拓展渠道，探索有效方式来预防青少年不良行为的产生，同时把联系、引导、教育和矫治服务不良行为青少年作为学校工作的重要组成部分。

（一）引入学校社会工作制度，帮助不良行为青少年健康成长

学校社会工作，是指由专业社会工作者运用社会工作的理论、方法与技术，对正规或非正规教育体系中的全体学生，特别是处境困难的学生提供的专业服务。其目的在于帮助学生或学校解决其所遇到的某些问题，调整学校、家庭及社区之间的关系，发挥学生的潜能和学校、家庭及社区的教育功能，以实现教育目的乃至若干社会目标。[①] 实践证明，作为第三方，驻校社工在教育帮助和预防不良行为青少年群体犯罪工作方面成果显著。针对不良行为青少年问题的干预，当前学校教育无论在理念还是工作方法上均存在不足，引入驻校社工制度是改变现状的有效手段。另外，驻校社工的优势还在于秉承尊重、接纳、平等的理念，兼顾不良行为青少年家庭、教育学习、休闲娱乐、婚恋、人际关系以及社会安全等多种需求，唤醒其自觉与自知、自勉与自立。驻校社工还可以针对不良行为青少年的具体表现和相关因素建立青少年成长预警机制，定期对该类青少年进行服务，一旦发现其有不良行为的苗头，主动介入和解决他们在家庭、学校、朋辈交往等生活环境方面存在的问题，并对他们本身进行心理和行为方面的矫治和训练，帮助他们摆脱危机状态。

（二）通过外展社会工作服务，切断青少年的校外不良社会关系

所谓外展社会工作，是指由社会工作者主动到学生经常流连和聚集的地方，去接触和认识青少年，识别那些与社会系统脱节、易受不良影响的青少年，了解

---

① 林万亿、黄韵如：《学校辅导与团队工作——学校社会工作师、辅导教师与心理师的合作》，五南图书出版股份有限公司 2004 年版，第 9 页。

他们的需求，与他们保持紧密的联系，通过提供辅导和教育性、训练性、康乐性活动及转介服务，使他们认识并愿意尝试解决个人问题，改善行为及态度，帮助他们正确运用精力和时间，促进身心的均衡发展，更好地发挥潜能，完成人生的各项任务。[①] 开展外展社会工作是预防青少年不良行为的主要策略之一。调研中，学校老师多次提及不良行为青少年放学后不回家，有的刚出校门就和外校甚至社会不良人员结伴游玩。调研数据也显示，夜不归宿及与社会不良人员联系是不良行为青少年的主要表现形式。开展外展社会工作是切断青少年与社会不良人员联系的重要手段。可以依托驻校社工站成立外展社会工作队伍，在放学后主动去不良行为青少年流连聚集的活动场所，就其在学业、情感、休闲娱乐和朋辈交往中的困扰提供情绪辅导、就学就业安排、资源提供、转介服务及团体活动等社会服务，协助其处理社会化过程中的困境，合理地满足个体需要，促进个人潜能的充分发挥。

（三）依托社区青年汇，为青少年提供学习交流的空间

社区青年汇是建在基层社区服务区域的青年活动平台，学校可依托社区青年汇为青少年及家长提供游戏娱乐、兴趣学习、拓展训练、社区参与、网络互动、成长辅导或家长援助等多方面的服务；鼓励青少年自主参与，积极整合社会资源，促进学校教育、家庭教育和社会教育“三位一体”的有机结合，帮助青少年释放压力、增强自信、发挥潜能，以获得全面发展。[②] 调研中发现，五成左右的不良行为青少年均有抽烟喝酒的不良习惯，老师们在座谈中谈道，多数孩子并无烟瘾或酒瘾，抽烟喝酒是他们结交伙伴及相互交流的方式。归根结底，如果能够给青少年提供正常的交流活动场所，就可以防止类似不良行为的发生。改革开放以来，随着城镇化的加速，城市里可供青少年活动的场所急剧萎缩，原有的少年宫或青少年活动中心被各种补习班占据，青少年活动空间的资源极为贫乏。对此，可以依托社区青年汇，通过为青少年提供学业辅导、体育锻炼、交友联谊、就业支持等服务，采取“交朋友引导”的方式，加以正面引导，以激发他们投身到正常的学习和社会活动中，并通过“滚雪球”的方式加以延续。

（四）建立家庭生活教育中心，加强亲职效能训练，倡导和谐的家庭关系

所谓家庭生活教育，即依托学校资源，通过活动倡导和课程教授等方式，鼓

---

① 范明林等：《学校社会工作》，上海大学出版社 2005 年版。

② 刘晓强：《浅析青少年空间的发展及意义》，载《东方企业文化》2011 年第 11 期。

励家庭成员间的亲密互动，促进沟通交流，达到关系的稳定性、一致性，形成相互理解、支持、信任的家庭关系。近年来，由于社会快速变迁和家庭结构改变，单亲家庭、隔代抚养家庭以及婚姻重组家庭随之增多，导致传统家庭功能慢慢发生了转变。调研中发现，家庭功能不健全与青少年的不良行为高度相关，而学校也缺乏和家庭沟通的渠道。家庭生活教育中心就是在驻校社工和志愿者的协助下，规划有关两性教育、婚姻教育、亲职教育、子女教育、伦理教育、家庭资源与管理等课程及活动，以成长团体、研习班、亲子共读、读书会、影片赏析、深度对谈、营队、家庭教育剧团及家庭教育空中讲堂等多元生动的活动形态，带领家庭成员一起学习与共同成长，尤其是向家长提供正确有效的抚育技能，使其能和孩子融洽地沟通，增进亲子关系。此外，教导父母必须了解和尊重自己的子女，提高自身的素质，以身作则，成为子女的典范和表率。

（五）发挥专门教育的作用，强化对越轨青少年的心理干预和不良行为的矫治

对于那些有严重不良行为的青少年，需要发挥专门教育的作用，阻断青少年的不良交往，强化对越轨青少年的心理干预和不良行为的矫治。工读制度曾经是我国矫治不良行为青少年的主要方式之一，但是随着社会的转型和个体权利意识的觉醒，工读学校的生源锐减，招生规模大幅萎缩。调研中发现，尽管工读教育全面衰落，但不可否认的是，其在解决不良行为青少年问题，促进青少年成长，构建学校与家庭的良性互动，使青少年能够更好地适应学校和社会生活方面积累了颇多经验，不可一概否定。从目前的情况来看，工读制度在不良行为青少年的特殊教育方面仍是无可替代的。工读制度的转型，需要找准自身的定位，建立不良行为青少年的转送机制，改变原来学校、家长和学生同意方可的自愿原则，以法学、教育学、心理学和社会学等专家建立的入学评估机制为准绳，代之强制入学制度。同时，淡化工读制度的标签化效应，改革工读学校的教学内容和教学方法，坚持行为矫治和文化学习并重，强化对不良行为青少年的帮教。推动建立工读制度退出机制，当不良行为青少年被逐渐教育成遵纪守法的学生时，便没有必要留在工读学校继续就读。①

---

① 王平：《论工读教育的历史发展与完善设想》，载《预防青少年犯罪研究》2012 年第 8 期。

第二节　“两法”[①]修订背景下未成年人司法社会工作服务体系建设研究

进入21世纪，在司法机关、社会工作专业机构和社会各界的共同努力下，我国未成年人司法社会工作服务内容不断完善，服务机制不断成熟，服务标准体系正在建立。[②]其中，专门学校作为未成年人犯罪预防的重要场域，将社会工作参与其中开展服务并积累了丰富的经验。2020年，《未成年人保护法》和《预防未成年人犯罪法》（以下简称“两法”）修订，先后确立了社会工作进入专门学校等场域开展犯罪预防和司法保护服务的法律地位。

“两法”的修订，是我国未成年人司法社会工作发展进程中的重要成就与转折，将为我国未成年人司法社会工作发展提供难得的发展机遇。展望未来，需要学界从宏观上研究未成年人司法社会工作服务体系建构的相关问题，如未成年人司法社会工作服务体系建设的基本理念、结构框架、核心内容等，以支持专门学校等实务部门更好地推动未成年人司法社会工作服务体系的建设与完善。

一、未成年人司法社会工作服务体系建设的历程回顾

我国在未成年人司法制度改革快速推动的背景下，开始探索建立未成年人司法社会工作服务体系，回顾过去近20年的实践，未成年人司法社会工作服务体系建设大致经历了以下几个发展阶段。[③]

（一）2003—2010年，零星化探索发展阶段

从地域上来说，主要是一些具有良好专业基础和资源基础的省份和城市的探索。从内容上来说，主要是犯罪预防和刑事司法领域的社会工作服务，如合适成年人、社会调查等。因此，无论是服务地域还是服务内容，都处于零星化、分散化的尝试探索阶段，而且社会工作服务的专业价值并未在司法领域获得制度性

---

① 这里的“两法”，是指《未成年人保护法》和《预防未成年人犯罪法》。

② 2019年，最高人民检察院、共青团中央、民政部委托首都师范大学研发《未成年人司法社会工作服务》国家标准，这是目前我国社工服务业的第二个国家标准。

③ 席小华：《中国少年司法社会工作的行与思》，载《华东理工大学学报》（社会科学版）2018年第6期。

承认。

（二）2010—2020 年，制度支持下的系统化探索阶段

2010 年，中央综治委预防青少年违法犯罪工作领导小组、最高人民法院、最高人民检察院、公安部、司法部、共青团中央联合颁布的《关于进一步建立和完善办理未成年人刑事案件配套工作体系的若干意见》，首次提出社会工作者可以承担"合适成年人"服务。尤其是 2012 年修订的《刑事诉讼法》设置了"未成年人诉讼程序"专章后，最高人民检察院、共青团中央等相关部门大力推动"未成年人检察社会支持体系建设"，社会工作服务介入未成年人司法场域开展服务开始得到制度支持。

在制度性支持背景下，未成年人司法社会工作服务开启了系统化探索发展阶段。从地域上来说，在最高人民检察院、共青团中央、民政部等相关部门的有力推动下，全国所有省份都开展了未成年人司法社会工作服务试点工作。从服务内容上来说，在刑事司法领域，不仅深化开展了违法犯罪未成年人的服务，还开展了被害未成年人的服务，而且服务类型不断细分。与此同时，未成年人司法社会工作服务还实现了从刑事司法领域向民事司法、行政司法领域的延伸。最典型的就是涉未民事案件观护服务、公安机关行政处罚不执行未成年人训诫服务以及专门学校场域社工服务的开展。也就是说，在这一进程中，不仅公安及检察、法院、司法等相关司法部门依托社会工作服务机构开展了相关实践，社区、专门学校等场域也开展了以犯罪预防为目标的各类未成年人司法社会工作服务。

（三）2020 年至今，立法支持下的制度化建构发展阶段

2020 年 10 月 17 日，新修订的《未成年人保护法》通过，其中第 99 条规定："地方人民政府应当培育、引导和规范有关社会组织、社会工作者参与未成年人保护工作，开展家庭教育指导服务，为未成年人的心理辅导、康复救助、监护及收养评估等提供专业服务。"第 116 条规定："国家鼓励和支持社会组织、社会工作者参与涉及未成年人案件中未成年人的心理干预、法律援助、社会调查、社会观护、教育矫治、社区矫正等工作。"2020 年 12 月 22 日提请第十三届全国人大常委会第二十四次会议审议的预防未成年人犯罪法修订草案三审稿在分级干预的整体设计理念下，在预防犯罪的教育、一般不良行为的预防、严重不良行为的预防、再次犯罪的预防中，强调了社会工作专业服务参与未成年人犯罪预防的必要性和服务内容。值得关注的是，《预防未成年人犯罪法》对专门学校在未成年人犯罪预防中的角色作出了明确的界定，希冀其可以承担严重不良行为未成年

人教育矫治的任务。

总而言之，历经近二十年的探索，我国未成年人司法社会工作服务终于得到立法承认，相信在相关立法的支持下，未成年人司法社会工作服务将迎来制度化建构的发展新阶段。

二、未成年人司法社会工作服务体系建设的基本理念

未成年人司法社会工作是社会工作与未成年人司法的交叉与整合，二者可以合作的最重要动力是双方理念上的亲和性①，未成年人司法的恢复性理念与社会工作社会福利理念的不谋而合，推动了双方的携手与合作。现如今，我国未成年人司法社会工作服务体系建设迎来具有明确立法支持的新阶段，笔者认为，仍有必要再次讨论社会工作和少年司法合作的理念基础，从而推动二者更好地实现合作。

（一）儿童福利理念

社会工作服务的本质是社会福利的传递，未成年人司法社会工作服务体现了国家对儿童福利的关注和支持。社会福利视角将司法场域中的儿童看成具有独特需求的个体，这些需求可能是生存、发展、参与、被保护等各个方面，儿童的偏差行为背后则是其需求的未满足。因此，社会工作者需要凭借自身的专业能力开展服务，并通过儿童需求的满足实现其权益保护和再次违法犯罪行为的预防，帮助其实现社会适应，顺利回归健康生活。

自我国开启未成年人司法制度改革以来，未成年人司法的理念也逐渐形成共识。总的来说，大家认同在未成年人司法中应坚持儿童福利、人道主义、恢复性、国家亲权等基本理念，在坚持以上理念的基础上，应更加关注儿童的教育和保护，所有司法活动的最终目标是教育儿童，并帮助其顺利回归社会，而不是处罚。由此可见，少年司法的基本理念与社会工作的核心理念具有高度的一致性，这既是过去20年双方能够有效合作的重要基础，也是未来深入合作的原动力。

（二）社会服务理念

上面谈到了社会福利理念，但仍需特别强调社会服务理念。社会服务理念的提出背景是基于未成年人保护以及犯罪预防实现途径的讨论。在过去多年的未成

① 何明升：《司法模式与社会工作的关系及其渐进式亲和》，载《学术交流》2012年第11期。

年人保护和犯罪预防的实践中，社会各界对“教育、感化、挽救”等未成年人司法理念印象深刻，笔者同样认同以上理念的价值和意义，相信其是帮助未成年人健康成长的重要途径。

然而，在开展未成年人司法社会工作服务过程中，一线社会工作者深刻体会到无论是未成年人保护还是犯罪预防实践，儿童需要的是立体化、多元化的社会服务，因为儿童的服务需求是多元化的，如个体偏差认知的调整、行为的矫治、家庭关系的修复、社会关系的适应、职业技能的训练等，这些需求的改善不是仅依靠教育就可以解决的，而是需要专业社会工作者提供相关的社会服务才能够真正帮助到他们。也就是说，对于儿童保护和犯罪预防而言，教育是重要手段，而社会服务才是满足其需求的根本途径。

笔者在此提出社会服务理念，是希望在我国未成年人司法社会工作服务体系搭建过程中，要坚持服务为本，不仅是社会工作者，也包括司法和相关部门，只有坚持这一基本理念，才能抛弃“权威性”的、“自上而下”的、“盛世凌人”的成人立场，真正以平等的视角去关注和保护儿童，有效实现未成年人司法保护和犯罪预防的重要目标。

（三）契合性理念

契合性理念的提出，关注的是社会工作与未成年人司法、专门学校等场域的关系问题。

社会工作与未成年人司法、专门学校场域的合作，首先要尊重社会工作与未成年人司法、专门学校是不同的主体，因为理念的一致实现合作，是作为新生事物的社会工作进入未成年人司法、专门学校领域开展服务。在这一过程中，既有社会工作专业的积极嵌入，也是未成年人司法、专门学校等场域接纳、肯定与承认的结果。因此，社会工作与未成年人司法、专门学校等场域的合作具有典型的嵌入、承认、建构等重要特征。①

契合性理念的提出对未成年人司法社会工作服务体系的搭建尤为重要。也就是说，在我国未成年人司法社会工作服务体系搭建过程中，要基于契合性理念的特征，关注社会工作与未成年人司法、专门学校间合作的理念基础、服务内容、服务机制等相关问题，从而建构起紧密的合作关系，通过共同努力，服务于司法

---

① 席小华：《从隔离到契合：社会工作在少年司法场域的嵌入性发展》，载《中国社会工作研究》2017 年第 14 辑。

场域中陷入困境的儿童。

以上三个理念的确立对于我国建构未成年人司法社会工作服务体系尤为重要，其中，儿童福利是目标性理念，社会服务是任务性理念，契合性是机制性理念，三者相辅相成，共同形成未成年人司法社会工作服务体系建设的行动方向与准则。

三、未成年人司法社会工作服务体系建设的结构框架

整体而言，目前我国未成年人司法社会工作服务体系建设还不完善，尚未走向系统整合，需要从社会工作体系结构入手，通过分析服务需求、服务供给、服务递送等元素，确立未成年人社会工作服务体系的基本结构,[①] 并从中找到未成年人司法社会工作服务体系建设需要完善的空间和内容。

（一）服务需求：未成年人司法社会工作服务体系建设的客体要素

未成年人司法社会工作服务体系建设的客体是服务需求的提出者，满足服务客体的服务需求是未成年人司法社会工作服务体系建设的初衷。因此，关注未成年人司法社会工作服务体系建设，首先应明确谁需要服务、需要何种服务、谁提出服务需求等一系列问题。

首先是谁需要服务。基于过去近二十年的实践基础，我国未成年人司法领域的直接服务客体是具有犯罪预防和司法保护需求的未成年人，其中既包括涉嫌违法犯罪的未成年人，也包括被害的未成年人，同时也包括进入专门学校具有严重不良行为的未成年人。而进入专门学校和司法程序的未成年人，无论是具有不良行为、涉嫌违法犯罪的，还是被害的及民事权益受到侵害的，先不说其必然面临着各种各样的家庭与社会困境，仅因其是未成年人，身心发育不够成熟，就决定了其需要被社会各界关注和支持，需要社会合力为其提供全方位的服务。鉴于此，2020 年“两法”修订并明确规定，国家鼓励、支持和指导社会工作服务机构等社会组织参与预防未成年人犯罪相关工作，并加强监督。

其次是需要何种服务。在未成年人司法制度改革较早的国家和地区，未成年人司法社会工作服务的内容非常丰富。整体而言，我国未成年人司法社会工作服务开展的时间较短，服务内容也是前期实践探索的结果。未成年人司法社会工作

---

① 范斌：《服务体系——中国特色社会工作体系的重要组成部分》，载《中国社会工作》2019 年第 13 期。

的服务目标主要包括以下三个：一是维护未成年人的合法权益；二是预防未成年人犯罪；三是矫正已经犯罪的未成年人，并帮助其顺利回归社会。目前，我国未成年人司法社会工作服务已经涉及教育、行政、民事、刑事等司法场域，随着服务人群的多样化，服务内容也不断走向丰富和完善。结合“两法”的规定，未来一段时间内，我国未成年人司法社会工作具体服务主要包括以下八小类，分别是：以实现未成年人保护和犯罪预防为目标的学校社工服务和社区社工服务；违法未成年人训诫教育服务；涉嫌违法犯罪未成年人合适成年人服务；涉嫌违法犯罪未成年人的社会调查服务；违法犯罪未成年人帮教服务；被害未成年人救助服务；涉未民事案件观护服务；未成年服刑人员帮教矫正服务。

最后是谁提出服务需求。毫无疑问，需要保护的未成年人是具有服务需求的客体，但是他们无法为自己提出服务需求，需要成年人帮助提出和实现。在过去的二十年间，教育行政、公安、检察、法院等相关部门在坚持“最有利于未成年人原则”的基础上，积极链接专业社会工作力量为未成年人提供专业服务。展望未来，依然需要相关部门不断发现未成年人的服务需求，并通过政策倡导和资源链接给予满足。随着我国政府购买服务机制的不断完善，建议教育、司法等相关部门在法律的框架下，根据未成年人保护的现实需要，梳理出购买社工服务的清单，并提交到民政等相关政府部门进行协调，打通社工开展服务的渠道，保障未成年人得到及时有效的服务。

（二）服务供给：未成年人司法社会工作服务体系建设的主体要素

服务供给是未成年人司法社会工作服务体系建设的主体要素，关于服务供给方的讨论，有两个核心的问题需要关注：一个是提供服务的机构保障，另一个是提供服务的人力保障，即社会工作者。

机构设置和管理是社会工作者可以提供良好服务的组织保障。虽然我国专业社会工作组织的数量不断增加，但受制于资源、制度等各方面因素的影响，专门性提供未成年人司法保护和犯罪预防的社会组织的数量相对较少，为专门学校、司法机关提供专业服务的大多是综合类社会工作服务机构。从服务质量要求角度出发，无论是专门性的还是综合性的社会工作服务机构，在提供未成年人司法社会工作服务过程中，都需要坚持社会工作服务的基本理念，建立有效的机构行政管理机制，尤其是具有提升机构服务能力的培训和督导机制，帮助社工不断提升专业能力，有效地为服务对象提供专业服务。

社会工作者是服务的直接提供者，其专业能力水平直接影响着服务效果。从

具体的实务要求出发，从事未成年人司法社会工作服务的社会工作者应具有人道主义、社会福利等基本价值观，并在服务中尊重、接纳、关怀服务对象。在知识结构中，除了具有社会学、心理学等知识基础外，尤其强调具有法学知识基础，理解刑法、民法、诉讼法、未成年人相关法律的基本原则和要求。在实务能力方面，需要在服务中掌握个案、小组、社区等专业方法的操作能力，并注重多种方法的整合运用。具体到未成年人司法社会工作实务而言，每类服务内容都具有不同的专业要求和规范，需要社会工作者在实务过程中不断熟悉，并灵活有效地开展各类服务。

为了有效组织社会工作服务机构和社会工作者开展未成年人司法社会工作服务，2019 年，最高人民检察院、共青团中央、民政部委托首都师范大学研发《未成年人司法社会工作服务》国家标准，希望通过该标准的研发和推动，提升社会工作服务机构的组织保障能力和社会工作者的服务能力。《未成年人司法社会工作服务》国家标准的研发，恰好适应了“两法”修订的进程，也积极回应了基层司法机关和社会工作服务机构的急迫需求。

（三）服务递送：未成年人司法社会工作服务体系建设的介体要素

在社会工作服务体系建设中，需要高度关注介体要素，即连接主体和客体的桥梁和纽带。这个桥梁和纽带一方面可以及时收集客体的服务需求，另一方面可以有效组织社会工作服务机构和社会工作者对客体需求给予回应和满足。从应然角度上讲，介体应具有强大的资源整合能力，是一个强有力的组织保障平台。众所周知，未成年人司法社会工作需要多种资源参与，既需要制度保障，也需要政府福利、社会资源的整合与运用，倘若没有强有力的协调能力，社会工作服务客体的需求则很难得到满足。从实然角度上讲，我们也要面对目前我国未成年人司法社会工作服务介体建设存在的问题并着力予以解决。中国特色社会工作服务体系建设要体现出实践智慧，在责任、资源、服务上体现中国特色。[①] 目前，我国未成年人司法社会工作服务体系介体建设应重点关注以下几个问题。

首先，应明确国家是服务传递的责任主体。在《未成年人保护法》的修订中，通过政府保护内容的设置确定了国家是未成年人最高监护人的地位。在实践中，无论是未成年人服务需求的满足，还是未成年人司法社会工作专业化和职业

---

① 顾东辉：《本来与未来：社会工作中国体系及其建设策略》，载《中国社会工作》2019 年第 13 期。

化的推进，国家都是唯一的责任主体，未成年人司法社会工作服务体系建设也应该由党政部门进行顶层设计并逐步推动。

其次，应明确政府是资源的提供和保障主体。虽然在我国的个别地区是由民间基金会支持开展未成年人司法社会工作服务，但就我国整体情况而言，政府是最重要的资源协调者和分配者，无论是社会工作者的岗位购买还是项目支持，都离不开政府提供相关资源。随着“两法”的修订，民政部门作为未成年人保护协调部门地位的确定，未成年人司法保护社会工作服务的政府主体得到保障。在立法支持下，民政部门需及时建立工作平台，收集客体的服务需求，并争取和调配资源给予跟进，并在满足服务需求的基础上建立有效的协调机制，以充分发挥服务介体的功能和作用。

再次，应建立有效的服务输送机制。服务介体建立的重要功能在于疏通服务需求方和服务供给方之间的路径和渠道。在过去的实践中，往往是司法机关自己去寻找社会工作等相关资源为未成年人提供支持，也有些司法机关因链接不到资源，导致未成年人的服务需求得不到满足。“两法”修订后，民政部门应在链接各类资源的基础上，建立各类未成年人司法社会工作服务的机制，以确保未成年人的服务需求得到满足，保障立法的顺利实施。

最后，在服务传递中应注重对服务成效的评估。相关部门在收集服务需求、组织社会工作者开展服务过程中，还需要及时对社会工作的专业服务进行评估，并提出改善服务的对策和建议。服务评估是提升服务质量的有效手段，同时也是政府调配资源的重要依据。因此，服务传递者应建立科学的质量观，通过专业第三方研发评估指标体系，用数据说话，科学评价和提升服务效果。

综合以上分析，未成年人司法社会工作服务体系应是一个具有理论逻辑的框架，其基本的构成要件是主体、客体和介体。主体由社会工作服务机构和社会工作者组成；客体是具有服务需求的未成年人，其需要社会工作者提供维权类、预防类、矫治类等相关服务；而介体是在客体提出服务需求的基础上，建立组织平台，积极组织和协调各种支持资源为客体服务。为了更好地协调主体和客体之间的关系，还需要介体加强沟通协调机制建设。

四、未成年人司法社会工作服务体系建设的几个重点问题

未成年人司法社会工作服务体系建设需要在应然和实然中找到平衡点，根据我国目前未成年人司法社会工作服务发展的基本状态，结合“两法”修订的基本精神和倡导，笔者认为，我国未成年人司法社会工作服务体系建设需密切关注

以下几个核心问题。

（一）落实未成年人司法社会工作服务体系建设的责任主体

在过去的二十年间，我国未成年人司法社会工作服务的重要推进部门一个是公安及司法部门，另一个是共青团组织。在它们的共同努力下，未成年人司法社会工作得到了快速发展。但我们也应当看到，我国未成年人司法社会工作服务在发展中还存在一些问题，一是服务经费支持不足，二是服务专业力量不够，这已经成为我国未成年人司法社会工作服务体系建设缓慢的重要原因。以上问题的解决和改善，单纯依靠司法部门和共青团组织是不够的。

如前所述，《未成年人保护法》的修订将民政部门确定为未成年人保护的政府协调部门，但众所周知，司法保护、犯罪预防的服务客体，并非以往民政部门的“重点关注人群”，甚至很多地方民政部门负责人对这类人群的服务需求一无所知。在这种状态下，到底应该由谁承担未成年人司法社会工作服务的组织责任，以及如何开展工作，是未成年人司法社会工作服务体系建设中的难题之一。因此，在“两法”修订背景下，期待民政部门或者省级人民政府落实责任主体，以协调相关部门建立有效的未成年人司法社会工作服务的组织保障体系。

（二）加强司法社会工作者的专业化培养和职业化推动

未成年人司法社会工作服务体系建设需重点关注社会工作服务机构建设和社会工作人才培养，并拥有一支专业能力强的社会工作人才队伍。因未成年人司法社会工作服务存在的复杂性和特殊性，笔者认为把握以下两个核心环节非常重要：

第一，在专业化培养方面，可通过高校学历教育加强对社会工作专业学生的培养，比如通过课程设置，确定司法社会工作人才培养方向，在学校学习过程中，让学生掌握交叉学科知识，并通过实习走进和接纳司法社会工作服务，为后期在司法社会工作领域就业打下基础。

第二，在职业化推动方面，相关职能部门可以在充分调研的基础上，根据司法社会工作服务需求和工作性质设计购买社会工作服务的方法和途径。目前，我国司法社会工作服务有服务岗位购买和服务项目购买两种形式，服务岗位购买适用于对时间要求比较规范的服务，如违法犯罪未成年人合适成年人服务；而服务项目购买适用于在服务时间和地点方面没有严格要求的服务，如违法犯罪未成年人社会调查和帮教服务等。

在司法社会工作职业化推进过程中，有一个问题尤为重要，就是司法社会工作服务的保障体系建设。目前，我国司法社会工作服务机构和人员数量相对较少，但对其专业性要求却很高，需要一支专业能力和稳定性都相对较强的社工队伍，这样就需要相关部门建立稳定的保障体系，在司法社会工作者职业保障得到实现的基础上，通过宣传等工作吸引更多的社会工作者投身于司法领域的社会工作服务，以保障未成年人司法社会工作服务体系建设具有充足的人力资源。

（三）在梳理服务需求的基础上，制定服务清单，建立服务标准

在未成年人司法社会工作服务体系建设过程中，确实存在着因信息不对称影响服务项目购买和服务推进的问题。随着立法的确认以及相关司法部门的快速推动，笔者认为，需要着力做好以下三个方面的工作：

首先，根据法律的规定和相关部门的工作需要，细致梳理出所需的社会工作服务内容清单。目前，我国已有的未成年人司法社会工作服务涉及预防类、维权类、矫治类“三大类、八小项”服务内容，随着实践的发展，也会有新的服务需求出现。

其次，在服务需求和内容的基础上制定政府购买服务清单，购买服务清单包括服务内容、服务形式、服务要求、服务评估、服务经费等相关内容。

最后，服务标准和服务规范的建立也尤为重要，这是服务质量提升的重要推动力。基于各地经验和基础的差异性，各地需要在《未成年人司法社会工作服务》国家标准的基础上研发出具有特色的地方性服务规范，从而推动各地未成年人司法社会工作服务的快速发展。

总之，通过服务需求梳理，服务清单制定，服务标准研发和实施，提升司法社会工作的职业化水平是未成年人司法社会工作服务体系搭建过程中非常重要的一环。

（四）加强未成年人司法社会工作服务体系建设研究工作

社会工作体系涉及作为学科的社会工作体系和作为实践的社会工作体系两个方面，并且要在这两个方面建立起有机联系。① 在已有的文献中，很多学者都把社会工作学科体系和社会工作服务体系分开进行讨论。笔者认为，在未成年人司法社会工作服务体系建设过程中，不能忽略相关研究工作的开展，并且认为这是影响未成年人司法社会工作服务体系建设质量的重要环节。关于未成年人司法社会工作服务体系建设的研究，至少应包括以下基本内容：

---

① 王思斌：《中国特色社会工作体系建设的内容、特点与原则》，载《中国社会工作》2019 年第 13 期。

一是未成年人司法社会工作服务通用基础体系研究。服务通用基础体系是在未成年人司法社会工作服务体系建设中首先需要关注的基础性和原则性问题。其所界定的概念、术语、原则、伦理等，对各类未成年人司法社会服务都具有指导性和规范性。在建设未成年人司法社会工作服务体系过程中，首先应该在法律依据和学理研究的基础上，对犯罪未成年人、被害未成年人、违法未成年人、不良行为和严重不良行为、司法社会工作服务等相关概念进行界定，并以此指导实践的健康发展。服务原则和服务伦理是未成年人司法社会工作者在服务过程中需遵守的基本准则，如最有利于未成年人原则、契合性原则、系统性原则、社会性原则、及时性原则、科学性原则、合法性原则和多方参与原则等。同时，保守秘密、不歧视、非评判、平等、个别化、中立等伦理守则在未成年人司法社会工作服务中的应用也需要进行深入研究。

二是未成年人司法社会工作服务保障体系研究。未成年人司法社会工作服务并非独立的存在，无论是初步探索还是持续性推动，都离不开相关保障机制的建设，而相关保障机制的建设应建立在研究的基础之上。在未成年人司法社会工作服务体系搭建过程中，以下几个保障机制的建设尤为重要：第一，共建制度。比如，司法机关、民政部门、共青团组织联合其他部门共同制定保障未成年人司法社会工作开展的相关制度，在制度制定过程中，需要关注未成年人司法社会工作服务机制、人财物等服务保障以及服务参与方的权利义务等。同时，制定的制度应适合本地实际情况并能够有效落实。第二，服务机构为推动服务顺利开展而建立的行政制度，包括服务机构的项目管理制度、人力使用制度、财务管理制度、沟通衔接制度等。第三，为配合未成年人司法社会工作服务开展，服务委托方建立的相关行政制度，包括未成年人司法社会工作服务衔接制度、经费保障制度、服务成效评估制度等。同时，需要关注未成年人司法社会工作服务保障体系的搭建，如经费保障体系、人力保障体系、行政保障体系、资源保障体系等。

三是未成年人司法社会工作服务提供体系研究。服务提供是未成年人司法社会工作服务体系建设的核心内容，具体包括服务类型、服务内容、服务流程、服务方法、服务质量管理以及服务风险管理等。服务质量管理是服务提供中需要重点关注和深入研究的问题，涉及服务质量的过程管理、结果管理、督导制度建设、风险控制等相关元素。

综上所述，在未成年人司法社会工作服务体系搭建过程中，服务通用基础体系界定了服务共同性的基本准则，服务保障体系是服务持续健康发展的重要保障，服务提供体系则界定了未成年人司法社会工作服务的核心内容与质量要求。

以上三个组成部分在未成年人司法社会工作服务体系建设中相辅相成，缺一不可。这三个方面既是未成年人司法社会工作服务体系建设中实践探索的内容，也是在实践中积极开展行动研究的内容，需要我们在不断行动和反思的基础上，进一步完善和发展我国未成年人司法社会工作服务体系。

第三节　专门教育的历史、现状与挑战

——以北京市海淀寄读学校的实践为例

2019 年 3 月，中共中央办公厅、国务院办公厅印发的《关于加强专门学校建设和专门教育工作的意见》（厅字〔2019〕20 号）明确规定，专门学校是教育矫治有严重不良行为的未成年人的有效场所。专门教育是国家教育体系中的组成部分，也是少年司法体系中具有“提前干预、以教代刑”特点的重要保护处分措施。新形势下，专门学校和专门教育依然不可或缺。

北京市海淀寄读学校创办于 1955 年，是中华人民共和国成立后建立的第一所专门（工读）学校。[①] 学校自成立以来，历经十年初创、停办、复办、调整转型、改革发展等一系列探索之路。几经更迭，初心不改。一代代工读人始终坚守工读教育使命，披肝沥胆、革故鼎新，致力于教育转化心理行为偏常、学习困难或有轻微违法犯罪的青少年，让数以万计的孩子们走上了正确的人生道路。

作为第一所专门（工读）学校，海淀寄读学校的发展可以作为我国专门教育发展历程的缩影。本节即以海淀寄读学校的工作实际，分析专门学校的历史、发展现状及面临的挑战。

---

① 工读学校是招收有违法和轻微犯罪行为的青少年（含部分流浪儿童），并采用边学习边劳动的教育措施。这种面对特殊教育对象的门类被称为工读教育。后来，由于社会上对“工读”二字产生“污名化”的认识，从 20 世纪 90 年代开始，部分工读学校在校名上做了相应的调整，不再使用“工读”二字。2006 年修订的《中华人民共和国未成年人保护法》，从表述上开始用“专门学校”替代工读学校。此后，《中华人民共和国未成年人保护法》和《中华人民共和国预防未成年人犯罪法》的历次修订，使用的都是专门学校和专门教育的表述。从法律层面来看，专门学校和专门教育是规范的用词，但从实践角度来说，“工读学校”和“工读教育”仍然被本领域内的教师和实务人员沿用。

一、海淀寄读学校的发展历程

（一）学校创建

1955 年 7 月 1 日，根据中共北京市委第一书记彭真的意见，参照苏联教育理论家谢·马卡连柯的教育理论和实践经验，北京市海淀工读学校在海淀西郊的显龙山下应运而生。它的成立标志着中国工读教育的诞生。

建校初期，根据北京市人民政府的有关规定，招收的学生是有违法和轻微犯罪行为的青少年（含部分流浪儿童）。学生的入学方式：一是各中小学将学生开除后，由市教育局集中送来；二是由公安局派出所送来；三是由家长亲自要求送来。当时学校的办学理念是“以爱为核心，挽救孩子、造就人才、立足教育、科学育人”。教育目的是“把有违法和轻微犯罪行为的学生，教育改造成为有社会主义觉悟、有一定科学文化知识和生产技能、遵纪守法、身体健康的劳动者”。学校设有初中和高中，学生在校期间边学习边劳动，故称为“工读学校”。

1957 年，王胜川同志接任北京市工读学校校长，其带领初生的工读学校，彻底摒弃了惩办主义，建章立制、艰苦创业，基本奠定了学校的软硬件建设格局，教师队伍建设速度明显加快，学校不断发展，从稚嫩逐步走向成熟。

（二）学校停办

1966 年，正当我们的再教育事业大有希望的时候，“文化大革命”的锋芒指向了工读学校的大门，工读教育比普通教育遭受到了更大的破坏，中华人民共和国成立后建立的第一所工读学校也被解散了。

工读学校真的没有存在的价值了吗？那些越来越多的处于犯罪边缘的青少年由谁来挽救呢？许多人心中留下一大堆问号。

1969 年 6 月，当时的北京市革命委员会公示撤销全市四所工读学校，北京市工读学校改为温泉中学，招收当地学生，教师留在原地任教。

（三）恢复重办

“文化大革命”结束后，北京市公安局调查“文化大革命”期间青少年犯罪情况，发现原就读工读学校的学生犯罪率极低，充分显示出了工读学校的办学效果。1978 年 12 月，市政府决定，恢复工读办学，性质不变，校名定为“北京市海淀工读学校”，招生对象仍然为有违法和轻微犯罪行为的青少年，学校只设初中部。

1979 年 3 月 15 日，北京市海淀工读学校正式开学。1980 年春，刘锦春同志被派到工读学校任书记，主管全校工作。在工读教育恢复初期，学校重新明确了工读教育的性质、任务和办学指导思想，明确把思想品德教育放在头等位置，把工作重点放在学生班集体的建设上，建立了严格的管理制度，认真抓好教学工作，进行劳动教育，抓好教师集体建设，学校步入健康发展的轨道，工读教育在短期内得到了恢复和重建。

（四）调整转型

1995年，学校增设寄读班。为保护学生的自尊，排除学生、家长的思想顾虑，1996年，学校对学生、家长、社会开始启用“北京市海淀寄读学校”校名，对公保持工读校名不变，形成“一套班子、两块牌子”的办学体制。学校的性质基本不变，除招收有违法和轻微犯罪行为的青少年外，还招收品行偏常、打架逃学、严重违反校纪的初中学生。

为了巩固初中教育成果，更好地实现“救人要救彻”的原则，1999年，学校创办职业高中，专业为计算机专业，仅限招收本校初中毕业学生。

（五）改革发展

进入21世纪，时代不断变革，学校发展日新月异。学校先后确立了“以人为本，和谐发展，科学管理，争创一流”的办学理念，明确了“办适合我们学生的教育”的总体办学目标和“培养明理守法、身心健康、有幸福能力的合格公民”的育人目标。成立了心理中心、法治基地、社工站，构建了涵盖养成教育、集体教育、活动育人、目标主题教育、优势发展教育、个别生科学化矫治的学生教育转化体系；建立了43个专业教室，开设了50门校本选修课程、16个社团，形成了情境体验式的特色课程群；巩固发展了心理、科技、法治、社工、红十字教育等特色教育形式，多元多维地促进工读学生转化、成长。

近年来，学校经历了稳定再到特色、优质发展的历程，学校人数稳定在280人左右，学生教育转化率保持在95%以上，有力保障了普通教育的正常秩序，促进了区域内的未成年人保护工作，为学生家庭幸福、首都稳定和社会和谐作出了积极贡献。

二、海淀寄读学校的发展现状

（一）总体状况

学校位于北京市海淀区温泉镇，总占地面积54051.55平方米，其中，教育教学办公用房占地面积21936.8平方米。校园保持典型的四合院风格，庄重典

雅，环境清新宜人。

学校是隶属于海淀区教委的全日制公办学校，设有初中部和职高部。初中在校生约220人，其中，男生主要来自海淀区各普通中学，女生来自全市。职高学生约80人，只招收本校转化还不够彻底、家长教育监管不力的初中毕业生。学校采用住宿制集体化管理，每班配备两位班主任，学生周一返校，周五下午放学回家，在校期间两位班主任轮流值班，24小时陪伴学生。

学校现有正式教职工77人，大学本科以上学历占91.1%，专业技术人员73人。其中，高级教师28人，市级骨干1人，区级带头人11人，区级骨干8人，北京市“紫禁杯”优秀班主任7人，北京市优秀教师2人，首都劳动模范2人。

（二）理念体系

核心理念：以人为本、和谐发展、科学管理、争创一流。

办学目标：办适合我们学生的教育。

培养目标：培养明理守法、身心健康、有幸福能力的合格公民。

校训：克己修身、勤思善行。

工读精神：爱生敬业、主动担当、团结协作、坚守奉献。

教育途径：让学生在成功中成长。

德育理念：用放大镜观察学生的闪光点，用显微镜发现学生的上进心，用发展的眼光看待每一位学生。

德育目标：明理、守法、健康、上进、感恩、友善、诚信、自立。

（三）学生特点

截止到2017年年底，全国注册的专门学校有93所，虽然具体招生的标准有所不同，但大都服务于严重不良行为或有轻微违法犯罪的学生，学生多数转自普通学校、无法适应普通学校的学习和生活。学生从普通学校转入的参照标准是：心理行为偏常、学习困难或有轻微违法犯罪行为。2018年，学校对新生进行了调查研究，发现学生有以下几个特点：

第一，在学习方面，大部分学生学业不良。70%左右的学生厌学或对学习持无所谓的态度。

第二，在行为方面，大部分学生具有偏差行为。偏差行为，是指偏离或违反了公认日常规范的行为，包括违纪、违德、违法和犯罪行为，如扰乱课堂、违反校纪、顶撞老师、不良交往、逃学逃家、家长管不住的行为等。

第三，在心理和交往方面，有心理偏常、人格障碍问题的学生比例逐年加大。心理有偏差学生占全校学生的 18.67%；38.46%的学生气质类型含有胆汁质、暴躁易冲动；60.5%的学生存在轻度人格问题，少数学生发育迟滞；40%左右的学生在情感表达、人际交往等方面存在障碍，表现为以自我为中心或不会正常交流。

第四，在家庭方面，离异、单亲、重组、隔代或远亲抚养的家庭占比 34.51%。父母文化程度普遍较低，大多没有固定职业，一些家庭经济状况比较困难。在家庭教育方式中，粗暴、过度干涉、溺爱的类型占比 56.96%。非京籍家庭比例过半。

这样的学生该怎么教？教成什么样？63 年来，学校一直在努力，逐步形成了“办适合我们学生的教育”的办学目标，探索出一系列适合海淀寄读学校学生的特殊管理制度和教育举措。

三、适合海淀寄读学校学生的特殊管理制度和教育举措

（一）严而有爱

1. 全天候陪伴关护，以爱育人

师爱是教育的基础，而全天候、全方位的陪伴是师爱的最集中体现。

学校每班配备两名班主任，每班的学生人数不超过 20 人，保证每一个学生都能得到足够的关注。两名班主任白天上班，晚间轮流值班，与学生同吃同住、一起学习生活，24 小时陪伴学生，建立起如师如父、兄弟姐妹般的亲密师生关系。

此外，心理辅导员找学生谈心，任课老师课余时间给学生补课，社团老师组织学生开展科技、舞蹈、体育等活动，学生始终浸润在老师的陪伴与关护之中，师生间有共同奋斗、有困难中的支持关怀、有流过汗水后的喜悦分享。

亲其师，信其道。老师的关爱，爱中有严、有公正、有进步激励、有价值教育，能让学生真心接受，奠定了教育转化的基础。

2. 充分保障学生的权益，用爱守护

本着教育好和保护好青少年的工作宗旨，学校的招生实行“随有随收”。当学生在原校出现严重偏差问题，不适合在原来环境中继续学习时，学校随时收进，避免其偏差行为发展为罪错行为，学生的学籍关系留在原校，毕业后颁发原校的毕业证，保护学生的名誉权。

学校对学生实行“两免两补”，即免学费、免住宿费，每月补助伙食费 360

元，每年助学补助费300元，校服免费。学校组织的各项实践活动，均不收取学生任何费用。学校还和学资部门合作，确保每个困难家庭的孩子都能完成义务教育。

本着“救人要救彻”的方针，学校着眼于学生未来的发展，设立了职高部，延伸初中教育效果。学校的职高专业是计算机应用，只招收本校初三毕业的学生。高三学生通过高职考，95%以上能考取大专，为学生将来立足社会打好坚实的基础。

学校对学生的教育和保护还体现在“旷课学生要找回”。学校要求班主任及时找回旷课学生，家庭教育无能为力的时候，老师要对学生负责到底。在寻找学生的过程中，老师们遇到过社会人员的阻挠，也遇到过学生持刀对抗，最终都是因为他们感受到了老师的爱心和责任心，随老师回到了学校。长期的坚持，寻找旷课学生形成了传统，学生们都知道老师不会放弃他们。

3. 半封闭半军事化管理，以严育行

行为塑造非一日之功，偏差行为的矫治离不开严格的要求。半封闭半军事化管理是工读学校日常管理的特色，也是促进学生行为转变的基础途径。

半封闭管理是指学生周一至周五在校、住宿，不使用手机，和原来的环境、不良交往对象隔离，暂时脱离家庭，避免家教不力的负面影响。学生在整洁有序的校园里，在稳定正向的育人氛围中，能够持续、渐进地改善偏差行为。

学校实行半军事化管理。老师严格要求学生遵守校纪班规，在严格的规范下改变不良行为，逐步培养出积极的行为习惯。一日生活多数作息环节都要求班级集体行动，如升旗、点名、上课、吃饭都要列队。学生入校要进行队列训练，学习整理内务，把被子叠成豆腐块。每天晚饭后，组织全体学生晚点名。各班每天要进行不少于半小时的晚班会。通过晚点名、晚班会进行知荣辱明是非教育，提升学生的思想认识。

与半封闭半军事化管理相配套，学校还延续了安全检查制度。学生返校必须接受安全检查，防止管制刀具、烟酒、打火机等危险有害物品进入校园，确保校园安全。

4. 训诫与禁假强化教育，严守底线

预防未成年人违法犯罪是工读教育的重要职能。爱而有度、严而有格，在对学生倾注师爱的同时，还建立了训诫与禁假、强化制度，有效避免偏差行为学生陷入违法犯罪的深渊。

训诫制度是指学生有违法犯罪行为倾向、家长管教不力时，学校会邀请公检法系统的一线领导到校，对学生和家长进行训诫，以严肃、震慑的方式，引起学生、家长的敬畏与反思，加强对偏差行为问题的重视。

禁假制度是指在家长同意的情况下，将逃学逃家、不良交往频繁、校外有违法犯罪风险、有失学辍学可能的学生送到法治教育实验班，双休日禁止休假（禁假），或者停课进行强化法治教育，暂时不允许其和其他学生接触。在说服教育已经不能解决问题，或者是屡教屡犯时，禁假强化教育起到了保底作用。实践表明，绝大部分有可能违法犯罪的孩子，是在禁假强化教育措施下度过危险期的。

（二）守正出新

1. 坚守工读传统，促进学生行为转化、品质养成

一是巩固养成教育。通过卫生、队列、内务、文明、守纪的渐进养成，提高学生的生活技能，培养学生的基本素养和良好行为，奠定学生的社会适应基础。二是加强集体教育。继承马卡连柯“在集体中，通过集体和为了集体”的教育思想，发挥班集体、学生会、共青团的作用，促进学生进行真正的自我教育，确保学生离校后良好行为的保持。三是加强法治教育。建立法治基地、法治教育实验班，通过晚班会、法治课程、法官进校园等，促进法治教育日常化、系列化、社会化。四是注重活动育人。学校每年开展 20 次以上的教育活动，让所有学生都能多次走到台前，展示亮点、重拾自信，在参与中体验，在成功中成长。

在此基础上，学校积极探索以德育目标体系推动德育实效的提升，要求班主任系统地开展以“明理、守法、健康、上进、感恩、友善、诚信、自立”为主要内容的主题教育。分学段、年级，逐个主题落实，力争系统高效地培养学生形成优良品质。

2. 让课堂有收获，让学习快乐起来

工读教学重视基础知识和基本技能的落实，采取“低起点、小步走、分层次、多指导、勤练习、快反馈”的教学途径。学校开设了智乐、心理、科技等特色课程和陶艺、厨艺、书法等校本选修课程，建立了 31 间选修课程专用教室。文化课让学生“学得会”，特色与选修课程让学生快乐起来，改变了学生原来厌学的状况，让学生接受学习、愿意学习直至体验到学习乐趣。

3. 重视心理教育，引入驻校社工，助力学生成长

心理教育和社工服务，其本身有完善的体系。心理研究人的内在和社工研究人的外在，是保障学生发展的两翼。

海淀寄读学校是海淀区心理健康教育示范校。海淀寄读学校心理中心成立于

2004年3月，2005年3月11日由海淀区教委举行揭牌仪式，命名为“海淀区青少年心理健康教育中心”，是在海淀寄读学校领导下负责全校及海淀区中小学生心理健康教育与心理咨询工作的专门化机构。该中心有4位专职心理老师和10余位兼职心理辅导员。兼职心理辅导员每天通过“心情天气预报”与学生沟通，帮助学生做好情绪管理。心理困扰突出的学生，由专职心理老师接手进行辅导。遇到心理问题特别突出的学生，由学校德育副校长牵头，成立包括专职心理老师、心理辅导员、班主任、任课教师、驻校社工、有关学生、重要家人在内的成长支持小组，共同开展心理教育。心理教育工作基本实现了让心理关怀普及到学校的每一名学生，学生的心理问题得到有效干预。

2014年，海淀寄读学校在北京市率先引入了驻校社工，开展学生个案辅导、小组活动、家长亲职教育等工作。驻校社工在双休日组织家长做亲职教育辅导，并组织学生参与城市历奇、奉粥、烘焙等活动，有效补充了学校教育，缓解了“5+2<5”的问题。另外，由于驻校社工的特殊定位，学生一些隐蔽的问题、校外的涉法行为，是驻校社工最先发现并干预的，避免了一些不良影响事件的发生。驻校社工发挥了链接资源的优势，解决了学校、家庭、个人单方面想解决但很难解决的问题。

心理中心和社工站对学生进行心理学评估和社会系统评估，并给出具体报告与教育建议，为班主任以每个学生作为个案开展教育工作提供了基础材料，对传统的工读教育工作起到了科学支撑的作用。

4. 完善和加强学生会管理，促进同伴教育

在海淀寄读学校日常管理中，有这样一批学生：寒冷的冬天，他们课间在校园巡视；天黑了，他们去操场关门；一日三餐，他们维持秩序，等所有同学打完饭才能吃饭；一些大型活动期间，他们承担服务和管理工作；新生入校，他们找新生谈话放松，帮助整理内务、练习队列、解决矛盾。这些同学是已经稳定并表现优秀的高年级学生，经过竞选成为学生会干部。能成为学生会干部，为同学服务，是学校相当一部分学生的价值追求。学生会干部已经成为校内优质的教育资源，在学生教育转化与和谐校园建设方面起到了重要作用。

5. 着眼于学生转变进步，进行科学矫治、培养优长

海淀寄读学校以每个学生为个案对象，开展教育工作，进行以“问题聚焦—确定优长—有效措施—科学评价”为核心的科学化教育矫治。

首先确定学生问题和优长项目，然后采取有效措施进行问题转化和优长培养。学校深挖工读教育“用放大镜发现学生的闪光点”的理念内涵，采用“优

势视角”，关注学生的优点与长处，提出以“优长”带动学生发展的教学理念。偏差行为只靠矫治是不够的，要实现学生的真正转化，一定要“有破有立”。在改掉坏习惯的同时，要培养学生有某项优长，以成功的价值体验，带动学生发展。

海淀寄读学校坚持开放办学，开阔学生视野。经过 60 多年的建设与发展，学校成功教育转化了上万名迷途青少年，为家庭和睦、首都稳定、社会和谐作出了重要贡献。学校先后荣获“全国中小学德育工作先进集体”“全国青少年犯罪研究先进集体”“中国红十字青少年人道教育实验基地”“北京市法治文化建设先进学校”“北京市未成年人保护工作先进集体”“北京市科技教育示范校”“海淀区心理健康教育示范校”等称号。

更为重要的是，学校的教育转化率一直保持在较高水平，校园欺凌现象得到了有效遏制，师生、生生关系和谐稳定，预防未成年人犯罪工作效果显著。

2019 年，笔者对学校职高毕业生的追踪调查发现，2014—2018 届职高毕业生正式就业的占比 52. 41%，自主创业的占比 13. 10%，自由职业的占比 0. 69%，继续学习的占比 31. 03%，未就业的占比 2. 76%，违法犯罪率为 0。

四、未来发展面临的挑战

（一）专门学校的送生问题

专门学校的生源问题始终是制约专门学校发展的首要问题。从全国范围来看，一些专门学校消亡的主要原因是生源得不到保障。目前，阻碍专门学校送生的原因主要有：（1）在“三满意”送生原则下，部分急需专门教育的学生由于学生、家长自身的原因，无法转送，缺乏转送机制；（2）极少数小学生需要专门教育，但已经超出原有招生范围；（3）每学期有普通学校高中学生来校咨询入学，但也超出原有招生范围；（4）对于轻微违法犯罪未成年人，没有建立与未检部门的转送机制，导致一些被公安机关处理的未成年人无法接受正常的义务教育。

对于以上问题，2019 年《专门学校建设和专门教育工作的意见》指出，父母或监护人拒绝（送生）的，原所在学校或者其他具有申请撤销监护资格的个人或组织也可视情况提出申请，或可由专门教育指导委员会依据民法总则有关规定向人民法院申请撤销监护人资格，并建议把该招生对象安排到专门学校作为临时监护措施。这一意见从一定程度上解决了一些学生本属于专门学校的招生对

象，但由于家长原因无法进入专门学校学习的问题。

（二）社会对专门学校的偏见

由于历史的原因，工读学校在社会、家长的眼中有污名化的影响。2006 年修订的《未成年人保护法》开始使用“专门学校”这一概念，将工读学校改称为专门学校，目的就是去除工读学校的污名化问题。但从目前来看，专门学校的概念还未被社会所了解，大家对专门学校的认识还是工读学校。即使将来通过宣传，“专门学校”的概念深入人心，但是由于其招生对象的特殊性，还会引起社会、家长的偏见。所以，在家长、社会对“适合的教育才是最好的教育”的理念没有深入理解之前，对专门学校存在的偏见难以消除。

面对这一问题，首先，需要专门学校加强自身建设，将专门教育办成优质教育，提高社会的认可度。其次，教育主管部门要加大对专门学校的宣传，加大对适合理念的宣传，增加社会的接受度。最后，要加大专门学校对普通学校问题学生教育转化的指导，增进专门学校与普通学校的交流与沟通，让普通学校的师生了解专门学校的教育对象与方法。

（三）专门学校学生的学业获得感

随着海淀寄读学校在学生心理行为问题转化方面的效果不断提高，家长对学校的工作提出了新的期望：希望学生在学业方面有一定的获得感。但是，学生的行为问题大多伴随着学习障碍，多数转入专门学校就读的学生的学习基础与学习能力相当于小学三四年级的水平，他们错失了与其年龄相符合的学习内容的关键期，补足起来相对困难。因此，长期以来，专门学校对学生的学习成绩提升存在着极大的困难，而这一困难恰恰不符合家长的期望，也不符合学校教育工作的主要目标。

鉴于此，海淀寄读学校一直基于“办适合我们学生的教育”的办学目标，不断研究适合学生的课程，优化学校的课程设置，采取“低起点、小步走、分层次、多指导、勤练习、快反馈”的教育策略，加强个别辅导和分层教学，期望能不断提高学生的学业获得感，让学生在品行进步的同时，获得学习成长的快乐。

五、专门学校引入驻校社工的必要性

2014 年，海淀寄读学校在北京市率先引入了驻校社工，经过多年的实践，我们看到了驻校社工的服务成效。

第一，驻校社工发挥自身专业优势，促进了学生的教育转化。2014—2019

年，社工站共开展亲职能力建设活动（含家长访谈、亲子活动）1210余次、系列小组活动500余个，访谈学生（含个案、社会系统评估）700余名。通过大量、具体的工作，驻校社工与学生、家长、老师建立了良好的关系，有效提升了家长亲职教育能力，为学生与家长之间搭建了亲子沟通的平台，缓解了亲子矛盾。更难能可贵的是，驻校社工在节假日期间还组织开展相关活动，关注学生的校外情况，避免其发生违法犯罪行为，缓解学生出现“5+2=0”的情况。

第二，社工站为学生提供了独特的成长空间。社工站虽处于学校一隅，但却将服务辐射到全校甚至是学生的校外生活。因为有驻校社工的存在，校园里多了一些欢声笑语，学生们多了一个可以倾诉心事的地方。社工站为学生的个性成长创造了新的、适合的空间，让学生们在这个多元化的环境中，可以朝着自己的人生目标不断奋进。

不忘初心，方得始终。经过多年的实践，我们越发感觉到在专门学校引入驻校社工具有必要性和特殊的价值。

第一，引入驻校社工有利于提高专门学校预防未成年人违法犯罪的专业化水平。预防未成年人违法犯罪是专门学校的工作职责之一。引入社会工作专业力量入驻专门学校开展教育矫治服务，能够有效地调整青少年的偏差认知和不良行为习惯，调动起周围积极因素，协调外围支持资源，为专门学校在校学生创建积极正向的支持教育环境，为他们行为习惯的改善作出努力，从而实现犯罪预防。

第二，驻校社工的专业化方法对教育工作具有借鉴与促进意义。驻校社工的到来，给教师们带来了社会生态系统理论、家庭功能理论和优势视角等专业化、有助于学生教育转化的理论与方法。在驻校社工与教师就学生教育深入沟通的过程中，教师在潜移默化中接受了“人在情境中”“学生的转化要基于家庭功能的恢复”“优势视角给学生带来正面成长能力”等理念与具体的操作方法。这些理论与方法为班主任、教师打开了教育学生的新天地，对于提升教师的教育能力大有裨益。

第三，引入驻校社工可以帮助专门学校链接更多的社会资源，共同引领学生健康成长。驻校社工通过“个体—家庭—朋辈—学校”的多元化链接促进学生教育转化。这种多元化链接能够帮助专门学校围绕学生个人的教育建立起家庭、同伴和学校的关系，对促进家校合作具有重要的意义。此外，与海淀寄读学校合作的北京市超越青少年社工事务所立足于未成年人违法犯罪行为的矫治与预防，自成立以来已与北京市多家司法机关及教育部门建立了长期、稳定的合作关系，且工作成效得到了诸多合作部门的认可和肯定。引入驻校社工，为专门学校带来

了更多的社会教育资源，从而形成教育合力，共同把专门学校学生的教育工作做好。

驻校社工用真情的付出换来了师生的信任。学生们总是在课余时间往社工站跑；社工站开展的校本课程和社团活动学生都特别喜欢；班主任在设计班级活动时，总会拉上驻校社工一起策划；家访时，驻校社工也会陪伴在教师左右。可以说，驻校社工已经融入专门学校工作的方方面面，成为专门学校办学不可或缺的一部分。因为社工的存在，专门学校的办学水平又上了一个新台阶，多了一张闪亮的名片；因为驻校社工的存在，校园里又多了一缕温暖学生心灵的阳光。

第二章

专门学校社会工作服务的发展历程与服务模式

第一节　驻校社工的发展历程

一、信任关系的搭建

信任关系的建立是专门学校场域与社会工作场域能够相遇并开始互相建构的基础。但是，信任关系的建立是需要时间的，不是一蹴而就的，并且是有内在逻辑顺序的。按照《现代汉语词典》的释义，信任是相信而敢于托付，在社会科学中，信任被认为是一种依赖关系；在管理学中，信任是指对管理的对象给予期许和其能力的肯定，从而获得积极正向的结果。

（一）探索教师支持——教师集中培训的开展

2005 年，在北京市教委的支持下，首都师范大学组织举办了专门学校教师研修班。在为期两年的研修班培训活动中，专门学校的教师与社会工作领域的相关专家、学者进行了密切的沟通和联络，开始了解和认同社会工作的理念与方法，这些教师也成为推动专门学校社会工作服务发展的中坚力量。

2013 年，在北京市教委的支持下，首都师范大学开展了以绘本应用为核心

的专门学校教师技能培训。在为期三天的技能培训中，专门学校的教师们学习并实践了绘本的基本理念和应用方法，同时与社会工作者进行了大量的互动，对社会工作的理念与方法有了进一步的了解和认同。

（二）集中性学生服务——“温暖心泉”夏令营

2006年，海淀寄读学校的招生虽然存在着“随到随收”的情况，但是大部分的学生会在9月统一入学，这就为开展社会工作服务提供了非常有利的实践空间。在此基础上，海淀寄读学校和首都师范大学社工系建立了良好的合作关系，根据前期细致深入的需求评估，从学生对环境的适应、学生自信心和目标感的缺失入手，通过小组工作的方法，以夏令营的方式集中开展服务。从优势视角出发，帮助孩子们挖掘自身的优势潜能、找回希望与自信，引导孩子们用积极的视角来理解与周围群体的人际关系。[①] 这样的夏令营活动举行了几个学期。随着专门学校招生规则的变化，学生“随到随收”的情况越来越多，难以以这样的方式继续开展服务，后期服务出现了中断。

（三）探索融合干预——融合式夏令营的探索

2012年，在门头沟区教委和门头沟区专门学校的支持下，社会工作者开展了融合性的工作尝试，即在夏令营中安排少部分专门学校学生和大部分普通学校学生，通过两者之间相互的影响，促进专门学校学生的教育转化。2013年，在丰台区教委的支持下，在北京园博园开展了以户外定向为主要形式、融合丰台区专门学校学生和普通学校学生的拓展活动，提升了专门学校学生的自信心，起到了很好的“去标签”作用。但是，这样的融合式活动没有系统化的制度支持和保障，难以持续有效推进。

上述针对教师和学生的服务虽然因为种种原因没有成为稳定的工作制度落实下来，但是，对于专门学校社会工作服务的发展起到了积极的推动作用。专门学校场域与社会工作场域，就是在这样一次次的相互接触中逐渐熟悉与了解，在互动过程中，建立了基础的信任关系，为后续专门学校社会工作服务的发展奠定了坚实的基础。

二、合作关系的确立

通过尝试性接触，专门学校场域与社会工作场域建立了基础的信任关系。之

---

① 席小华：《小组社会工作方法运用于行为不良学生教育过程研究——以某工读学校的夏令营为例》，载《青年研究》2009年第5期。

后，开始探索建立稳定的合作关系。2014 年，在北京市教委的大力推动下，海淀区教委和海淀寄读学校决定引入专门学校社会工作服务。

在合作之初，海淀寄读学校给予了大力的支持，提供了社会工作服务的场地和第一个学期的经费支持，并在学校中大力推介社会工作服务，开启了专门学校社会工作服务的新模式。

（一）初试："生米"做成"夹生饭"

2014 年，海淀寄读学校在海淀区教委的支持下与北京超越青少年社工事务所正式签订合作协议，双方携手，以政府购买服务的方式推进专门学校社会工作服务的发展，由事务所采用外派社工的方式，在学校内设立"北京超越青少年社工事务所驻海淀寄读学校社工站"。2014 年 9 月举行的挂牌仪式，标志着社会工作正式走入专门学校，通过提供专业性、系统性的服务，助力青少年健康成长。

工作初期，信心满满、踌躇满志的驻校社工和学校领导发现，合作并没有想象中那么容易，可以说是困难重重。如果将驻校社工进入专门学校的过程比作是做白米饭的话，在这一阶段，就好像将"生米"做成了"夹生饭"，看似热气腾腾，内里却依旧生硬冰冷。

通过积极探索，驻校社工拟定了"所有生命都精彩"的服务口号，并以"系统论"作为专门学校社会工作服务的基本理论框架，以期通过对于不同层面的系统干预，提升学生与各个系统之间的联结能力，促进学生的教育转化和全面发展。这一系列的计划是比较完善和全面的，具有系统性、预见性和创造性，驻校社工在与学校领导进行了初步沟通后，沿着这一思路开始了工作。

在最初的一个阶段，驻校社工主要是在学校开展个案工作和小组工作。干预的主体从学生个体拓展到家庭层面，并尝试开设了家长小组、家长讲座和亲子活动。在个案工作的层面上，驻校社工对于学生全面、系统而专业的干预得到了学校的认可。在小组工作的层面上，驻校社工开设的校本课程，成为其了解学生情绪、捕捉学生行为问题的一种特殊方式；开设的系列小组活动，让学生得到了压力的释放。在家庭工作的层面上，家长小组、家长讲座和亲子活动为社工站积累了一大批"粉丝"，在日积月累的沟通与互动中，对家长产生了积极影响，缓解了亲子冲突，为学生成长提供了有力支持。

除此之外，驻校社工发现，要想在小组活动过程中真正实现对学生产生积极影响，顺利推进社会工作服务，还需要利用好平时在学校的时间。为此，驻校社工开始了大量的"非正式服务"，例如，在课间走进学生的课堂，或携带一些小

玩具（如魔方等），或和学生一起讨论他们正在看的书……驻校社工通过多种方式在非正式工作的场合与学生建立了良好的关系。经过一年多的实践，学生对驻校社工的认识和信任感普遍增强，在遇到困难时更加愿意向驻校社工倾诉，在校园里随时能够听到学生们向驻校社工打招呼的声音，这也正是学生与驻校社工之间建立了密切的关系的最好证明。

然而，驻校社工工作的开展遇到了巨大的挑战：班主任的犹豫。班主任作为学生在校期间的主要负责人，是与学生沟通、联络最为密切的人员，也是学生生态系统中的重要一环。但是，当驻校社工尝试将自己看到的学生变化情况反馈给班主任的时候，很多班主任却表示并不认同，因为班主任在与学生的互动中，仍旧看到学生还存在很多的问题与不足，这就使得驻校社工的工作遇到了严重的阻碍。从学校的角度来看，之所以引入驻校社工，是基于对其社会工作能力的肯定，但是，在实践中却遇到了班主任并不认同的问题。服务方案的设计是经过双方沟通而认可的，驻校社工在工作中所付出的辛苦与汗水更是有目共睹的，但是为什么当落实到班主任层面的时候，驻校社工的工作却得不到班主任的认同呢？这一问题深深困扰着驻校社工。

（二）转型：不同方式的合作探索

驻校社工进驻学校开展社会工作服务主要是基于学校领导对于社会工作的信任和认可，但是，这样的信任和认可只停留在领导层面，学校其他中层干部和一线教师对于社会工作服务基本上处于陌生的状态。在这样的陌生状态下，驻校社工提出了具有社会工作服务特点的工作计划，对此，班主任基本上持“那你就试一试”的心态。同时，驻校社工也是刚刚进入学校场域，对于学校的各种工作安排还不是很熟悉，又希望能够在工作中体现出社会工作的专业性，因此，没有意识到自己的话语体系与教师的话语体系之间的不同，沟通之间必然存在问题。为了打破这样的局面，驻校社工尝试增加与班主任的沟通，并开展针对班主任的支持工作。

根据以往的工作经验，驻校社工将班级可能面临的一些需求进行了分类，并针对每一项需求制作了服务清单，希望能够促进班主任更加积极地选择服务项目。为了直接支持班主任的工作，驻校社工尝试制作班主任工作手册，为班主任推荐一些适合班级开展的活动。在学校领导的支持下，驻校社工更加深入地走进班级，与班主任开展更加密切的沟通和联系，并尝试配合班主任开展家访等日常工作，在工作中增进对学生的了解。

同时，驻校社工开始转变自己的工作视角，站在学校的角度来思考问题，也就是说，将整个学校作为自己的服务对象和工作伙伴。

这一阶段的服务很难说有什么更加具体的、可量化的工作成效，主要收获在于，驻校社工和教师之间增加了互动，打破了存在于教师与社工之间的透明壁垒，让双方真正站在了同一个空间内，甚至通过一些细节的工作合作，让双方之间的关系更近了一步，开始成为并肩而行的合作者。

（三）弥散性嵌入：打散与融合

在这一阶段的服务过程中，驻校社工发现，作为一线工作的班主任，有大量的学校的工作任务和行政性工作安排，这些工作内容占据了班主任很多的时间和精力。除此之外，学校教师面临的最大的工作压力是学生“底线问题”的教育和个别生的教育，而其教育效果要通过更加直接的学生“底线问题”的减少和日常言行的好转展现出来。这些发现对于驻校社工工作的调整有着十分重要的作用。沿着这些工作中发现的新思路，驻校社工开始进行工作的转型与调整。

首先，针对个别生教育问题开展社会系统评估工作。为了更好地推进个别生教育，学校提出了个别生教育矫治方案，配合个别生教育矫治方案，社工站推出了社会系统评估工作，对每一名学生开展社会系统评估，出具社会系统评估报告，并根据评估结果提出班主任可操作的教育矫治建议。在这一工作进行过程中，驻校社工与班主任之间进行了长期、多次、反复的沟通，在班主任的帮助下，调整社会系统评估报告的模板和教育建议的内容，以促进社会系统评估工作更好地开展。

其次，配合学校开展主题教育工作。为了更好地推进学生的大集体教育工作，学校提出了“主题教育”的工作模式，要求每个班级从学校拟定的主题教育框架中寻找1~2个核心词汇，作为本学期班级主题教育的核心，并通过晚班会、主题活动、主题班会等多种形式开展主题教育工作。这是学校班主任工作的重要组成部分，也是必须要完成的工作内容。因此，驻校社工与班主任沟通，利用社会工作专业的理论基础、工作方法和专业技术，为班级的主题教育提供新的形式和思路，为学校开展活动链接各种新的资源，推动班级主题教育的有效开展。

最后，协助学校其他部门的工作。学校的所有教师和教学活动是影响学生的重要力量。因此，在这一阶段，驻校社工开始积极尝试支持学校工会活动、学校教学活动等。在这些活动的筹备过程中，驻校社工积极与班主任、教师进行互

动，有力地促进了对彼此工作的了解，使驻校社工可以更加系统性、立体化、多层面地为学校提供支持。

这一阶段的核心是转化已有的工作思路，真正将驻校社工“打散”，让驻校社工走到教师和学生的身边，根据实际需求，帮助教师解决实际困难，促进学生成长和进步。

三、小结

直到今天，专门学校社会工作服务的历程还没有结束，因为服务还在推进。在后续服务推进的过程中，一定还会出现新的情况，更会出现新的思路和想法。回望过去的15年，驻校社工与学校之间，从互不相识到互相观望，从相互信任到彼此接纳，从分头工作到携手同行，是学校各级领导、一线教师和社会工作者们共同努力的结果，驻校社工成为学校教育管理体系中的重要一环，学校发展过程中的重要支撑力量，教师教育矫治工作中的重要依托。而这一切的开始，源于双方的敞开心扉、相互包容、相互理解、相互接纳，直到惺惺相惜、携手同行。

第二节　“1-2-5”专门学校社会工作服务模式

在专门学校社会工作服务的过程中，驻校社工以海淀寄读学校的实际情况为基础考虑，整合了多种服务方法和服务技巧，形成了“1-2-5”的服务模式。这一服务模式是对专门学校教学管理实践的重要总结，也是专门学校社会工作服务的实践创新。此外，驻校社工还尝试在其他学校采用“1-2-4”模式开展服务，取得了良好的效果。

“1-2-4”模式，是对驻校社工在学校开展的服务及其方式的精炼总结。其中，“1”是指一个核心，即一项基础服务——社会系统评估；“2”是指在服务过程中的两股力量，即学校与社会工作服务机构；“4”是指在服务过程中的四个实务服务象限，在不同的象限中蕴含着不同的服务内容。

所谓的“1-2-5”，分别是指一个核心（社会系统评估）、两股力量（学校与社会工作服务机构）、五大服务内容（个人、朋辈、班级、家庭、社会五个层面的服务）。专门学校社会工作服务项目的开展与推进，与各部分之间的互动和衔接是分不开的。

一、一个核心——社会系统评估

在了解了专门学校的起源与发展历程的基础上，通过调研和实地考察，对不良行为青少年的基本状况和需求，以及海淀寄读学校的制度环境现状有了初步科学性、系统性、全面性的评估与认识，社会工作力量开始进驻到海淀寄读学校开展服务。

社会系统评估作为专门学校社会工作服务模式的核心，既是专门学校社会工作服务的起点，也是专门学校特色和社会工作理念融合后的产物。

（一）生态系统理论：专门学校社会工作服务的起点

社会系统评估的理论依据来自于生态系统理论（Ecosystems Theory）。该理论把人类成长生存于其中的社会环境（如家庭、机构、团体、社区等）看作是一种社会性的生态系统，强调生态环境（人的生存系统）对于分析和理解人类行为的重要性，注重人与环境间各系统的相互作用及其对人类行为的重大影响，是社会工作的重要基础理论之一。生态系统理论注重把人放在环境系统中加以考察，注意描述人的生态系统如何与之相互作用并影响人的行为，揭示了家庭、社会系统对于个人成长的重要影响。

在生态系统理论的支持与启发下，积极探索、发展社会系统评估工作，并将其作为专门学校社会工作服务的起点。一方面，从学生个体、学生的生活环境（家庭、学校、社区等）以及学生与这些环境的互动情况等不同层面入手，进行相对较为完整的评估，进一步发现学生面临的问题、困境产生的原因，并有针对性地开展服务工作。另一方面，关注对各部分环境系统在总体系统下的状态、互动情况，梳理出哪些方面更紧要、哪些方面更容易干预、哪些方面存在风险需要预防与跟进等，从重要、容易改变的部分入手影响总体，同时预防互动不良的部分为整体系统带来的消极影响。

社会系统评估包括一系列相对完整的工作流程：学生入校后，学校委托驻校社工进行社会系统评估；前期进行非正式访谈，向家长、老师、同学等了解学生刚入学时的情况及表现，收集基础资料；与学生相约进行正式访谈（一次或多次），可根据学生个体情况采取做游戏、做手工、体育运动、绘画或听音乐等辅助手段，与学生建立良好的关系，并进行初步评估；后期进行非正式访谈，向学生本人、家长、老师、同学等了解其入学后的变化，以及在不同人面前及不同环境中的不同表现，进一步收集、完善资料；驻校社工小组内部对于学生情况进行

交流，并根据学生的具体情况进行督导；撰写社会系统评估报告；提交社会系统评估报告，并与班主任交流报告要点，了解班主任针对学生个体的教育策略及需求，结合评估情况及提出的教育建议，制定后续的服务和评估跟进计划。

根据以上流程进行的社会系统评估，一方面，为驻校社工提供服务建立起了基础“数据库”，在后续的个案服务、专题小组工作、班级成长建设工作、家庭工作、节假日工作等服务中，有助于更好地了解服务对象的情况，进一步评估需求，提供更加适合的服务，不断提升服务质量和服务效果。另一方面，通过社会系统评估服务，驻校社工与学生、班主任、任课老师建立了良好的关系。从入学开始，就与学生建立良好的关系，有助于后续进一步收集资料，有效地进行评估与提供服务；与老师尤其是班主任建立起密切沟通的关系，有助于进一步合作，促进学生自我发展及班级、学校融入等。

（二）社会系统评估：专门学校特色和社会工作理念的融合

专门学校因其特殊的发展历程、教学任务，决定其需要从更加多元的维度来发掘学生潜能、预防潜在风险，促进学生的全面发展。

社会系统评估的服务建立在专门学校“将每一个学生都当作个案关注”的理念及工作方法的背景下，学校需要建立每个学生的基础设施档案，在逐步探索、发展中将社会系统评估作为专门学校社会工作服务的重要组成部分，既有助于驻校社工开展有效的服务，也有助于学校从更全面、更丰富的维度了解、认识每一名学生，从而制定个性化教育实施方案，促进学生的健康成长。

二、两股力量——学校与社会工作服务机构

专门学校社会工作服务项目在海淀区教委的批准下，由海淀寄读学校（以下简称“学校”）向北京超越青少年社工事务所（以下简称“机构”）购买服务。学校和机构是保障整个项目正常运行的两股重要力量。

（一）基本体系

专门学校社会工作服务项目以社会系统理论为基本框架，为增强学生的个人能力、优化服务环境，主要针对在校学生、家长、教师开展直接工作。驻校社工将个案工作、小组工作和非正式工作等三大传统的社会工作专业方法融入学校教学与学生的日常生活，在学校对有特殊需要的案主提供个案服务，开展有针对性的小组活动以及日常的陪伴支持等。服务内容主要包括：个案工作、专题小组工作、班级成长建设工作、家庭工作、节假日工作、非正式工作、资源链接工

作等。

（二）运作机制

为保证专门学校社会工作服务项目的顺利进行，学校和机构从驻校社工队伍建设、服务时间安排、服务经费保障、沟通合作机制、考核评估机制等五个方面配合建立运作机制。

1. 驻校社工队伍建设

鉴于个案工作、小组工作等服务形式对工作人员的数量、基本专业技能有不同的要求，以专职社工为核心，以兼职社工和实习生为重要支持力量，以培训和督导为重要专业保障，构建了一支稳定、可持续、专业性强的驻校社工队伍。

（1）以专职社工为核心。专职社工，是指已在机构签订合同，并按照要求在学校定点、定时开展服务的全职驻校社工。在考虑学校学生和教师人数的基础上，设置2名专职社工负责整个专门学校社会工作服务项目的需求评估、服务方案设计、服务实施等工作。专职社工的设置，有助于保证项目人才队伍的长期稳定，进而确保驻校社工对学校基本情况的掌握、与学校各类群体的沟通顺畅以及服务工作质量，满足学校的工作需求。

（2）以兼职社工和实习生为重要支持力量。学校的学生和教师人数较多，且以小组为形式的活动往往需要多名工作人员。为了进一步扩大服务规模，提高服务质量，满足学校的工作需求，机构每学期还聘用2~3名兼职社工、10余名实习生在学校配合开展服务。机构在实习生的聘用中，严格招聘条件，强调社会工作专业知识和方法，从北京各大高校的社会工作专业的学生中，经专职社工评估，挑选合适的实习生，实习生在项目中提供行政性和专业协助性工作。其中，表现优异、能力突出，并在服务满一学期后仍愿意继续参与项目的研究生，可被聘用为兼职社工，提供长期的专门学校社会工作服务。兼职社工和实习生的人数和工作时长可根据项目需要，灵活安排。这不但为专职社工提供了有力的助手，弥补了特定服务活动中人手不足的问题，也实现了资金成本的高效利用，从而成为整个项目的重要支持力量。

（3）以培训和督导为重要专业保障。专门学校社会工作服务的顺利开展，需要强有力的工作团队。机构十分关注驻校社工能力的提升与培养，主要从培训和专家督导两个方面着手，加强驻校社工队伍建设。

首先，在培训方面，机构同时关注新老驻校社工的专业成长，并根据其特点采取不同的培训方案，更具针对性和有效性。在培训新驻校社工时，机构更加注

重其工作技能的提升，着力推动个人专业成长，促进其迅速适应项目服务的工作需求。在培训老驻校社工时，机构秉持“请进来、走出去”的战略，提供各种学习机会，开阔驻校社工的视野，进一步巩固强化其专业能力。

其次，在专家督导方面，机构根据服务需求和社会工作专业特点，分别开展教育性督导和支持性督导。教育性督导可具体分为理论督导和实务督导两类，专家对驻校社工完成服务所需的知识和技能给予指导，为驻校社工在实务领域遇到的问题和困难提供建议，提升项目开展的专业性和科学性，帮助驻校社工实现专业上的发展。支持性督导则强调对驻校社工心理和情感上的支持，促使驻校社工感到自我的重要性和价值感，能够积极应对工作中遇到的各类挫折和问题，从而以更好的状态面对工作。为了保证工作质量，机构聘请了来自首都师范大学、首都经济贸易大学、中国政法大学、中央财经大学、中国青年政治学院等高校的社会工作专业老师担任专家督导，还聘请了多位来自香港地区的具有丰富一线工作经验的社会工作者进行督导。强大的专家督导队伍为专门学校社会工作服务项目的顺利完成提供了重要保障。

2. 服务时间安排

驻校社工在服务时间安排上，常常需要综合考虑多个问题，如学生的需求和问题的具体情况及解决方案，学校管理制度、教师教育教学工作的基本安排和社会工作专业方法的基本要求。这些决定了驻校社工的工作时长和具体的服务时间安排。

目前，专门学校社会工作服务项目以学校的管理工作和教学任务为优先，配合教师工作，将工作时段安排为 8 时至 20 时。在非必要的情况下，驻校社工不占用上课时间开展服务。课间、午休以及晚自习等时段成为驻校社工开展工作的主要时段。同时，结合学校的实际情况，驻校社工根据专业理念和方法，设计了校本课程，创造更多的机会和学生接触，有效地开展服务。这样的时间安排，一方面，充分保证了驻校社工的工作强度在法律规定的范围内；另一方面，驻校社工也可以充分考虑教师的教学安排、学生的闲暇时间等具体因素，突出了工作的灵活性和适切性。

3. 服务经费保障

服务经费保障是专门学校社会工作服务项目能够顺利运作的关键。数额适宜的资金不但可以保证驻校社工队伍的稳定和发展，也可以保证服务所需的物资充足、活动形式的多样。目前，项目由学校每年向海淀区教委申请经费，并向机构支付。其基本流程为：

（1）学校编制基本预算。学校在申请经费时，会根据未来一年的服务人数、内容需求等，编制服务预算。预算项目涉及购买驻校社工岗位的名额、劳务费用、督导费用、活动经费、办公经费等。

（2）学校将预算提交至海淀区教委，由海淀区教委审批。

（3）海淀区教委审批后，学校分阶段将经费支付给机构，由机构支付驻校社工的工资与服务经费。

自项目开展以来，已有的资金提供渠道稳定，资金额度较为宽裕，能够确保项目稳定开展，保证学校学生和教师的需求得到满足。

4. 沟通合作机制

在项目开展过程中，驻校社工与学校的沟通合作主要体现在以下两个层面上。

第一，在学校的整体层面上，学校通过全体会和德育会为教师和驻校社工搭建一个双向交流的平台。学校的全体会和德育会非常重要，学校领导和教师会在会上对上一学年工作总结、本学年计划、学校人员变动情况、新建班级情况、年级成绩分析、德育和教学重点工作以及其他工作进行汇报。会议中传达的理念和信息，既体现了学校关注的工作重点和难点，又突出了学校学生、教师乃至管理层的需求。此外，驻校社工也会在这些会议上介绍自己的工作计划，如工作目标、重点工作内容以及计划工作量等。学校和驻校社工双方的信息在会议中实现了传达和互通。可以说，这个平台加强了学校领导、教师和驻校社工三者之间的相互了解，对彼此的工作要求、工作内容、工作方式、工作时限等有了明确、清晰的认识。这有助于驻校社工开展服务时，充分考虑学生、教师、学校的需求和利益，开展具有针对性的服务，实现驻校社工对学校工作的协助和支持作用。

第二，在班级层面上，驻校社工加强与班主任的沟通，以社会系统评估报告为基础开展服务。驻校社工非常重视和每一位班主任的沟通、合作。通常是在开学第 1~2 周内，驻校社工一方面会与班主任沟通服务需求，了解班主任的期待；另一方面会对每一位新转入学校的学生开展社会系统评估，以专业视角评估学生的需求和存在的问题，根据具体情况提供合适的服务建议并及时反馈给班主任，供其参考。在整合所有有效信息后，班主任确认其所管理的班级是否有个案、班级主题活动、家长服务等方面的需求。如有，班主任和驻校社工将进一步确定服务目标和工作时间。驻校社工将根据以上信息，确立具体的服务方案。一般而言，驻校社工在开学第 3 周正式开展服务。每次服务完成后，驻校社工将服务情况及时反馈给班主任并与班主任进行沟通，以对服务进行及时调整和完善，补充

教学建议，保证服务效果，实现服务目标。整个沟通合作机制的流程如图 2-1 所示。

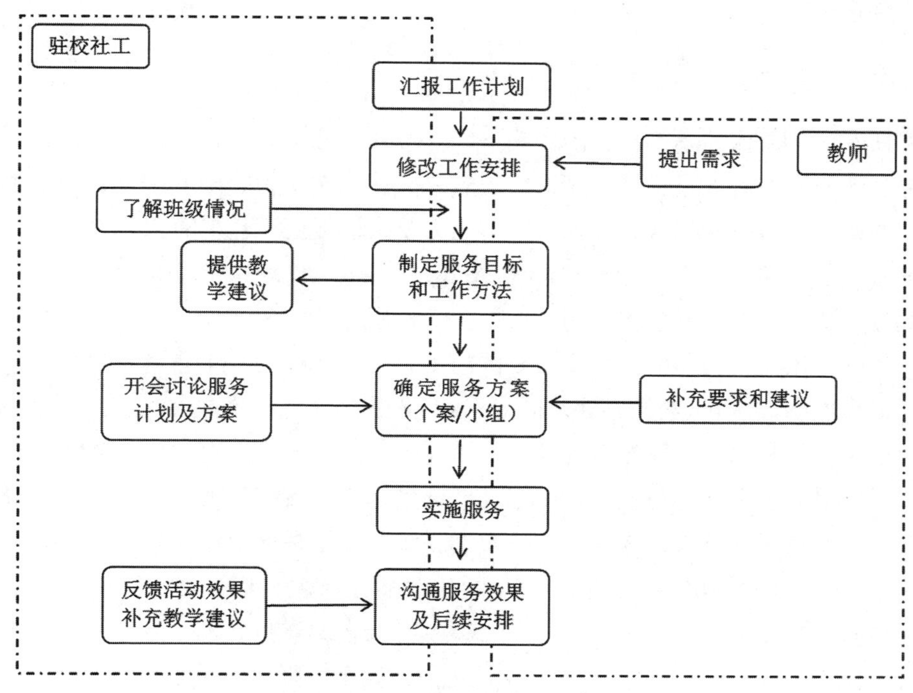

图 2-1　沟通合作机制流程图

5. 考核评估机制

机构每年召开两次专门学校社会工作服务精品案例评选会。会上，驻校社工需要从前半年的服务中，选择优秀案例申报评选。机构则会邀请学校领导、教师、驻校社工和教育领域的专家等参会，共同对汇报的案例进行评分、提出意见。驻校社工的案例如被评选为优，可获得奖励津贴。

通过评选会，主要达成以下目标：

（1）总结项目服务的基本情况，让学校和机构掌握项目运作的整体情况，进一步加强双方的了解与合作。

（2）促进驻校社工对服务进行总结、反思，提炼有益经验，推动服务向专业化发展。

（3）听取不同领域专家的意见和建议，进一步改进、完善专门学校社会工作服务。

通过实践，专门学校社会工作服务项目得到了服务购买方和服务使用方的大力支持和认同。

三、五大服务内容

在嵌入、建构的基本理念的影响下，驻校社工意识到，在工作中，仅仅关注学生个体的服务需求是远远不够的，还需要关注以学生为核心的生态系统中的各要素的状况与服务需求，并寻找其中的动力要素以促进工作的有效开展。在这样的思考之下，驻校社工参考美国学者 Andy J. Frey 和 David R. Dupper 所提出的广域临床象限模型，开展了专门学校社会工作服务的实务运作。

广域临床象限关注的是两个重要的规则，一是学校社会工作者针对谁展开工作，二是力图改变的是学生所处的生态（或环境）还是学生个人或学生群体。简单地说，就是用设计改变单元和工作单元，将平面分成四个象限。象限的横坐标是工作单元，纵坐标是设计改变单元。横坐标的左端针对的是个人、小团体或家庭，右端指向的是大团体或一个完整的系统。纵坐标的上端聚焦的是生态（或环境），下端针对的是个体，包括一个学生或多个学生，由此区分出专门学校社会工作服务的改变重点是外在生态（或环境）还是学生个体。为此，专门学校社会工作服务的实务重点呈现出 A、B、C、D 四个象限（见图 2-2）。

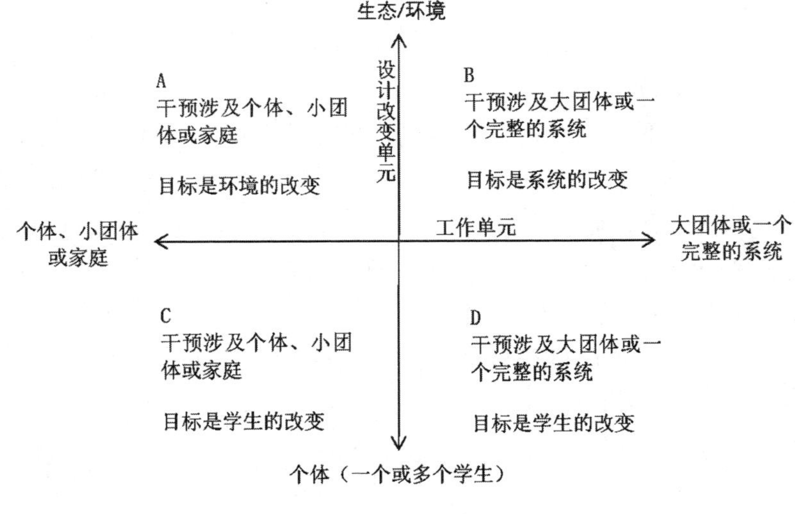

图 2-2　广域临床象限模型

象限A：针对个人、小团体或家庭开展工作，促进环境的改变。这一实务取向涉及诸多学生支持资源，通过生态（或环境）的改善与优化，为处于高风险的青少年提供有效的支持与服务。

象限B：针对大团体或一个完整的系统开展工作，促进系统的改变。这一实务取向涉及诸多跨领域的内容，通过政策引导敦促学校转变教育理念、更新教育方法，达到整个系统的改变。主要内容包括项目研发与运作、倡导政策改变、项目评估与推广、建立社区组织等。

象限C：针对个体、小团体或家庭开展细致工作，力图改变个人及其家庭成员的心理状态。这一实务取向较多地使用微观社会工作技术，"临床"特征较为明显。具体方式包括心理治疗、家庭治疗、小组工作、危机干预等。

象限D：针对大团体或一个完整的系统开展深入工作，寻求学生个体的改变。通过大规模（学校或社区）的干预，达到学生个体的转化。具体方式包括预防儿童虐待的课程、人际关系能力训练、吸毒行为预防、注意力训练、逃学干预、改变家长与学生的视角与态度等。

需要指出的是，专门学校社会工作服务的具体运作很少出现针对单一象限开展工作的情况，往往是几个象限之间的交互推进、彼此协同。例如，反对校园暴力项目，一方面要改善学校风气和校园文化（象限B），另一方面要引导学生学会处理愤怒的情绪（象限D）。又如，一个力求改变内在认知或人际交往能力的社会技巧干预，可以在一个班级中实施（象限C），也可以在一所学校或者是一个更大的区域内实施（象限D）。再如，应用于班主任管理的项目，可以包括个体与老师的沟通交流（象限A），也可以是学校全体教师的培训（象限B）。因此，对于任务而言，很难将其直接地划分到某一个象限，但是，将任务本身与执行任务的方法相结合，就能够明确其工作的象限了。

社会工作是"人们有意识地改变社会的活动"①，为了达到这样的目标，学校社会工作者需要从一个象限转移到另一个象限，这种转变要求学校社会工作者灵活地分配其在每一个象限所花费的时间和精力，掌握在所有象限工作的知识和技能，推动社会工作发挥更加积极的社会意义。

沿着这样的工作思路，驻校社工尝试利用已有的资源，在不同象限内开展工作。由于驻校社工自身的资源和能力有限，并不能在四个象限内同时开展工作，因此，不同象限的工作有所差异。现阶段的工作主要集中在C象限（以个体、

① 王思斌：《社会工作概论》，北京高等教育出版社2006年版，第8页。

小团体或家庭为工作单元，以期改变个体）和 D 象限（以大团体或一个完整的系统为工作单元，以期改变个体），对于 A 象限（以个体、小团体或家庭为工作单元，以期改变生态或环境）和 B 象限（以大团体或一个完整的系统为工作单元，以期改变生态或环境）的工作还在拓展之中。下面将从在这四个象限中开展的服务出发，阐述驻校社工在实践中所推进的服务内容。

（一）C 象限：以个体、小团体或家庭为工作单元，以期改变个体

2014 年 9 月，驻校社工获得了进入专门学校开展服务的合法性身份，但是，在工作中，仍然需要针对专门学校场域和社会工作场域如何进行互动展开深入的探索。因此，在这一阶段，从学校和学生的需求出发，驻校社工决定从 C 象限的服务入手，尝试、探索如何在专门学校开展社会工作服务。具体地说，在这一阶段，驻校社工搭建了以生态系统理论为基础理论架构，以重建学生与其周围系统的互动关系为主要途径，以改善学生个体问题为主要目标的专业服务框架。这一阶段是驻校社工的尝试、探索阶段，奠定了驻校社工开展服务的基础。其服务内容如表 2–1 所示。

表 2–1　C 象限的服务内容

序号	服务层面	服务内容
1	学生个体层面	个案工作（以班主任推荐的小组为主） 借用学生午间休息时间，开展午间小组活动 组织召开训诫会 其他非正式服务
2	朋辈群体层面	校本课程 元旦节目排练 舞蹈社团活动（每周五放学后进行） “一人一故事”社团活动（社工链接资源）
3	家庭层面	家长小组 家长讲座 亲子活动

续表

序号	服务层面	服务内容
4	班级层面	发现超人计划 彩虹计划 桌游小组活动 躲避球小组活动 （主要是驻校社工主动向班主任推荐开展活动）
5	学校层面	开展教师节活动 制作并发放社工站小报 参与成长支持小组 每学期末召开驻校社工专题总结会 配合学校完成元旦嘉年华主题活动 参与学校德育会、全体会等

从生态系统理论出发，这一阶段的服务涵盖了学生社会支持体系的各个维度，希望通过各个维度的工作来促进学生个体的改变。与此同时，这一阶段的服务是探索性服务，主要通过学生和学校对于服务的反馈来筛选更加适合学校和学生的服务内容。

在驻校社工刚刚进入学校的时候，德育副校长给予了大力的支持，鼓励教师向驻校社工推荐个案。结合专门学校学生的特点，驻校社工充分调动其所在机构的资源，召开训诫会，进一步强化和提升学生的法律意识。此外，驻校社工还采用了大量的非正式服务的方式，充分利用学生的课间、午休等碎片化的时间，走进学生的班级，和学生建立了良好的互动关系。

针对朋辈群体层面的服务，主要依托校本课程。学校给予了驻校社工开设校本课程的机会，社工采用橡皮章、电影配音等方式吸引学生的注意力，通过这些看似与教育无关的方式，开展小组工作，促进学生提升人际关系能力和自我效能感。为了更好地促进学生自我的表达，驻校社工还链接了即兴喜剧的资源，与心理中心合作开设了“一人一故事”社团，培养学生发现自我、认识自我、表达自我的能力。除了常见的服务内容之外，考虑到专门学校为寄宿制且有部分学生存在周六日娱乐项目不健康的情况，在服务过程中，尝试在每周五放学后链接首都师范大学音乐学院的资源，开设了舞蹈社团，希望能够为学生提供更多娱乐内容的服务选项，引导学生积极健康地度过周末。

针对家庭层面的服务，主要通过家长小组、家长讲座和亲子活动展开。在家长小组方面，驻校社工带领稳定的十余名家长成员，就服务工作中的细节问题进行讨论，并着力构建家长互助小组。在家长讲座方面，邀请家庭教育专家，为学生和家长在亲子沟通方面遇到的困惑进行解答，提升家长的亲职教育能力。在亲子活动方面，以艺术治疗为主要的方法，带动学生和家长共同体验艺术之美，在这个过程中，促进亲子关系的弥合。

针对班级层面的服务，主要通过各种各样的促进班级凝聚力、促进班级规则意识建立的小组展开，包括发现超人计划、彩虹计划、桌游小组、躲避球小组等。但是，在这一阶段，由于驻校社工和班主任之间还没有形成十分紧密的合作关系，双方对于对方的能力和需求了解得并不十分准确和全面，因此，这一阶段的服务内容以驻校社工根据自己对学生的观察进行设计并主动向班主任推荐为主。

针对学校层面的服务，以配合学校的常规工作为主，主要包括参与成长支持小组、配合学校完成元旦嘉年华主题活动、参与学校各种会议等。此外，为了尝试探索教师的支持，还开展了教师节活动；为了促进学生对自我的认可及社会工作理念的传播，设计并制作了每月一期的“知常报”进行发放。

（二）D 象限：以大团体或一个完整的系统为工作单元，以期改变个体

在服务推进了两年之后，专门学校场域和社会工作场域之间的互动越发频繁，对于彼此需求和能力的了解也越发深入。在这一阶段，驻校社工和学校共同合作，将服务延伸，更加深入地就学生问题展开干预。驻校社工确定了在巩固象限 C 服务的基础上，尝试拓展在 D 象限的服务计划，即通过更加积极的方式干预学生的环境，进而促进学生个体的转变。这一阶段，新增加的服务内容如表 2-2 所示。

表 2-2　D 象限的服务内容

序号	服务层面	服务内容
1	学生个体层面	保留原有的服务内容
2	朋辈群体层面	活动室课间开放计划 历奇辅导活动 戳戳乐小组、烘焙小组、桌游小组

续表

序号	服务层面	服务内容
3	家庭层面	亲子活动 家长讲座 微信推送服务
4	班级层面	菜单式服务计划 班主任工作手册 配合班主任进行家访 奉粥活动
5	学校层面	保留原有的服务内容

在学生个体层面和学校层面，保留了原有的服务内容。

在朋辈群体层面，在学校的大力支持下，在学生教室附近新增了活动室，并在课间开放，为学生增加一个互动的平台，在对于这些互动的观察与干预中，促进学生的成长。此外，在前期工作的基础上，在周末增加了历奇辅导活动，让学生走上街头，为他人奉献爱心，促进学生自我效能感和社会适应能力的提升；在暑假，开设了戳戳乐小组、烘焙小组和桌游小组，希望在教会学生们一些技能的同时，引领他们的正向娱乐需求。

在家庭层面，在原有工作的基础上，增加了更多内容丰富、有趣的亲子活动，在促进亲子沟通的同时，也促进了家长压力的释放。此外，为了促进家长了解学生的在校情况，在日常为家长提供了一些亲职教育的方法和亲子沟通的技巧，驻校社工在班主任的支持下，进入了班级家长群，在班级家长群中每天发送学生在校情况的照片，并推送小文章，支持学生家庭的成长。

在班级层面，为了更好地推动班主任了解和熟悉驻校社工的服务内容，促进班主任和驻校社工之间的双向沟通，在几年来工作磨合的基础上，推出了“菜单式服务计划”，鼓励班主任通过菜单式服务计划选择的方式，主动为班级选择所需要的服务。此外，驻校社工推出每周一期的班主任工作手册，为班级活动建言献策；配合班主任的日常工作，提供不同的分析与解决问题的视角。在这一阶段，以职高班主任为代表的部分班主任，由于日常与驻校社工的沟通交流较多，比较了解驻校社工的工作内容和工作能力，主动邀请驻校社工就现阶段其需要解决的问题设计独特的方案并开展服务，如奉粥活动等。

（三）A、B 象限：以微观或宏观为工作单元，以期改变生态或环境

经过了 C 象限和 D 象限的集中服务，专门学校场域与社会工作场域之间形成了良好的合作关系。因此，双方开始探索更加深入的支持与合作方式。这一阶段，驻校社工开始尝试将服务推进到 A、B 象限，也就是说，通过团体和环境支持，来促进学生个体的成长或环境本身的优化。在前期服务的基础上，主要增加的服务内容如表 2-3 所示。

表 2-3　A、B 象限的服务内容

<table>
<tr><th>序号</th><th>服务层面</th><th colspan="2">服务内容</th></tr>
<tr><td>1</td><td>学生个体层面</td><td colspan="2">社会系统评估服务</td></tr>
<tr><td>2</td><td>朋辈群体层面</td><td colspan="2">周末、寒暑假活动</td></tr>
<tr><td>3</td><td>家庭层面</td><td colspan="2">保留原有的服务内容</td></tr>
<tr><td>4</td><td>班级层面</td><td colspan="2">提出教育建议
提供班级服务</td></tr>
<tr><td rowspan="4">5</td><td rowspan="4">学校层面</td><td>支持教师工作</td><td>教师个案支持
支持教师参赛</td></tr>
<tr><td>支持德育工作</td><td>支持主题教育
支持德育活动
支持法制教育实验班服务</td></tr>
<tr><td>支持教学工作</td><td>中考动员活动</td></tr>
<tr><td>支持工会工作</td><td>支持工会小组活动</td></tr>
<tr><td rowspan="2">6</td><td rowspan="2">资源整合层面</td><td colspan="2">外部资源链接</td></tr>
<tr><td colspan="2">内部资源整合</td></tr>
</table>

在家庭层面，以前两个阶段的工作为基础，继续开展原有的服务工作。

在朋辈群体层面，继续拓展周末与寒暑假活动。

在学生个体层面，在前期工作的基础上，增加了社会系统评估服务。社会系统评估旨在学生入校之初，通过对学生的访谈及其周围环境的调研，从学生层面出发，全面了解学生的情况，分析学生发展中的风险性因素和保护性因素，筛选出风险性较高的个案开展干预，并就每一个学生提出适合班主任开展工作的、有

针对性地促进学生个人成长的教育建议。

在班级层面，首先，就社会系统评估服务中提出的教育建议与班主任进行沟通，有效地促进教育建议的实施。其次，依据班主任提出的需要，设计有针对性的服务方案。在这一阶段，班主任与驻校社工之间形成了比较紧密的工作衔接，会与驻校社工就服务目标进行讨论，并提出服务需求，这是驻校社工与班主任紧密合作的重要体现。

在学校层面，在原有工作的基础上，增加了支持教师工作、支持德育工作、支持教学工作和支持工会工作。支持教师工作主要是针对教师出现的压力、情绪问题及其他生命成长问题提供支持，为教师面临的工作困难提供解决思路与方案。支持德育活动主要包括协助春秋游的方案设计与实施，协助学校策划、组织毕业晚会、卡拉 OK 比赛等，协助学校完成重点学生的法制教育工作。支持教学工作主要是协助策划与实施中考百日动员、中考考前动员等活动。支持工会工作主要是支持多个工会小组策划并实施工会小组活动。支持学校层面的工作是这一阶段的工作探索中主要的拓展内容，在经过了与学校的沟通融合之后，驻校社工与学校之间形成了更加密切的合作关系，也找到了更多的机会支持与促进学校工作的开展。

在资源整合层面，学校与驻校社工达成了更加顺畅的沟通机制，驻校社工可以调动所在机构的资源，整合学生的校内外情况，制定更加具有针对性和实用性的教育矫治方案。

（四）小结

自社会工作场域与专门学校场域相遇至今，双方从相知到相交，每一阶段双方都付出了巨大的努力，旨在推动学生的教育矫治工作，促进学生的全面成长。从 C 象限的介入，到 D 象限的拓展，再到 A、B 象限的延伸，驻校社工在学校场域的支持之下，一步步拓展服务层面，最终实现了在微观、中观、宏观的立体干预，为学生的成长搭建了更加稳固的支持体系，促进了学生和家庭的共同成长，使学生的生长环境得到了改善和更新。

需要说明的是，在每一个象限中，都存在着不同维度和层面的干预，因此，为了使读者阅读起来更加清晰，在本书后文的具体服务内容介绍中，将会以生态系统为主要框架进行说明。但是，广域临床象限中所指明的在宏观层面的工作和对于微观层面的改变是驻校社工不可或缺的工作内容。

第三章

专门学校社会工作服务理念、理论与方法

第一节　专门学校社会工作服务理念

社会工作需要遵循传统的理念和伦理。但是，相同的理念和伦理在不同的服务场域进行应用的方法和侧重点是不同的。专门学校社会工作服务是驻校社工在教育和学校场域里的实践，教育及学校场域原有的理念和要求是需要驻校社工在服务过程中予以尊重的。而专门学校的情况又比较特殊，所以根据实际情况，驻校社工对该领域服务的重要理念做了梳理。

一、专门学校社会工作者的特殊信念

社会工作者有其专业伦理和基本理念要求。作为驻专门学校的社会工作者，除了社会工作专业所要求的基本价值理念之外，结合专门学校场域和学生的实际特点，还应当有其特殊的工作信念。

（一）所有生命都精彩

所有生命都精彩，是指每个人的生命都是独一无二的，都是特别的，每个人生而不同，具有自己的独特性。在专门学校开展教育工作和社会工作服务，应当

遵循个别化原则，将每一个案主都看成独特的个体，了解、认同每个案主的独特性，并运用合适的方法和原则来帮助案主更好地适应社会。专门学校社会工作服务要求驻校社工立足于学校的实际情况，正确评估学生和学校的需求，协调双方，适宜地调动学校资源，为学生的发展提供更多的可能性。

（二）影响是双向发生的

我们固有的思想会认为“坏孩子会影响好孩子”。所以，出现问题的时候，一般的解决方法都是将坏孩子与好孩子做“物理隔离”，比如换座位；或者家长在教育的时候会说“你老和×××玩，你能学好才怪呢”。但在专门学校服务中，驻校社工认为，“如果坏孩子会影响好孩子，那么好孩子也会影响坏孩子”。这是驻校社工外出学习时了解到的一句话，很适合专门学校的情况。在开展服务的过程中，驻校社工相信，只要学生之间出现互动，肯定会产生影响，影响没有好坏之分。

（三）因为相信所以看见

社会工作是一个以信念为引导的专业，也相信人是有能动性的。因此，在工作过程中，驻校社工会注意观察服务对象的细节，比如，某个学生的卫生习惯很差，工作后，感觉他的变化并不明显。但是，经过细心观察，会发现他的鞋子开始变干净了。所以，驻校社工相信，案主不是没有改变，只是他的改变有时并不是我们所期待的而已。

二、基本社会工作理念在专门学校社会工作实务中的运用

（一）接纳

接纳是指在专业服务过程中，驻校社工要从内心接纳服务对象，将他们看作工作过程中的重要伙伴，对服务对象的价值偏好、习惯、信仰等保持宽容和尊重的态度，不能因为服务对象的心理、生理、种族（或民族）、性别等对他们有任何歧视，更不能因为上述原因而拒绝为服务对象提供服务。

专门学校的学生有着自己特殊的成长经历和行为特点，在这些具体行为的背后，他们的一些价值观念是与社会普遍的道德要求之间存在一定偏差的。此外，这些学生又因其多年的偏常经历而对他人的评价十分敏感，如果他们从社工工作过程甚至是日常的举手投足间发现社工对其“偏常”的价值观念或是行为习惯存在“歧视”的情况，其将会完全放弃与社工的沟通和交流，甚至排斥与社工相关的一切服务与活动。因此，接纳对于驻专门学校社工而言尤为重要，是社工

能够在这一场域中开展服务的重要前提。

（二）保密

保密是指驻校社工应当保护服务对象的隐私。未经服务对象同意或允许，社工不得向第三方透露涉及服务对象个人身份材料和其他可能危害服务对象权益的隐私信息。

在专门学校社会工作服务中，驻校社工需要更加留意的是保密例外情况。由于学校是人群高度密集场所，加之学校全员住宿的实际情况，为了保障学生的人身安全，驻校社工对于发现的安全隐患是无法进行保密的，而这些“安全隐患”有时是学生“故意为之”的。因此，这对于驻校社工的专业关系是一个巨大的挑战。驻校社工一方面需要和服务对象建立良好的专业关系，另一方面还需要为保障大环境的安全而遵守保密例外。因此，驻校社工在具体工作中，应当在服务开展前就保密和保密例外的相关问题进行说明和澄清。具体来说，在实务工作过程中，发生保密例外的情况主要包括以下几点：

（1）在访谈过程中，了解到服务对象私藏违禁物品，且会威胁他人的人身安全的情况。这就要求驻校社工第一时间与案主进行澄清，并与其讨论是他自己主动找老师解决，还是由驻校社工代为告知老师。

（2）在工作过程中，了解到服务对象有轻生的想法。如有的学生会提到不想活了，而且尝试了一些自杀的方法。这就要求驻校社工及时了解服务对象的基本情况，收集更多的信息，同时与学校及班主任沟通学生情况，对其多加关注，避免出现安全问题。

（3）其他危急情况。驻校社工在工作过程中评估到服务对象的行为可能会造成重大影响时，需要第一时间向学校的主管领导及班主任反馈情况，并做好应急预案。

（三）平等

社会工作服务需要有良好的专业关系作为基础，这就要求社会工作者与服务对象相互理解与合作，形成平等的、有效的工作关系，共同面对问题，同时寻找解决问题的途径。

在学校场域中，学校对于教师的身份有着天然的尊重和敬畏，这样的情绪状态有助于教师开展教育教学工作。但是，对于驻校社工而言，更希望能够在沟通过程中以“和学生站在一起”的姿态出现，更加贴近学生的生活，为学生提供更加适切的服务。

除此之外，大部分专门学校的学生有与社会不良人群交往过密的情况，他们普遍认为自己和普通的孩子是不一样的，甚至认为自己已经是大人了。在沟通过程中，驻校社工如果更多的是以指导者的身份出现，则容易激发服务对象的对抗情绪。因此，驻校社工以“平等”的身份和状态出现，有助于与服务对象建立专业关系。

（四）非评判

非评判的原则具体体现为社会工作者对服务对象的性格、性取向、生活方式、宗教、政治倾向等不做倾向性的批评和判断，尊重服务对象在观念和生活方式上的选择。

在具体服务开展的过程中，驻校社工应当注意不要评判和干预服务对象的选择，而是应当从案主自决的角度出发，陪同服务对象进行分析和讨论，促进其“自助”和“自决”。

需要说明的是，由于服务对象是未成年人，其心智能力还没有发育成熟，并不具备在所有问题上进行“自决”的能力，驻校社工在这里仍然需要注重引导。此外，在遇到“保密例外”情况时，需要更加谨慎地考虑和处理。

（五）需求导向

社会工作是一种协调人与环境之间关系的专业服务活动，它与人的问题和需要息息相关。因此，驻校社工本着以人为本、回应需求的态度对待服务对象，并通过专业方法来满足服务对象的需要。

（六）优势视角

优势视角是社会工作中的一种全新工作理念。它的核心理念是相信人们天生具有一种能力，即通过利用他们自身的自然资源来改变自身的能力。优势视角着重于挖掘案主自身的优点，帮助案主认识其优势，从而达到解决案主外在或潜在问题的目的。其核心是驻校社工对服务对象的信任，相信服务对象可以改变，相信服务对象有能力去面对并解决自己的问题。在实践中，驻校社工始终相信服务对象的潜能和能动性。

专门学校的教育理念与优势视角的核心是不谋而合的，学校的教育理念为“办适合我们学生的教育”，学校的教育途径是“用放大镜发现学生的闪光点，用显微镜观察学生的上进心”，可以发现这背后也是对学生能力的期待和赞许，在尝试用不同的视角关注这些被“边缘”的学生。因此，驻校社工在工作中要更加注重与学校一直以来贯彻的教育理念相融合，将优势视角贯穿于服务设计、服务实施、服务反馈等各个方面。

第二节　专门学校社会工作服务理论

专业化、科学化的理论是社会工作者在专门学校提供服务的基础，这些理论能够帮助社会工作者了解学生的行为表现和社会化的过程，确定问题的性质和产生原因，并作出科学解释，明确工作目标。同时，针对问题的性质和原因，提出一套适合于专门学校场域的工作方法、技巧。

本节首先介绍了专门学校社会工作服务中具有重要指导意义的生态视角的生态系统理论、优势视角指导下的抗逆力理论；然后介绍了从心理人格（精神分析理论）、行为（社会学习理论）和认知（认知发展理论）的不同层面理解与解释学生困境的理论；最后介绍了在专门学校场域中有特殊意义的社会键理论、标签理论；进一步分析了这些理论对于专门学校社会工作的启示。

一、生态系统理论

（一）理论要点阐述

生态系统理论（Ecological Systems Theory），有时也被称作背景发展理论或者人际生态理论，由美国心理学家布朗芬布伦纳（Urie Bronfenbrenner）提出并完善。通过生态系统理论，布朗芬布伦纳对于人的发展进行了生态学式的解释。由于该理论兼具系统视角、生态视角的部分要素，并在此基础上不断发展完善，下面将对系统视角、生态视角进行简单的论述，并在理解重要理论来源、理论基础的前提下，介绍生态系统理论的核心概念和主要内容。

1. 系统视角的理论要素

系统视角将人的发展放在特定系统中进行考察，该视角下的一般系统理论认为所有有机体都是一个系统，由具有不同功能的子系统构成，例如，社会成员、家庭、邻里、社区都是社会系统的一部分。①

系统视角下对家庭的理解示例如下：每个成员都占据一定的家庭位置，成员之间相互依赖；家庭是一个以界限维持的单位，有一定的弹性；家庭是一个适应性的和寻求平衡的单位，互动模式可能会自我复制；家庭是一个完成任务的单

① 朱眉华、文军：《社会工作实务手册》，社会科学文献出版社 2006 年版。

位，既要符合外在环境要求，也要满足内部需要。

2. 生态视角的理论要素

生态视角是20世纪70年代兴起的具有整合意义的社会工作实践视角。其基本假设包括：（1）个人—环境构成一个统一的系统，在该系统中人与环境相互影响，形成一种互惠关系；（2）要理解个人，就必须将其置于其生长的自然环境及其所在的情境之中；（3）生活中的问题需要在生活空间的整体之中进行理解；（4）为了帮助案主，社工应该随时准备干预案主所在的生活空间的各个层面。此外，生态视角中的“生命周期”概念为理解案主提供了重要参考。生命周期是影响个人发展的相关社会结构和历史变迁的生活实践，它们对个人的生活产生意义。从某种意义上说，生命周期就是一个随个人、家庭和历史时间而变动的个人与环境之间的互动过程。①

3. 生态系统理论的主要内容

布朗芬布伦纳强调需要将环境、时间结合起来考察个人发展的动态过程。

布朗芬布伦纳将人生活于其中并与之相互作用的不断变化的环境称为行为系统。该系统分为四个层次：（1）微观系统，指个体活动和交往的直接环境，这个环境是不断变化和发展的。随着人的不断成长、发展，活动范围从开始的家庭扩展到幼儿园、学校、同伴关系等微观系统。对于学生来说，学校是除家庭以外对其影响最大的微观系统。（2）中观系统，指各微观系统之间的联系或相互关系。布朗芬布伦纳认为，如果微观系统之间有较强的积极的联系，个人的发展可能实现最优化。相反，微观系统之间的非积极的联系会产生消极的后果。例如，如果学生在原生家庭中处于被溺爱的地位，在玩具和食物的分配上总是优先，那么一旦在学校中享受不到这种待遇就会产生极大的不平衡感，不仅不易于与同学建立和谐、亲密的友谊关系，还会影响到教师对其教育指导的方式。（3）外围系统，指那些个体并未直接参与但却对他们的发展产生影响的系统。例如，父母的工作环境就是外围系统影响因素。学生在家庭中的情感关系、状态可能会受到父母是否喜欢其工作的影响。（4）宏观系统，指的是存在于以上三个系统中的文化、亚文化和社会环境（如意识形态、信仰系统、风俗和法律等）。例如，宏观系统会涉及“学生应该设立什么样的努力目标”的观念，这一观念在不同的文化中存在较大差异，它存在于微观系统、中观系统和外围系统中，直接或间接

① 何雪松：《社会工作理论》（第二版），上海人民出版社2018年版。

地影响学生知识经验的获得。①

“时间纬度”（或称作时间系统）也是生态系统理论中的重要概念，其被布朗芬布伦纳看作研究个体成长中心理、行为变化的参照体系。随着时间的推移，个体生存的微观系统环境不断发生变化，每次转变都是个体人生发展的一个阶段（如升学、恋爱、就业等），这些转变发生于毕生之中，常常成为发展的动力。

布朗芬布伦纳主张：首先，一个发展着的个人不能仅仅被视为受环境所影响的傀儡，而是一个不断成长、动态的重构环境的实体；其次，个人与环境之间的互动是双向的，这是一个相互适应的过程。生态系统理论启示我们个人—环境的匹配体现在不同的层次，个人与环境之间存在着复杂的交换关系。

（二）生态系统理论对专门学校社会工作服务的启示

首先，生态系统理论为我们理解学生的行为表现提供了新的思路：

（1）学生表现出认知、情绪、行为等方面的问题常常源于其所在系统之间的互动关系出现了问题，而不是学生本人的问题，社工需要重视学生为适应周围系统环境而发生的改变及其与各环境系统之间的互动，如有些学生表现出对抗的态度、强烈的不满情绪、拒绝参与的行为，是因为其难以接受和适应学校的环境，或未能获得来自家庭、朋辈等微观系统足够的支持和帮助。

（2）需要从时间和空间的不同纬度理解学生（及其家庭）的生命周期，即个人与环境之间的互动历程。将学生作为处于其原生家庭环境中经历过从普通学校到专门学校的转变，同时处在校内较严格的管理制度和校外充满机会、诱惑与风险的社会环境中的个体来理解，关注“生活中的问题”而非“个人的问题”。

其次，在具体工作中，生态系统理论为了解、干预学生情况提供了有效的工作框架：在评估过程中重视学生整体生活系统的状态，重视学校系统、家庭系统与其他系统的基本情况及相互之间的互动状态等；干预时可以带着“牵一发而动全身”的思路去启发社工开展工作，只要系统中有任何一方发生变化，都会对整个系统产生影响。因此，需要寻找干预重点去改善关系，促进各系统之间的协调、适应。如一个有着上学困难问题的学生，父母对其宠溺娇惯，无法进行有效监管，可以考虑从其关系好的同学或朋友入手，协助其回到学校继续接受教育；同时，协助该学生协调其与学校环境之间的关系，在帮助其适应学校生活的同

① 卓彩琴：《生态系统理论在社会工作领域的发展脉络及展望》，载《江海学刊》2013年第3期。

时，创造更有利于其成长的支持性环境。

二、抗逆力理论

（一）理论要点阐述

“抗逆力”（Resilience）是优势视角的理论内核。下面简单地阐述优势视角的要点，介绍抗逆力理论的内容，以便在进一步了解抗逆力理论背后的哲学思想、理论脉络的基础上，更好地理解该理论在实务中的应用。

1. 优势视角简述

优势视角关注案主的能力与潜力，聚焦于增强个人与社区的能力，使其能够实现未来的希望、愿景，而不是纠正已经发生或正在发生的问题。优势视角相信每个个体、团体、家庭和社区都有优势；驻校社工应认真看待案主的希望、需求，为其提供更好的服务；相信案主身处的每个环境都充满资源。不仅如此，优势视角理论还相信人们在经历痛苦和危难之后可能伴随着成长。而这种个人突破艰难痛苦的生命历程，从过程中学习，以修复身心的能力就是抗逆力。

2. 抗逆力的概念及内涵

有关抗逆力的研究最早是在 20 世纪 70 年代中期开始的，诺曼·加梅齐（Norman Garmezy）是这一研究的先驱者。目前，经历了 30 多年的研究，其深度和宽度不断扩大，虽然至今对抗逆力仍没有一个统一且明确的界定，但学者们均强调了一个共同点：抗逆力是指个人面对逆境时，能够理性地作出正向的、建设性的选择和应对的能力。①

一般会通过风险性因素和保护性因素来理解抗逆力。

风险性因素是指个体所生活的环境中造成其在生存和发展上出现消极结果的因素。正是由于风险性因素的存在，个体才能展示出其抗逆能力。② 风险性因素往往由个人的归因能力和信仰系统来决定，并受到外在环境的影响。风险性因素在一定的条件下可能是中立的，也可能产生保护性的作用。③

---

① 王君健、薛小勇、董凌芳：《社会工作视阈下的抗逆力解读》，载《社会工作（下半月）》2010 年第 5 期。

② 刘玉兰：《西方抗逆力理论：转型、演进、争辩和发展》，载《国外社会科学》2011 年第 6 期。

③ 陈香君、罗观翠：《西方青少年抗逆力研究述评及启示》，载《海南大学学报》（人文社会科学版）2012 年第 3 期。

保护性因素是指那些能够促使个体更好地应对生活事件、减少消极发展的个人或环境因素。[①] 一般从内外两个方面来理解保护性因素：内在保护性因素主要分为生理和心理两方面，如洞察力、独立性、关系、主动性、创造力、幽默感和道德感等。外在保护性因素主要存在于家庭、学校和社区等环境中，如高亲密感与情感表达的家庭会给孩子营造一种和谐、相互信任和安全的氛围；家庭成员之间彼此独立的学生一般拥有高自尊、高自信和高自主能力[②]；学校的良师益友、有组织的课外活动、对学校的归属感和良好的同伴关系及支持性的朋友是学生的重要保护因素。

3. 提高抗逆力的途径

通过对抗逆力内涵、要素的分析，学者们提出了多种提高抗逆力的模型、理论。抗逆力轮模型是其中影响较大的理论之一，该模型旨在探索克服环境中的风险因素，建构个体抗逆力的途径。通过促进亲社会联结，完善社会支持网络；教授生存、生活技能，防患于未然，避免社会化问题；建立清晰稳定的边界，提高个体的辨别能力和认知能力；提供关怀与支持、给予较高期望、提供机会促进发展，增强个体的自我效能感、乐观感和归属感，培养积极面对困难和挫折的能力。抗逆力轮模型从行为系统的锻炼和认知系统的改变，提出了增强抗逆力的应对机制。[③]

（二）抗逆力理论对专门学校社会工作服务的启示

根据抗逆力理论，专门学校社会工作者在工作过程中需格外关注学生及其所处环境（群体、家庭、社区等）的优势，并进行资源评估。

首先，抗逆力理论指导下的助人关系是合作关系、伙伴关系、互惠关系。驻校社工应与学生建立合作的、伙伴性的、更加平等的工作关系，相信学生自身才是他们所面临的生活问题的专家。

其次，充分考虑到学生“生活中的逆境”对于其生命成长的影响，并通过

---

① 李燕平、杜曦：《农村留守儿童抗逆力的保护性因素研究——以曾留守大学生的生命史为视角》，载《中国青年社会科学》2016 年第 4 期。

② 谭水桃等：《不同心理复原力中学生家庭环境因子比较》，载《中国学校卫生》2009 年第 2 期。

③ Upchurch, Martin, Dan ford, Andrew, and Richardson, Mike.（2005）. New Unions, New Workplaces: A Study of Union Resilience in the Restructured Workplace. Employee Relations 29.（3）255-257.

提升其面对“逆境”的能力来解决他们的情绪和行为问题。在具体服务过程中，驻校社工发现，专门学校的学生在成长过程中经历过或者正在经历着很多逆境，而其内在保护性因素和外在保护性因素的功能发挥失常是导致其问题行为产生的重要原因。因此，驻校社工需要从这一视角出发，充分分析学生所面临的逆境和内外保护性因素，为后续工作打下良好的基础。

再次，通过提升学生的抗逆力来矫治其不良行为。抗逆力理论认为，每个人在成长过程中都会经历很多逆境，但是在应对逆境的过程中，不同的人出现了不同的行为选择，因此导致了不同的行为表现。而影响这些选择的，是内外保护性因素的交互作用，是个体的效能感（C）、归属感（B）和乐观感（O）。因此，在具体的服务过程中，驻校社工应当从建构内外保护性因素出发，不断提升学生的抗逆力。

最后，从“隐形抗逆力”的视角看待学生的不良行为。最新研究成果显示，未成年人的很多不良行为，实际上正是其生命力的表现，即通过调动自身能量来对抗生活中的逆境，但是，受到多种条件的影响，其选择的方式并不一定是能够被社会广泛认可的，因此可能表现为问题行为。从这一角度出发，对于驻校社工分析未成年人的不良行为并进行干预有着十分重要的启示作用。

三、精神分析理论

（一）理论要点阐述

弗洛伊德提出的精神分析理论，试图揭开人类社会的心理基础，即人类的心灵或精神是如何影响行为的，对于理解、解释人类行为有着深远的影响。其包括本能、人格结构、意识层次、心理防御机制和人格发展等部分，本书仅挑选其中对于专门学校社会服务工作具有参考意义的部分进行重点阐述。

1. 人格结构

弗洛伊德认为，人格结构包括三个组成部分，即本我（Id）、自我（Ego）和超我（Super-ego）。其中，本我是生物成分，是人格的原始系统，它基于本能或驱力，由无意识决定，遵循快乐原则，目的是避苦趋乐，消除人感到痛苦和不适的紧张体验。自我是心理成分，负责与现实世界协调，支配、管理和控制着人格，在本能与环境之间周旋，控制本我的盲目和冲动。它为现实原则所支配，能够实现逻辑思考并制定相应的计划。超我遵循道德原则，象征的是理想，是人的道德自律。它包含两个层面：一是良心，即界定什么是不应该做的；二是自我的理想，即规定什么是应该做的。超我涉及心理奖赏和惩罚，当合乎超我要求时，个人会感到自尊和骄傲，反之，则会感到罪恶和自卑。如果个人的自我、本我和超我三者之间能够维持和谐的关系，个人就具有完善的人格并能够有效地与外界沟通。如果三者之间关系出现障碍，人格就会失调，需要予以回应。实际上，三者之间并没有清晰的界限，三个概念的提出只是为了从整体上把握人格的不同过程、功能和机制。本我之中产生自我，自我之中产生超我，三者相互作用和融合于人的整个生命过程。

2. 心理防御机制

弗洛伊德认为，心理防御机制是自我为了消除不愉快（或焦虑）而采用的方法，涉及抵制或掩饰不被允许或不被赞同的欲望以减少内心的冲突，包括否认、替代、认同、投射、合理化、反作用、退行、压制和升华。心理防御机制可以帮助个体应对压力，防止自我被压垮，提高个体适应性。

3. 人格发展

弗洛伊德认为，人格发展具有阶段性，个人会经历五个连续发展的阶段，每个阶段的发展都有赖于前一阶段心理冲突的解决。这五个阶段分别是口腔期、肛门期、性蕾期、潜伏期和生殖器期。每个阶段中，自我、本我、超我之间的冲突得不到解决的情况下就会出现焦虑、压抑或压力，会影响本阶段人格的发展和后续各个阶段的发展。

（二）精神分析理论对专门学校社会工作服务的启示

精神分析理论启发专门学校社会工作者要关注学生当下的认知、情绪、行为等问题表现与早期的成长经历之间的关系，为更加理解学生当下的困境与问题提供更多可参考的路径和思考方向。

在设计并提供服务的过程中，根据本我、自我、超我的人格结构协助学生丰富自我认知，协调三者之间的关系，帮助学生逐步建立完整的人格与自我形象。

此外，在评估与提供服务的过程中，驻校社工需要关注学生自身形成的独特的心理防御机制及表现，并在此基础上提供更加适合的、个性化的服务。

四、社会学习理论

（一）理论要点阐述

社会学习理论是 20 世纪 60 年代兴起的一种理论。它的创始人是美国新行为主义心理学家阿尔伯特·班杜拉（Albert Bandura）。社会学习理论是阐明人怎样

在社会环境中学习，从而形成和发展其个性的理论。班杜拉认为，行为是经由观察其他的人或事而习得的。一个人可以不亲自实践而学习。观察者可以通过看、听、读而获得或学习新行为。观察包括注意到出现的过程和结果，以便观察者可以作出这样的结论：什么是可预期的，指导示范者行为的规则是什么。观察者对他们所见的事物形成内在符号呈现并将自己的行为与之匹配，由此他们可再生产自己观察到的行为。相应地，行为、外在环境、内在事件（包括认知）之间存在互动，环境通过认知的中介而影响个人行为，个人的行为和认知依次影响环境。①

（二）观察学习的过程

1. 注意过程

示范要能够引起观察者的注意，美丽、地位、权力和感情似乎更容易引起注意。

2. 保持过程

观察者要能够记住并储存所观察到的东西。对观察到的事物可用两个系统进行编码而呈现：一是图像式的，由观察到的事物的图像呈现组成；二是口头式的，由形容所见事物的词语组成。

3. 动作再现过程

将所谓的符号呈现转化为行为，人们将行为与心理意象或口头呈现进行匹配，在这个过程中，人们可以纠正错误、作出调整。

4. 强化和动机过程

当人们意识到示范受到奖赏而非惩罚，或者观察到的行为受到奖赏的时候，就更倾向于再现或复制这一行为。行为改变、维持或控制都可以经由使用强化、惩罚和自我规制而实现。

（三）社会学习理论对专门学校社会工作服务的启示

驻校社工在制定具体服务计划、服务设计的过程中，可以参考社会学习理论中的概念要素，考虑加入不同方式的替代性强化等设计，以促进服务目标的实现、服务效果的达成。

同时，根据社会学习理论，家长、老师、同学、朋友都是学生生活中的重要

---

① ［美］阿尔伯特·班杜拉：《社会学习理论》，陈欣银、李伯黍译，中国人民大学出版社 2015 年版。

“榜样”，需关注家长、老师、同辈的行为示范作用，评估分析学生本人受到的影响，进而制定有针对性的服务计划。

五、认知发展理论

（一）理论要点阐述

认知发展理论认为在我们想什么、怎么感觉和怎么行动之间有一种相互作用。该理论更加关注当前事件的解决，其目标在于改变案主的思维过程，使其更为“理性”。

认知发展理论是由瑞士教育心理学家让·皮亚杰（J. Piaget）所提出的，他将个体自出生后在适应环境的活动中，对事物的认知、面对问题情境时的思维方式与能力表现随年龄增长而变化的过程称为认知发展。

让·皮亚杰提出人的认知发展分为四个阶段：

一是感知运动阶段（0~2岁）。这一阶段的儿童的主要认知结构是感知运动图式，儿童借助这种图式可以协调感知输入和动作反应，从而依靠动作去适应环境。通过这一阶段，儿童从一个仅具有反射行为的个体，逐渐发展成为对其日常生活环境有初步了解的问题解决者。

二是前运算阶段（2~7岁）。这一阶段的儿童将感知动作内化为表象，建立了符号功能，可凭借心理符号（主要是表象）进行思维，从而使思维有了质的飞跃。其思维特点是：（1）泛灵论。儿童无法区别有生命和无生命的事物，常把人的意识动机、意向推广到无生命的事物上。（2）自我中心主义。儿童缺乏观点采择能力，只从自己的观点看待世界，难以认识他人的观点。（3）不能理顺整体和部分的关系。儿童的思维受眼前的显著知觉特征的局限，而意识不到整体和部分之间的关系。让·皮亚杰称之为缺乏层级类概念（类包含关系）。（4）不可逆性。儿童一方面无法认识到改变了的形状或方位还可以改变回原状或原位；另一方面缺乏对事物之间变化关系的可逆运算能力。（5）缺乏守恒。儿童认识不到在事物的表面特征发生某些改变时，其本质特征并不发生变化。

三是具体运算阶段（7~11岁）。这一阶段的儿童的认知结构由前运算阶段的表象图式演化为运算图式。其思维特点是：具有守恒性、脱自我中心性和可逆性。让·皮亚杰认为，该时期的儿童心理操作着眼于抽象概念，属于运算性（逻辑性）的，但思维活动需要具体内容的支持。

四是形式运算阶段（11~16岁）。这一阶段的儿童思维发展到抽象逻辑推理

水平。其思维特点是：（1）思维形式摆脱思维内容。形式运算阶段的儿童能够摆脱现实的影响，关注假设的命题，可以对假言命题作出逻辑的和富有创造性的反应。（2）进行假设—演绎推理。假设—演绎推理是先提出各种解决问题的可能性，再系统地评价和判断正确答案的推理方式。这一阶段的儿童可以首先提出假设，提出各种可能性；然后进行演绎，寻求可能性中的现实性，寻找正确答案。

认知发展理论认为，困境、问题产生的主要原因在于认知上的错误或理性思维能力的缺乏；若儿童在成长过程中某个阶段的认知未能得到顺利发展、完成相应的转变，则会影响其长远发展。

（二）认知发展理论对专门学校社会工作服务的启示

根据认知发展理论，驻校社工在服务过程中需要注重培养学生的认知能力和理性思维，帮助面临困难的学生获得对世界的正确认知，锻炼其处理问题的能力，培养其理性思考能力，从而触发行为的改变、走出困境；在了解学生认知发展特点的基础上，进行具体评估，提供更恰当、有效的服务。

六、社会键理论

（一）理论要点阐述

社会键理论（也称社会控制理论）最早由美国犯罪学专家特维斯·赫希（Travis Hirschi）提出①。其核心思想是，少年犯罪是个人与传统社会的联系薄弱或破裂的结果。社会键，即个人与传统社会之间的联系，主要由依恋、奉献、卷入、信念四种成分组成。

依恋（Attachment），是指个人对他人尤其是家庭和学校的感情联系。当个人对他人或群体产生依恋时，就会在作出某种决定或进行某种活动时，考虑他人或群体的意见和感情。赫希认为，依恋主要体现在以下三个方面：（1）对父母的依恋。赫希认为，对于少年而言，对父母的依恋非常重要，它是少年顺利完成社会化的重要前提。少年生活习惯和行为方式的养成、社会角色的培养等，最初都是在家庭中完成的。良好的家庭环境会孕育一个人健康的心理和健全的人格，而不良的家庭环境则会导致人格缺陷和行为偏差。（2）对学校的依恋。由于学校要求青少年参加传统的活动，接受传统的价值观，因此，对学校的依恋可以帮助个人顺利完成从童年到成年的过渡（顺利度过激烈变化的青春期）。赫希认为，

① 吴宗宪：《西方犯罪学史》，中国人民公安大学出版社 2010 年版。

缺乏学习能力、学习动机的学生，会不喜欢学校生活，有可能采取极端行为（不良行为甚至违法行为）抵制学校的权威。（3）对朋辈群体的依恋。赫希研究表明，对存在不良行为甚至违法行为的朋辈群体的负向依恋，会增加青少年出现相同行为的风险。①

奉献（Commitment），是指对某一使命、目标和志向的坚持和投入。越是投入的多，越是与之紧密联系在一起，因此受到目标的激励和约束就越强。赫希认为，青少年所奉献的传统活动表现在相互联系的三个方面：（1）向成年人身份的转变。在典型情况下，青少年完成学业、开始职业生涯和获得成年人身份是同时发生的。（2）接受教育。青少年在接受教育方面的志向越高，就越希望获得学业的成功，就会用更多的时间和精力进行学习，不希望用非传统的越轨活动破坏自己的教育目标。（3）获得地位更高的职业。青少年越希望获得地位较高的职业，越会认识到行为对其职业目标的影响，会努力实现职业目标，从而不会从事可能会损害职业目标的越轨行为。

卷入（Involvement），是指对社会传统活动的参加，参加程度的不同直接影响青少年的行为方式。赫希认为，较深入地参与传统活动，就会缺少从事越轨行为的时间和精力，使个人没有时间和精力感知诱惑。赫希指出，青少年参加的传统活动主要有两类：（1）传统的工作、运动、娱乐和业余爱好，如某些家务劳动，各类体育运动，看电视、读报纸和杂志，其他自己爱好的活动等。这些活动会花费青少年大量的空闲时间，使他们没有时间考虑和从事不良行为甚至违法活动。（2）与学校有关的传统活动。在学校生活与家庭作业中花费时间和精力较少的青少年，有更多的空闲时间接触诱惑、风险性因素，从事越轨行为的可能性会随之增加。

信念（Belief），是指对传统价值观念和道德法制观念的态度或者接受意愿。赫希认为，第一，对信念的内化程度不同会影响个体的行为。没有被内化的知识性词句无法成为指导个人行为的准则，不能用来辨别越轨行为和正常行为，难以预防越轨行为的出现。第二，对不良行为甚至违法行为的合理化会增加越轨行为出现的可能性。综合以上两点，当一个人在社会化过程中内化了健康的价值观和自我概念，就会有健全的社会“键”，就会强化自我控制力，不会倾向于从事违反社会规范或法律规定的活动。反之，如果对社会规范和法律规定缺乏足够的内化和认识，任由其本能做事，就容易出现不良行为甚至违法行为。

---

① 吴宗宪：《赫希社会控制理论述评》，载《预防青少年犯罪研究》2013 年第 6 期。

（二）社会键理论对专门学校社会工作服务的启示

社会键理论中对于社会联系、社会控制的关注与分析，有助于驻校社工从不同的维度帮助学生增加对于真实社会的认知及情感上的思考、理解、卷入与亲近。

此外，该理论有助于驻校社工理解学生不良行为的产生原因，为评估、干预问题学生提供了理论框架，启发驻校社工从正向的促进联结、促进社会“键”的建立入手，帮助学生降低发生不良行为甚至违法行为的风险，使其更好地融入社会。

七、标签理论

（一）理论要点阐述

标签理论（Labeling Theory）是以社会学家莱默特（Edwin M. lement）和贝克尔（Howard Becker）的理论为基础而形成的一种社会工作理论，常用来解释偏差、越轨行为。该理论认为，一个人一旦被贴上具有某种偏差、越轨行为的标签，就会产生烙印效应，产生与该标签相关的自我形象，直到最后逐渐成为“名副其实”的有着偏差、越轨行为的人。来到专门学校的学生本身有着多样、独特、个性化的成长需求，一旦被周围人贴上不适应的、不良的、怪异的等负向标签，就会在潜移默化中受到影响，认为自己就是这样一个充满负向标签的、与主流社会格格不入的人，随之产生更多拒绝、对抗、封闭的行为表现。①

面对被贴上“标签”的服务对象，社会工作者的一个重要任务就是要通过一种重新定义或标定的过程来使那些原来被认为是有问题的人恢复为“正常人”。一方面，尽量避免自行对服务对象张贴“标签”，尤其是发现某些人发生了某些越轨行为，也不要随意地张贴“标签”；另一方面，对于已经被贴上不受欢迎的“标签”的服务对象，社会工作者不应对其另眼相看，同时也不应太过殷勤，建议采取尊重的态度与服务对象平等相处。

（二）标签理论对专门学校社会工作服务的启示

驻校社工应该正视学生所经历的某种被标签化、被污名化的伤害事实，在协助学生增加自我能量的同时，从学生学习生活环境中的重要关系人入手改善对其

---

① 文军、易臻真等：《迷茫与超越：学校社会工作案例研究》，华东理工大学出版社2017年版。

固有的印象评价，以更加积极、正向、真实且丰富的自我评价（自我形象）替代消极、扁平化、简单粗暴的“标签”。

第三节　专门学校社会工作服务方法

一、传统社会工作方法在专门学校社会工作实务中的运用

（一）个案工作

1. 个案工作在专门学校的适用情况

个案工作作为社会工作的三大方法之一，是指专业工作者遵循基本的价值理念、运用科学的专业知识和技巧、以个别化的方式为感受到困难的个人或家庭提供物质和心理方面的支持与服务，以帮助个人或家庭减轻压力、解决问题、挖掘生命的潜能，不断提高个人和社会的福利水平。

青少年处于人生发展的关键阶段，发展课题较多，需要面对的问题、满足的需求多且复杂；加之在专门学校中，学生大部分曾经或正在面临难以适应的周围环境、难以满足的自身需求或挣扎在某种困境中。在这样的情境下，社会工作者应以个案工作本身个性化、精细化的精神对学生加以关注，同时对其表现出的冲突、不稳定进行正常化、一般化的看待。在此基础上，对于问题相对严重、情况比较特殊、不便于通过小组或社区方法予以处理的学生开展个案工作。通过个案工作，社会工作者能够深入了解青少年个体的成长经历、家庭环境、朋辈环境等信息，有针对性地进行服务，改善其不良行为，更好地促进青少年的正面成长。

2. 专门学校开展个案工作的流程

在专门学校开展个案工作时，一般有三种个案来源，即学校层面的转介、班主任的转介、驻校社工的主动发现，这三种个案来源的最大区别就是学生的问题严重程度、紧迫程度不同。一般在学校层面转介的个案多为有较突出、较严重、亟待干预的心理或行为问题，班主任老师转介的个案问题严重程度、紧迫程度次之，驻校社工主动发现的个案则更偏向于具有成长性、发展性的问题。在实际工作中，也常常存在校方、班主任、驻校社工中的三方或两方同时发现个案的情况，各方有共同的意愿提供服务和帮助。

接案后，驻校社工应第一时间进行登记、分案，然后通过对委托人、案主本人及家长等重要相关方进行访谈，了解基本信息，并对各方信息进行整合评估，

最终与案主制定出符合案主实际情况、意愿，同时与各方总体工作方向、期待相一致的工作计划和目标。

此后，驻校社工根据制定的服务计划分阶段开展工作，以访谈为主，辅之以游戏体验、艺术治疗、行为训练、兴趣培养等灵活多样的活动，同时与老师、家长等重要相关方沟通个案进展情况，链接及调动个案周边资源。

在各方都认为服务目标已达成且案主状态稳定之后，驻校社工与案主沟通确定结束服务的时间，同时提交相应的文案材料，并继续开展跟进工作。

（二）小组工作

1. 小组工作在专门学校的适用情况

小组工作是通过有目的的小组经验，提高个人的社会功能，并协助个人能更有效地处理个人、小组和社区问题的工作方法。[①] 传统的小组工作类型有教育小组、成长小组、支持小组和治疗小组。

在专门学校，除了传统的高结构的小组工作之外，驻校社工还积极运用校本课程、单次活动、亲子活动等方式开展工作，并开发了线上开展小组工作的方式。但无论形式如何变化，互动、分享、体验学习、小组动力都是小组工作的核心和主题。

2. 在专门学校开展小组工作的流程

在专门学校，小组工作的发起与准备一般存在两种情况：一种是学校或班级委托，即学校或者班主任根据需求主动寻求驻校社工的支持开展小组工作；另一种是驻校社工主动提出。驻校社工在平时的工作中观察到一些学生相似的需求、情况后，主动与班主任沟通开展小组工作，帮助这些学生有机会彼此碰撞、启发，解决相似的问题。两种小组工作最大的不同是回应主体、需求的差异，第一种情况下开展的小组工作，回应的是学校或者班主任观察到的大范围的整体需求；而第二种情况下开展的小组工作，回应的是局部的、某些或某几个学生的个别化的需求，通过调动团体动力帮助个体面对、解决问题。以上两种小组工作在准备阶段都需要驻校社工与学校或班主任进行沟通，明确目标和需求，进而确定开展活动的时间、地点等细节。

在专门学校开展小组工作的过程中，需要注意以下问题：（1）多运用鼓励、肯定、赞美等正向强化的方式。专门学校的学生普遍经历过学业困难、不适应环

---

① 李雨霓：《小组工作方法在学校中的运用与探析》，载《亚太教育》2015 年第 2 期。

境等问题，自尊水平有待提升，这样的方法更加有助于调动学生在小组活动中的积极性，帮助个人积累正向的成功经验。(2) 充分符合学生特点，注重针对性、灵活性和适用性。专门学校的学生有不同于普通学校学生的一些特征，如更注重体验感、更注重兴趣、更明确自己的个性化需求等，驻校社工需要在了解这些特征的基础上，根据学生不断持续变化的状态设计贴切、适合的小组活动。

(三) 社区工作

1. 社区工作在专门学校的适用情况

社区工作是将整个社区作为工作对象，以宏观的分析角度和较广的介入层面介入社区，解决社区问题，改善社区关系，建立互助体系和提高居民能力，促进社区的发展和进步的工作方法。

驻校社工更多地将专门学校视为广义上的“社区”单元，并提供服务。

2. 在专门学校开展社区工作的流程

这部分的工作重点是以“社区”视角来看待学校，因此，在具体服务工作中，驻校社工要综合考虑到学校中活跃的各类人群所面临的困境和需求，并找准工作的切入点、着力点和突破点，在适当的情景中，动员社区内外资源，进行干预。

二、适用于专门学校社会工作服务的特别方法

(一) 焦点解决短期治疗

1. 理论模式简介

焦点解决短期治疗（Solution-focused Brief Therapy，SFBT；以下简称“短焦治疗”）是指以寻找解决问题的方法为核心的短程心理治疗技术，是一种新兴的心理治疗模式。

短焦治疗的概念框架如下：(1) 案主是自己的专家。短焦治疗相信人自己才是自己的专家，只有自己最清楚自己最需要什么以及如何改变自己的生活。因此，在咨询过程中，要由案主决定咨询目标，始终以案主为中心。每个案主都有自己解决问题的钥匙，治疗师需要知道如何找寻。(2) 案主有自己的优势。每个人都拥有一生可利用的优势。应尊重案主表达的意义和愿景，积极地定向，“使得生活中的答案增加，从而提升人们的生活质量，而不是去关注病理方面的问题”。(3) 目标定位。目标定位就是一个加强可能性和形成意义的过程，这样案主就可以不同的方式体验自己或以自己所希望的方式生活。(4) 解决方法。

驻校社工和案主共同工作去建构解决方法。驻校社工与案主聚焦“此时此刻”，共同找到问题的解决方法。

2. 短焦治疗在专门学校的适用情况

短焦治疗理论强调短期、正向的特征，适合在专门学校的场域中展开。在个案工作中，当学生面临困境时，驻校社工应更加注重可改变的现在及未来，从接案、建立关系开始了解、发掘、调动案主自身的能量，以恰当、微小、可行的改变为起点，与学生共同寻找、建构个性化的解决方法，触发学生的改变，迎接憧憬的未来。

在小组活动中，以解决问题为导向，采用特有的语句和策略，可以使学生发现及运用自己既有的资源和经验；采用家庭作业的方式，引导学生运用在小组活动中学习到的观点，观察生活中的例外和成功经验，以催生行为的改变。

（二）危机干预模式

1. 理论模式简介

美国学者罗森塔尔认为，所谓危机，是指对一个社会系统的基本价值和行为准则构架产生严重威胁，并在时间压力和不确定性极高的情况下必须对其作出关键决策的事件。危机理论的发展主要来自社会精神病学、自我心理学和行为学习理论三方面。危机介入是指对危机状态下的个人、家庭或团体提供一种短期治疗或者调适的过程，它是一种特殊的介入，目的在于去除服务对象的紧张情绪、恢复功能，使他们走出危机。危机介入的目标是在有限时间内以密集式服务来提供支持性协助，使案主恢复以往的平稳状态。危机介入时，要把引起危机的事件或原因具体化、清晰化。

危机理论来自数个不同背景的理论与实务，其中一些重要的假设对于驻校社工有着重要的借鉴作用：(1) 危机很容易产生。每一个个体在其生命过程中，一定会有某些内在或外在的压力产生，这些压力会使其习以为常的平衡状况产生变化，严重者即产生危机。(2) 当事人试着应对，若无法克服危机，会使自己变得非常脆弱，容易受到伤害。(3) 危机处遇具有时限性，需要在短期内解决案主问题。

危机干预的工作方法有：(1) 确定问题。危机干预的第一步是从求助者的立场出发，确定和理解求助者的问题。在危机干预的初始阶段，对治疗目标相互认同的问题作出评估，帮助案主认清自己的角色，并使用积极的倾听技术（如同感、理解、真诚、接纳、尊重等），既要注意求助者的语言信息，也要注意其非语言信息。(2) 确保求助者的安全。在危机干预过程中，干预人员应将保证求助者的安全作为首要目标。在干预人员检查评估、倾听和制定行动策略的过程中，安全问题都必须给予同等的、足够的关注。（3）给予支持和帮助。危机干预强调与当事人的沟通和交流，通过语言、语调和躯体语言让求助者认识到干预人员是能够给予其关心帮助的人，让求助者相信“这里有确实很关心你的人”。（4）提出应对的方式。帮助当事人探索可以利用的替代解决方法，促使当事人积极地搜索可以获得的环境支持、可资利用的应对方式，培养其启发性思维的能力。（5）制定行动计划。帮助当事人作出现实的短期计划，包括另外的资源的提供应对方式，确定当事人理解资源的行动步骤。制定计划的关键在于让求助者感受到没有剥夺他们的权利、独立和自尊。（6）得到当事人的承诺。帮助当事人向自己承诺采取确定的、积极的行动步骤。在制定计划的过程中，一定要让当事人参与其中。在危机干预的过程中，应注重得到当事人的承诺。因为当事人作出了承诺，其改变的动力以及走出危机的信心也会增强。在结束危机干预前，干预人员应该从求助者那里得到诚实、直接和适当的承诺。①

2. 危机干预模式在专门学校的适用情况

根据危机介入理论的基本模式，在面对陷入危机情境的青少年时，驻校社工应迅速了解服务对象主要的危机问题是什么以及产生的原因；与此同时，评估服务对象采取过激行为的可能性，及时有效地稳定服务对象的情绪。当服务对象的情绪稳定后，驻校社工应和服务对象一起分析危机产生的原因，据此制定解决当前问题的介入计划并加以执行，帮助他们克服危机情境带来的不良影响。

危机理论对于专门学校社会服务工作有着重要的借鉴意义。驻校社工在提供服务的过程中会遇到很多突发、需要快速处理的事件或情况，如学生逃学、群体性打架斗殴事件、亲子矛盾等，该理论提供了重要的干预依据、干预方法，指导驻校社工了解危机的特性、处理原则及方法，快速评估危机并寻找解决资源，更好地陪伴、支持当事人应对危机。

（三）家庭过程模式

1. 理论模式简介

家庭过程模式理论是 Skinner 等人于 1980 年提出的。它把和家庭相关的不同概念有机地结合在一起，形成了一个全面而清晰的家庭功能的概念与结构。

---

① ［美］B. E. 吉利兰、R. K. 詹姆斯：《危机干预策略》（上册），肖水源等译，中国轻工业出版社 2000 年版。

家庭过程模式理论认为，家庭的首要目标是完成各种日常任务，包括完成危机任务。每项任务都需要家庭一起去应对。在完成任务的过程中，家庭及其成员得到成长，并使家庭成员之间的亲密度得到增进，维持家庭的整体性，发挥好家庭作为社会单位的各项功能。该理论提出了评价家庭功能的七个维度：任务完成、角色作用、沟通、情感表达、卷入、控制和价值观。任务完成是核心维度，任务完成的过程包括：确定问题、思考各种解决问题的办法、选择合适的解决方法并实施、评估解决的效果。其他六个维度围绕在任务完成的周围。要想很好地完成各项家庭任务，需要家庭成员分配并各自承担不同的角色；角色的分配需要沟通；沟通过程中必然存在情感的表达，情感表达可以阻碍或促进任务完成和角色的承担；家庭成员相互卷入的程度也会对家庭任务的完成产生影响；控制是家庭成员相互影响的过程；家庭应该能够维持自己的家庭功能，同时在任务发生变化时去适应变化的需要；家庭任务的确定以及家庭如何完成任务受到家庭成员的价值观、家庭规则，特别是家庭背景的影响，价值观和规则是家庭任务完成的背景。这样，七个维度有机地联系在一起，共同评价一个家庭的功能发挥效果。①

2. 家庭过程模式理论在专门学校的适用情况

家庭过程模式理论在专门学校中可以得到广泛的应用。

（1）家庭过程模式理论在促进家庭功能发挥方面的应用。专门学校的学生普遍曾经或正在面临学业困难、环境适应情况不佳、行为不良等多种多样的问题，而这些问题大多与其家庭功能发挥欠佳有着直接的联系。有的家庭给了孩子衣食无忧的生活，满足了基本的经济功能，但父母常年离家、子女失管，很多孩子因为父母不在家便主动去外面找朋友“陪自己”，甚至夜不归宿。有的家庭管理严厉，实行“高压政策”，孩子很少受到肯定、鼓励，学习、生活中积累了很多的挫败经验，使得其自信心明显不足，几乎不敢主动提出要求、害怕表现及表达自己。有的家庭成员之间充满冲突、暴力，孩子学习家长的言行方式，渐渐出现了打架等行为问题。

以上列举的情况只是各种各样功能难以发挥的家庭中的一部分，基于这样的情况，面向学生家庭开展工作是专门学校社会服务工作的必要组成部分。

在此过程中，家庭过程模式理论可以为家庭功能的顺利发挥提供有效的途径和方式，帮助家庭从细微的、可行的、可体验与觉察的改变入手，改善互动方

---

① 陈秀红：《青少年网络成瘾问题的家庭干预与社会工作介入——家庭功能理论视角》，载《山东省青年管理干部学院学报》2010 年第 1 期。

式，从而促进家庭关系的改善。

（2）家庭过程模式理论在促进学校环境适应方面的应用。首先，家庭和寄宿制专门学校班级有着极高的相似性。一方面，专门学校有寄宿制度，学生一周的大部分生活、学习时间都在校园中度过。另一方面，专门学校的核心任务是对学生的价值观的引导与教育、行为习惯的教导与培养。这些导致专门学校与家庭在功能上存在相似性与重叠。其次，专门学校教育改革的大方向要求专门学校不断探索新的教育教学方法。而家庭过程模式理论对于促进专门学校学生的环境适应、环境融入有着重要的参考意义。家庭过程模式理论的核心是“任务完成”，能够较好地调动学生的能动性，促进学生对于学校生活的体验、认同与适应。

三、专门学校社会工作服务的主要方法

（一）资源链接

广义上的资源链接，是指为了获得某种需要和利益，运用一切可利用的因素，将与社会工作服务有关的事物连接起来。驻校社工在开展服务的过程中，需要积极链接适合服务对象需求的资源，为服务对象提供更专业、更多元的学习机会，不断提升其社会认同度。专门学校及其学生多被“社会偏见”所困扰，链接资源一方面是为了满足学生需求，另一方面是为了增加学生与社会接触的机会，进而增强社会认同与接纳。

（二）菜单式小组

菜单式小组，是指驻校社工开展大量的服务后，提炼、总结出的适合专门学校场域的服务列表。在专门学校，驻校社工根据学生的需求，制定出可以开展的主题小组清单，如法律教育、团队建设、自我认同、压力调节等。

（三）非正式服务

非正式服务，是指在传统的个案、小组工作之外的时间，面向服务对象开展的服务。校内的非正式服务，往往覆盖课间、午休后、晚餐前等不同的时间段；校外的非正式服务，多发生在正式小组活动开始之前或者结束之后的半个小时内，或者是线上通过微信、QQ 进行。这些看似“闲聊”的工作，很多时候是驻校社工与学生建立关系的重要契机，正是在这些非正式服务工作中，驻校社工有机会了解到青少年在不同的环境中表现出的不同的性格、行为特质，为后续开展正式的、结构性的个案与小组工作打下了坚实的基础。

第四章

促进学生个人成长的服务

个体在不同的阶段面临着不同的发展任务。其中，青春期的主要任务是发展自我同一性。埃里克森认为，青少年时期的发展课题是“同一性确立”对“角色混乱”。自我同一性的确立意味着个体对自身有充分的了解，能够将自我的过去、现在和将来整合成一个有机的整体，确立自己的理想与价值观念，并对未来的发展作出自己的思考。① 同一性的确立关系到个体的健康发展，关系到其能否良好地适应社会，能否体验到自身的价值和人生的意义，否则，就容易形成社会不予承认的、反社会的或社会不能接纳的特征。

为此，青少年需要完成很多任务，如确立自我概念、发展自尊、获得认可、学会处理情绪等，每个任务的完成对于其确立自我同一性都非常重要。

现实中，专门学校的学生会比普通学校的学生面临更多的自我同一性问题，他们会在自我成长过程中出现无目标或目标不明确、自信心明显不足、自尊感较低等问题。如果在这一关键时期，自我同一性危机不能顺利度过，对于这些学生而言，其消极的影响可能会持续一生。

因此，专门学校应当关注并帮助学生构建自我同一性，使学生学会怎样看待自我评价和父母期待之间的差异，如何处理同伴怎么看待自己，正确认识自己到底是一个什么样的人，自己在未来可能会做什么，哪些社会角色更适合自己，包

① 祝平燕、叶慧芳：《学校社会工作介入流动青少年自我同一性发展的研究》，载《重庆工商大学学报》（社会科学版）2013 年第 2 期。

括职业角色、家庭角色、在不同类型团队中的角色等。学生需要获得一种对于自己的稳定的持续的认识，同时也需要对社会有足够的了解，在认识社会的同时了解自己和社会的关系，自己会在社会里怎样生活。

能够很好地认识自我、认识世界的学生，往往能够更好地找到自己的社会角色，作出选择并承担自己的责任，也更容易找到自己人生的意义和价值所在，实现自己的理想，拥有更多的幸福感。

第一节　和自己的身体共处

【案例介绍】

小月是初中一年级的学生，12 岁，性格开朗，顶着一头黄色头发入学的她很快成为老师眼中极为头疼的学生。“化妆品”“手机”等物品是不让带进学校的，可小月却总是想尽办法把这些东西偷偷带着，被老师发现又免不了一番责骂。在学校里，小月总忍不住想用一用化妆品，或者用手机聊天。小月还有一个习惯，不管什么天气，手臂都是遮起来的，目的是遮挡文身。小月对此的解释是：“就是喜欢化妆，文身也很有意思，但是学校不允许。你看现在的女生有哪个不化妆的?”

驻校社工在一次外展服务中遇到了小月，当时的小月化着浓妆，穿着“小鲨鱼外套”，叼着烟，外表上看起来有着超越她年龄的成熟感，小月身边的朋友也都是和她差不多的打扮。学生的圈子里似乎也天然形成了一种“时尚”，有不少的学生正在追寻这样的“时尚”，从妆容、衣着、行为等方面改变自己，努力地融入“时尚圈”。

进入青春期的学生对自身形象有了更多的关注，关注自己的身体外在形象，关注自己在他人心中的形象，关注自己在异性眼中的形象。同时，学生也开始对异性抱有好奇心，对欣赏的异性产生好感，甚至会决定和某一个喜欢的人开始谈恋爱。学生会因这些事情而产生开心、忧伤、自信、自卑等各种情绪体验和自我认知，这些是每一个学生都会经历的过程。这时，学生会根据家庭、同伴和媒体的影响，重构自己的身体意象。

所谓身体意象，是指个体对自己身体的认知和评价，是个体自我意识中最早萌发的部分，也是自我概念的一个重要基础部分，涉及个体对自己的相貌、体格、体能等的看法和评价。

个体基于对身体的认知，会产生积极或消极的身体意象。积极的身体意象可以理解为个体能够保持客观全面的态度，合理地认识自己的身体，并做出积极健康的行为。而消极的身体意象则是个体在认识自己身体时，持直观偏见的态度，产生消极的情绪，并用不健康的行为方式对待自己的身体。①

此外，在青春期，学生会对性以及与异性的亲密关系有着强烈的好奇心与渴望。开展性教育，教导学生如何看待性，如何处理与异性之间的关系，也是初中阶段学生需要处理的身体议题之一。

因此，建构积极的身体意象、接受正规的性教育，是学生与自己身体和谐共处的重要环节，这需要教师、驻校社工、家庭以及媒体对学生进行必要的引导，传达正确的知识和理念，传授必要的技能，以帮助他们顺利构建积极的身体意象，正确看待性与亲密关系。

一、概况与需求

（一）存在的问题与特点

1. 对性知识尤其是自护知识了解不足

在青春期，学生会对性产生好奇心理，并尝试发生性行为，但由于对性知识了解较少，自护能力较弱，很容易遭受伤害。因此，普及性知识尤其是自护知识对学生的健康成长非常重要。

2. 对亲密关系存在非理性观念

在专门学校，恋爱关系是学生的重要人际关系之一。青少年恋爱的原因很多，既有人际交往心理问题、亲情缺失等主观原因，也有学业压力、文化氛围影响等客观原因，这些原因相互作用。恋爱既可以满足青少年对亲密关系的需要，获得安全感与归属感，也能令其获得自我价值的肯定。但部分学生对恋爱缺乏正确的认识，存在非理性的观念。驻校社工在访谈时经常听女生们说起她们的“闺房夜谈”，有的女生会比较谁交过的男朋友更多，没有谈过恋爱的女生会因此感到无法融入集体，越来越自卑。

---

① 胡适：《初中生消极身体意象的心理干预研究》，载新疆师范大学 2014 年硕士学位论文。

3. 对身体形成负面的评价

学生在成长过程中，容易受到父母、朋辈群体以及社会文化的影响。特别是在身体意象方面，个体会根据他人的评价而调整自己对身体的认知与态度。因为和社会或朋友眼中的“酷”“漂亮”“帅气”的标准不一样，父母、朋辈等遵循传统的性别规范，对学生的言谈举止、穿着打扮等进行评价，学生往往会承受一定的压力，并对自己的身体形成负面意象，为获得认可而接受所谓的“标准”。

（二）影响因素

消极身体意象的影响因素主要包括个体因素和社会因素。

1. 个体因素

（1）性别。在青春期，女生和男生对身体的关注角度是不一样的。女生较为关注自身的外貌、身材和穿着打扮，会花较多的时间和精力来化妆以弥补自身所认为的缺陷。而男生较为关注穿着打扮和行为举止，对“时代潮流”“男子汉风度”有着更多的追求。从整体上来说，女生对身体的关注度往往超过男生，女生会更加在意他人的看法和评价。

（2）年龄。黄希庭等学者认为，从中学到大学，随着年龄的增长，个体对身体的不满意程度逐渐增加。到了初中的后期，学生对自己的身体素质、身体状况、身体的自我价值感逐渐下降，15 岁左右达到一个最低值。①

（3）人格特征。不同人格特征的个体对自身的评价不一样，如具有完美主义倾向、消极情绪、高敏感度或低自尊的个体，在接受影视、杂志的宣传和朋辈群体的影响、嘲笑后，可能会更容易形成消极的身体意象。②

（4）认知方式。个体的认知方式也会影响学生对自身身体意象的评价。例如，一些对自己身体满意度低的学生，实际上其身体并没有明显的问题，但他们仍然对自己的身体持有负面的看法，甚至为此而产生负面的情绪。

2. 社会因素

（1）大众媒体。大众媒体对于身体意象具有强烈的影响，学生常接触的电视电影、流行杂志、广告等总是会传递人们关于性别文化的认知。一些刻板印象甚至错误的信息，可能会对学生的身体意象评价产生负面影响。

---

① 黄希庭、陈红、符明秋、曾向：《中学生身体自我特点的初步研究》，载《心理科学》2002 年第 3 期。

② 陈红、高笑：《大学生身体意象障碍及影响因素》，载《高校保健医学研究与实践》2005 年第 1 期。

（2）朋辈群体。来自朋辈群体的负面评价会直接影响个体对其身体的自我价值的评价，导致低自尊感。

（三）需求

埃里克森认为，个体在成长过程中，需要解决每一个阶段的发展问题。只有成功而合理地解决每一个阶段的危机或冲突，个体才会形成积极的、健全的人格品质。青春期最重要的发展任务就是自我同一性的确立和防止角色混乱，思考“我是谁”“我想成为什么样的人”等人生问题。

青春期无疑是学生身体意象形成的关键时期。这个时期的学生，尤其是中学女生格外关注自己的身体，并期望获得他人的认可。在平时的生活中，她们获得的来自于老师、家长的对其身体意象的评价，可能与她们的小群体中的价值标准截然不同。为此，她们会感到迷茫，甚至会为了获得朋辈群体的赞赏而作出越轨的尝试。因此，基于身体意象的视角，驻校社工需要和学生一起澄清，她们究竟想成为怎样的女性；要如何平衡周围的各种不一样的期待；重点是，如何从各种不一样的期待中看到自己真正的内心需求。

从身体意象理论的视角出发去看待学生的个人空间和人际距离是很有启发性的，因此，驻校社工需要引导学生正确地认识自我，营造接纳与关爱的良好氛围，培养学生性别平等的态度及自我肯定的能力。

二、小组工作介入学生身体议题的方案设计

（一）理论基础

身体是青春期性教育的重要议题之一。近年来，对青少年性教育的理念和教育方法不断革新。基于学校的实际情况，“自我实现的性教育”和“赋权型性教育”的理论能够为小组工作介入学生身体议题提供有效的指引。

“自我实现的性教育”理论的基本观点包括：第一，应该以健康积极的态度看待青少年性教育问题，不应将性视为“洪水猛兽”、将青春期视为危险期。第二，应鼓励青少年互助互信，在以无条件积极关注为基础的人际交往中获得自尊、归属和爱。第三，以社会利益和个人利益相结合为基础，引导青少年创造条件实现自我。[①]

---

① 上官芳芳、李甦：《中美青少年性教育的理论建构比较》，载《国际生殖健康/计划生育杂志》2012 年第 3 期。

“赋权型性教育”理论强调性教育的目的是让受教育者具有掌控自身与性有关的事务的权利，提供给他们相关的资源，帮助他们获得选择的能力。[①]

基于“自我实现性教育”和“赋权型性教育”理论，驻校社工在开展性教育工作时，首先，应强调学生的主体地位，增加学生了解、获取性知识的能力和渠道；其次，应向学生提供尽可能全面的信息，以得到充分的赋权；再次，应采取灵活多样的性教育方法，让学生积极参与，促进其思考，有助于赋权，鼓励其进行辩论，在辩论中作出自己的选择；最后，应将社会性别意识培养贯穿性教育工作的全过程。

在帮助学生构建健康、积极的身体意象方面，驻校社工可以从以下几个方面进行干预：

1. 开展小组工作，建立支持性组织

驻校社工可以通过开展小组工作，使学生重新认识自己的身体，提高身体满意度，让学生更加开放地接纳自己，从而提高自我效能感。

2. 以媒体知识为主的干预

驻校社工可以通过与学生一起讨论，帮助学生正确区分媒体信息中关于身体意象的积极内容和消极内容，引导学生重新了解自己的身体，发现自己想成为一个什么样的人。

3. 以朋辈群体为主的干预

驻校社工可以通过小组活动、讨论、宣传，改变朋辈群体关于身体议题的看法，帮助学生重构自己的身体意象。

为达成构建正向健康的身体意象的目标，驻校社工在开展活动时可以选择表达性艺术治疗手段，在一种支持性的环境中运用各种艺术形式来促进学生心灵的成长和治愈。

此外，驻校社工还可以通过创作、角色扮演帮助学生真实地表达内心的需求。创作的过程也是学生探索自我的过程，学生的内在需求会在意识中重新选择和分类，内在冲突也会被重新体验、重新整合，并被解决。

（二）干预目标

1. 总目标

引导学生学会自我保护（性健康），推动学生在社会认同的女性形象和自己

---

① 方刚：《中学生性教育教案库》，中国人民大学出版社 2015 年版。

心中的女性形象中找到想做的自己。

2. 分目标

（1）通过小组工作让学生明晰，社会认同的女性形象和自己心目中的女性形象究竟是怎样的。

（2）初步找到实现自己心目中的女性形象的路径。

（3）提升自我保护的意识，明确自我保护的方法。

（三）干预方案

小组工作共开展五节，每一节的主题安排如下：

第一节：建立小组契约，确定小组工作内容和目标。

第二节：讨论认同的女性形象并思考自己想要成为的女性形象。

第三节：澄清并丰满自己想要成为的女性形象。

第四节：自我安全保护意识的提升和方式方法。

第五节：总结。

三、小组工作介入性别社会化的实务过程

小组工作共开展了五节，循序渐进地引导学生整合内外期待，构建自己认可的女性形象，提高自护意识，顺利实现自我同一性。

（一）小组工作前期

第一节：建立小组契约，确定小组工作内容和目标。

第一次活动进行得比较顺利，驻校社工与学生共同讨论并建立了小组契约，确定了小组工作内容和目标。值得一提的是，在讨论“悄悄话”这个小组的共同期待和目标的时候，学生们出现了不同的观点。一些学生比较喜欢讨论时尚且有个人观点的内容（如帅气的女人、与众不同），而一些学生比较喜欢讨论传统和社会认定的一些女性的内容（如漂亮、温柔、娇小），在这一点上，大家的选择和表达有所不同，而且不同的学生说出的内容和观点在其个人打扮和处事方面是有所对应的。

驻校社工要求学生简单投射自己想要成为的女性形象（学生的最初选择和认定），总结后的内容如表 4-1 所示。

表 4-1　想要成为的女性形象

序号	具体特质
1	善良、可爱、美丽
2	漂亮、大方、善解人意
3	自信、高贵、理解他人
4	优雅、文静
5	坚强、温柔、优秀
6	智慧、有勇气、美丽
7	清纯、有魅力、娇小
8	漂亮、聪明
9	感性、与众不同
10	自由、隐忍、事业心强

（二）小组工作中期

第二节：讨论认同的女性形象并思考自己想要成为的女性形象。

第三节：澄清并丰满自己想要成为的女性形象。

驻校社工通过第二节和第三节的活动，引导学生构建自己想成为的女性形象。

1. 整合内外期待

驻校社工发现，组员对女性形象的期待最容易受到大众传媒的影响。为此，驻校社工为组员提供了很多时尚杂志，让组员思考自己想要成为的女性形象，并从杂志中选择和自己期待相符合的形象。“思考想要成为的女性形象”这一问题是相对抽象的，对组员来说存在一定的难度，也很难聚焦。从杂志中选择是组员在意识中对信息进行整理和筛选后的变现，有利于实现内在冲突、内外期待的整合。

【延伸阅读】避免素材选取中的刻板印象

小组活动中所用的杂志多为时尚杂志，因此，为了避免素材的刻板印象对于组员选择的影响，在时尚杂志等媒介选择上需要具有多样性。其实，市面上盛行的时尚杂志在某种程度上具有主流性，不同杂志之间的差别并不大，需要考虑其强化组员对于女性刻板印象的认识的风险性，以及已有的资料中是否能给予组员足够的多样性去思考符合自己期待、需要的女性形象。

2. 构建女性形象

大多数女生对于“女性形象”这样的话题还是非常感兴趣的，一直跟随驻校社工的脚步体验不一样的实践活动，在谈到自己希望成为的女性形象这个话题的时候，表现出了比较积极的状态。活动中的女性形象是学生通过讨论和澄清，逐渐确定的自己想成为的一个形象。在这个过程中，她们经历了对初步印象的思考和再次选择，也听到了其他组员选择背后的理由和原因。活动时的沟通和表达准则是没有评价和批判，这也使得一些学生敢于表达和坚定自己的选择。

在活动的最后，驻校社工以录制视频的形式帮助组员把整合好的信息再次通过语言表达出来，一方面可以让组员重新审视自己，另一方面也是对组员（尤其是平时不爱表达的弱势学生）的一种鼓励。驻校社工通过引导组员投射自己的女性形象，再通过语言表达自己的期待，以此来帮助组员构建自己认可的女性形象，澄清想做的自己。

驻校社工要求所有的学生站在自己喜欢的角落里，录制一段话，主题是“我是谁，我想成为怎样的女性”。驻校社工明显地发现，许多女生的形象从刚开始的两个派别，变成了多种多样的女性形象。具体内容如表 4–2 所示。

表 4–2　我是谁，我想成为怎样的女性

目标	视频序号	时间（秒）
我想成为女强人	807	15～17
我想成为一个成功的女性	807	51～54
我想成为一个优秀的女性	807	17～19
我想成为一个踏实善良的女性	808	18～24
我想成为大家都喜欢的女性	809	7～10
我想成为一个能理解他人的女性	809	32～35
我想成为一个平凡的女性	810	5～7
我想成为一个阳光的女性	810	13～16
我想成为一个自信的女性	811	3～7
我想成为一个善解人意的女性	812	1～3

【延伸阅读】关于自己喜欢的角落

根据小组活动的性质和目标，给组员一定的选择空间，在“性别平等”这个话题下，应当尊重每个组员的特点和选择，因此，在这一环节，应注重关注和考虑。

（三）提升学生自我安全保护意识与技能

【延伸阅读】减少“鼓励集体分享”等方法的使用

与“性”“性别”有关的话题本身就是有可能出现道德评价的话题，小组分享可能会带来不必要的分享压力。因此，在实际的活动和分享过程中，驻校社工鼓励的是组员自己和自己的沟通、和驻校社工的沟通、和好朋友的沟通。通过沟通和讨论，降低不必要的分享压力和自我暴露风险。

如果班级里存在“分帮分派”的情况，对于个人较为敏感的话题更应注意环境的安全性，避免出现盲目按照“小团体”划分小组后，可能加剧班级不团结的情况。

第四节：自我安全保护意识的提升和方式方法。这一节的活动内容比较具有挑战性，是平时在正式场合中很少提及，却又特别重要的问题，比如，女生的生理期是怎么一回事？应当注意什么？

驻校社工从网络上寻找了一系列相关视频，都是采用动画片的方式来展示的，内容通俗易懂、简单明了，以此为基础，带领学生积极思考。

在这一节的活动中，学生的收获很多，同时，学生表现出强烈的好奇心，也有一些学生和驻校社工聊起其现在面临的风险。这些问题的解决，对于提升学生的自我保护意识非常重要。

四、干预效果与反思

（一）干预效果

总的来说，小组达成了之前拟定的目标，让学生审视了自己想要成为的女性形象，了解了基本的生理知识和自我保护知识，并开始讨论和思考“如何使自己成为自己想要成为的人”。

1. 建构女性形象

组员在生活中表现出来的化妆、染发、文身等行为，展露的都是她们对女性形象在外表层面的认识。在活动中，通过投射的方法，学生在选择卡片、杂志的

同时，投射出她们内心对女性形象的期待和渴望。驻校社工发现，组员向往的“美丽外表”的背后其实也隐藏着她们对女性形象的态度和看法。

组员在第一节活动中提到的词汇多是符合大众标准的，如“善良、文静、优雅、自信”等，但在第二节和第三节的活动中，驻校社工发现组员渐渐开始更加丰富地表露出角色期待。随后，驻校社工引导组员思考如何成为理想中的自己，即协助组员整合期待，完成角色建构。组员在结组后不再盲目地追求“化妆、染发、文身”等修饰外表的行为，而是转变为思考如何丰富自己，成为自己所期待的女性角色。

2. 增强组员的自我保护意识

通过“自我安全保护意识”主题活动，引导组员积极反思自身的行为，培养组员的自我保护意识。

（二）反思

1. 小结

驻校社工共开展了五节活动，通过表达性艺术治疗等方法协助组员一步步去进行自我探索，澄清并整合内在的需求，建构女性形象，形成社会自我，完成这一阶段的性别社会化，初步澄清了对女性形象的期待。

2. 可推广的部分

在开展“自我探索、自我成长”的主题活动时，由于涵盖的内容较多，小组时间有限，驻校社工可以先聚焦于某一具体问题开展小组活动，根据小组活动开展的效果和收集到的组员的进一步需求来确定下一次小组活动开展的方向。

例如，聚焦于构建女性形象，协助组员完成该阶段的性别社会化。其实，性别社会化可看作实现自我同一性的一部分或性教育里性别教育的一部分。细化小组目标，一方面可以使驻校社工和组员更加明确小组的总目标，另一方面也更容易观察到组员在小组活动过程中展露出来的进一步需求，有利于后续跟进工作的开展。

3. 经验的部分

表达性艺术治疗适用于开展自我探索、自我成长主题活动的小组，能够通过作品将学生潜意识里的想法进行回忆、整合和再倾诉，并且创作的过程可以是个人的，也可以是集体的。个人创作会给个体带来较好的安全感，便于个体更好地展露自己真实的选择，有利于驻校社工更加深入地了解信息，也有助于个体在无防备的情况下识别自己的内在需求，重新体验、整合内在冲突。根据社会学习理论，在集体创作中，个体也能够在观察、学习他人的创作过程中，通过他人的示范作用，反思自己，习得间接经验。

【延伸阅读】表达性艺术治疗与传统的艺术治疗不太一样，它特有的过程是创作。学生可能会基于担心创作不好、害怕他人评价等原因，参与度较低。

驻校社工在带领组员进行创作时，需要和组员强调“非批判”的原则，鼓励组员大胆地使用象征性语言，将关注的重点放在组员对作品的陈述上，而非作品本身的好坏。

针对动手能力较差的组员，驻校社工在设计活动时可以为组员提供进行二次创作的素材，如卡片、时尚杂志等。

“悄悄话”小组活动，是跟学生一起讨论她想做的自己，教授给学生一些自我防护的知识。但是，在实际操作过程中，有些问题确实没有处理好，比如杂志的选择，没有很好地规避刻板印象的影响，但就活动的效果和组员的表现来看，她们并没有受到这方面的过多影响，在发现现有的材料不足以满足她们想要的形象需求时，她们自己也做了一些改动和设计，但是后续再开展此类小组活动时，这一点确实是应该着重考虑的因素。

总而言之，现在的性话题很多，理应多关注，但是社工在此方面的影响力和能开展活动的空间还不是很广，亟须找到有效的解决方法去回应此类问题衍生出来的需求。同时，此类活动的开展不应只关注女生，对于男生也应该开展类似主题的小组活动。

因此，受很多现实情况的影响，在性别视角方面开展的工作并不突出，但是从实用性方面来说，该小组设计开展的活动对于学生的需求做到了切实的回应。

教师点评（侯仕静）

作为女生班的班主任，我深深地意识到每一个女生的内心深处都期待美。由于青春期的女生大脑兴奋性较强，容易接受新鲜事物，她们对社会这个复杂环境的变化非常敏感，但对是与非、美与丑、善与恶的鉴别能力不强，对美的感受多处于初级阶段，不知道什么是真正的美，她们一味模仿，不合时宜地照搬，造成了对审美的扭曲，于是就有了过分打扮但缺美感、开低级玩笑、以有异性恋人为荣等现象。对此，驻校社工开展了“悄悄话”主题活动。驻校社工从女性形象这一角度着手，引导学生思考自己意识中的女性形象，并丰富这个形象，提升了

她们认识美、理解美、欣赏美、创作美的能力。几次活动后，我发现学生会在空余的时间里讨论这个话题，晚自习的时候，个别的学生把这个问题抛给我，跟我一起讨论什么是美……看到这些，我及时与驻校社工进行了沟通，希望在他们的帮助下，可以让学生更透彻地认识美，包括对异性的认识，延伸到对性的认识，我认为这是一件很有意义的事情。整个活动结束后，大部分学生认为穿校服很精神，挽裤腿的现象慢慢地消失了，我认为这就是美的体现。我国美学家朱光潜认为，美是“主观与客观的统一”，是一种生命力的化身。因此，美育不仅是一种情感教育，更是一种生命教育。美育课的教育可以让学生重新认识美的外表、美的内涵，从而让美为学生个人更好地服务。

第二节　提高压力调节能力

【案例介绍】

在专门学校，部分新入学的学生很难适应“早起跑操”、“列队”、“叠军被”等要求，并且“不能回家”、“没有手机和电脑”这两点更让很多学生感到不适应。

小李在入学当天就哭着要回家，她在与驻校社工面谈时也不断抱怨学校的各种不好。小李并不愿意遵守学校的安排，但她又不得不遵守，对此她感到很心烦。

同一时间入学的小秦也总是愁眉苦脸的，他的压力主要来自于家庭。小秦的父亲在小秦五岁时就和小秦的母亲离婚了，此后，小秦的父亲一直带着他居住在地下室。小秦称在他上小学的时候，父亲出门经常会把他锁在家里，每当遇到不顺心的事情就拿他撒气，他从小就很自卑，也不敢反驳父亲。小秦常提到不想回家，一回家就感觉自己“被压得喘不过气来”。

还有一些学生明确表示自己会因自信心不足、学业和生活压力较大，导致情绪波动，容易积累较多的负面情绪，无法排解。

何为压力？压力是一种力量，是某种心理效应的先决条件，能使人的身心系统发生明显变化，具体表现为一种心理紧张状况。[①]

---

① 赵丽霞、袁琳：《学习压力的心理承受力研究概述》，载《天津市教科院学报》2004年第6期。

自青春期开始，青少年在生理、心理和社交方面都经历着快速的转变。较快的发展节奏容易为青少年带来压力和困扰，导致他们情绪波动，甚至影响学业、社交和日常生活。为此，驻校社工需要引导学生学会管理压力，调适自己的情绪，以应对学业和生活中的各种困难，实现个人的健康成长。

一、概况与需求

（一）压力情绪的来源

学生在青春期容易产生各种各样的情绪，部分学生缺乏情绪管理的能力，表现为情绪不稳定、容易冲动。情绪问题处理不好，就会出现相应的行为问题。

驻校社工在评估学生情绪状态时发现大多数学生的情绪都是“压力情绪”，即在压力状态下表现出来的情绪。例如，学习压力，人际压力，学校的管理制度带来的压力，甚至对于有些学生来说“上学”都是压力，这些压力源都会对学生的情绪状态产生较大的影响。

1. 个人压力

例如，前途不明朗，健康状况欠佳，仪表不出众，自卑，失落，情绪不稳定等。学校中有部分学生是因为成绩不好、在原校不被老师和同学接纳而转学的，他们长期缺乏他人认可、缺乏自信，久而久之就容易产生压力。

2. 家庭压力

例如，父母期望过高，责骂，与父母缺乏沟通，与兄弟姐妹不和，家庭破碎，父母争吵，家庭经济状况欠佳等。处于青春期的青少年很容易和家长发生争吵，专门学校的学生也是一样，部分学生因为家长“打骂”的管教方式而对家庭感到失望，不愿意和父母沟通。

3. 学校压力

例如，学习成绩不理想，师生缺乏了解及关怀，同学关系不好，被学校处分，校规太严等。这一压力在刚转学到专门学校的学生身上尤为常见，他们处在适应期，学校的规章制度、关系的变化等都可能让他们产生压力。

4. 朋辈压力

例如，缺乏知己朋友，与朋友发生矛盾，受到朋友冷落、排斥，朋辈群体中的对比甚至炫耀行为等。班级里会产生小团体，小团体的形成、排外和解散等过程都会使学生感受到压力。

（二）影响因素

美国心理学家拉扎勒斯提出，压力源作用于个体后，能否产生压力，主要取

决于两个重要的心理学过程，包括认知评价和应对。认知评价是指个体觉察到情境对自身是否有影响的认知过程，包括对压力源的确定、思考及期待，以及对自身应对能力的评价，主要的心理活动包括感知、思考、推理及决策等。应对是应用行为或认知的方法努力处理环境与人内部之间的需求，解决二者之间的冲突，包括评价压力的意义、控制或改变压力的环境、解决或消除问题、缓解由于压力而出现的情绪反应。

认知评价和应对是决定是否产生压力的重要因素。结合学生的实际情况，一般来说，学生个体产生压力的主要因素有：（1）非理性想法；（2）不合理的归因，有的学生通常会把事情的好坏、对错都认为是自己的责任，给自己徒增压力；（3）认知失调，有的学生一生气就砸墙、打人，但事后他们却没有办法形容自己的情绪，也难以说明是什么事件给自己造成了压力；（4）应对策略不足，许多学生都能够正确地识别自己的压力源，但是依然长期处于高压的状态，缺乏方法和途径去改变现状。

基于此，青少年管理压力主要有两个途径：一是调节情绪，消除不当的情绪负载，调整自身对压力事件的认知评价；二是提高自我功能，增强承受压力的能力。

（三）需求

压力事件会导致青少年产生一些心理反应和生理反应。心理反应主要体现在情绪方面，如情绪不稳定、紧张、焦虑、忧虑、不安、失眠等。生理反应主要表现为身体不适。

从理论上说，压力本身没有绝对的好坏。从成长的角度来看，青少年面对不同的压力和挑战，需要正确地认识自己，锻炼解决问题、与人相处和控制情绪的能力，发挥潜能，令身心健康地发展。但如果不能正确地处理压力，则会对青少年产生不良影响。

学生在处理压力事件时，主要有两大需求：

1. 调整对压力事件的认知

认知会影响具体的行动。学生在面对压力时，需要调整自我认知，培养自尊自信，学会接纳自己、欣赏自己，发现自我价值。同时，需要从家庭、学校教师等重要他人处接受正向的教育引导，了解并内化正确的价值观。

2. 提升应对压力的能力

学生需要从多维度着手，提升应对压力的能力。例如，树立健康的人生观；

学习使用非暴力沟通、理性情绪行为疗法来表达感受，处理自己的情绪和行为，学会一些缓解情绪的方法；学习减压技巧；建立良好的人际关系，形成互助支持网络，等等。

总之，如果学生能够在学习生活中学会与压力共处，并以乐观且健康的心态去看待它，那么压力反应就不再是可怕的东西，而将对青少年的成长提供助力。

二、小组工作介入压力管理的方案设计

（一）理论基础

勒温的小组动力理论认为，情景或人与环境的交互作用决定人的心理事件和行为意义，因而，在对于一个行为进行理解的时候，不能简单地将行为单独拿出来理解，而是应当将行为置入当时的情景中来理解，并在情景中改变行为。在学校生活中，学生会因为长期住校、半军事化管理等规范要求产生一定的压力，而如何正确地处理这些来自规范要求的压力、减少压力对情绪的影响、提高情绪调节能力，则是学生们必须要解决的问题。

G. A. Bonanno 的自我情绪调节三阶段过程模型强调情绪调节的目标是维持体内的情绪平衡。G. A. Bonanno 认为，情绪调节是由三个调节阶段有序组成的，即控制调节阶段、预期调解阶段和探索调节阶段。其中，控制调节阶段重点关注情绪平衡是否达成，若未达成，将通过情绪分离、情绪压抑、情绪表达、大笑等方式进行调节。①

因此，小组设计将结合上述理论，构建一个平等、可磋商、接纳的小组氛围，通过创设情境，使得组员在虚拟情景中释放压力，在快乐轻松的氛围下适时表达自己的情绪，学习如何解决问题、调节情绪。

（二）干预目标

1. 总目标

协助学生达到减压、提高情绪调节能力的目的。

2. 分目标

（1）通过设计具有宣泄作用的活动，让学生表达情绪、释放压力。

（2）通过创造愉快轻松的氛围，使得学生在互动中学习如何表达情绪、缓

① 刘启刚：《青少年情绪调节：结构、影响因素及对学校适应的意义》，载吉林大学2009年博士学位论文。

解压力。

（三）干预方案

小组工作共分为三个部分，即建组、主题宣泄活动、总结分享；设计开展了十节活动。每节活动的主要流程为：回顾上次活动，介绍本次活动的主题及相关要求，集体活动，分享小结。活动的主题如下：

第一节：建组——热身活动+团队挑战+制定小组契约。

确定小组活动开展的时间、地点和组员。驻校社工在这节活动中，收集组员的情绪自评词，评估组员的情绪失衡状态。

第二节至第九节：主题宣泄活动——热身活动+主题活动+分享。

驻校社工设计主题宣泄活动，为组员提供平台，以游戏、手工为载体，让组员在活动中释放压力，达到情绪平衡。

第十节：总结分享——回顾活动内容+巩固活动效果+展望未来。

驻校社工在这一节活动中，引导学生回忆小组活动内容，引导组员积极互助，回顾和积累情绪平衡的方法和途径。

三、小组工作介入压力管理的实务过程

（一）建立小组，明确目标

驻校社工通过活动设计创造组员间沟通合作的机会，增进大家对彼此的熟悉程度。活动结束后，驻校社工介绍本次小组活动的目标及内容，收集组员的情绪自评词。

（二）开展主题宣泄活动，构建支持性力量

1. 热身活动

在每次主题活动开始前，先进行简单的热身小游戏，组织组员用一个简单的词语描述自己近期的情绪状态，培养学生识别情绪的能力和意识。

2. 主题活动

通过游戏、手工等方式，让学生表达情绪、释放压力。

【延伸阅读】主题宣泄活动的选择

尽量选择简单、可操作，并且能够促进目标达成的主题宣泄活动。例如，本案例中，小组工作目标是让学生能够在活动中充分地发泄自己的情绪，减缓自身压力，驻校社工选择的主题宣泄活动多是需要学生通过较多的肢体动作或语言沟

通来完成的。这样的活动能够给学生以熟悉感，让他们能够有一个正式的场合，在游戏规则的约束下，用相似且熟悉的行为去发泄自己的情绪。

驻校社工要把控好主题宣泄活动的进程，随时根据组员的情况对活动安排进行调整，尽量减少游戏中的竞争感，引导学生更好地体验发泄情绪后自身的变化。

当组员之间更为熟悉后，开始从个人转向集体。一方面，集体的氛围更容易促进积极情绪的传播和减压目的的达成；另一方面，个体可以在集体中关注到其他人的变化，促进组员相互之间的信息分享和经验交流，形成组内支持，增强凝聚力。

（1）个人宣泄。驻校社工通过设计动作幅度较大、肢体动作较多的个人宣泄活动，帮助组员利用肢体语言来表达自己的情绪。组员彼此的情绪状态和情绪变化相互影响，形成组内支持。

（2）集体宣泄。为了避免出现强势群体参与多、弱势群体参与少的情况，驻校社工还可设置一些集体宣泄活动。通过经验交流，促进组员间的相互理解和彼此支持。

（3）分享，巩固主题宣泄活动效果。驻校社工带领组员分享每节活动的感受，引导他们思考自己情绪状态好转的原因，从中寻找可以延续到日常生活中的方法，巩固主题宣泄活动效果。

（4）反馈，构建支持性力量。在每节小组活动中，学生参与的热情及主动性都会有所不同。小组活动结束后，驻校社工应及时地向班主任反馈小组活动开展情况，为班主任提供工作支持，协助班主任了解学生近期的情绪状态，从而更好地帮助学生释放压力、调节情绪。

【延伸阅读】及时向班主任反馈小组活动开展情况

小组能够为组员创造一个欢快、相对安全的环境，让组员有充分的准备去体验情绪、释放压力。但是，小组活动的开展时间有限，因此，后续的跟进工作是非常有必要的，有利于巩固主题宣泄活动效果。

小组活动结束后，驻校社工可以多给班主任、任课老师一些支持，从而有效地帮助组员调节情绪、缓解压力。

（三）回顾总结，巩固压力管理效果

通过 PPT 课件视频回顾整个小组活动的历程，肯定每个组员在这一过程中

发生的转变。

在活动最后的“展望”环节，每个组员将自己更多的期待和愿望以信件的方式写给自己，以此表达和抒发内心最真实的感受，巩固小组目标。

四、干预效果与反思

（一）干预效果

本次小组工作采用观察法和访谈法对活动效果进行评估。在每次活动中，驻校社工都会明确分工，确定观察任务，在小组活动结束后，将当天活动观察情况进行反馈总结。除此之外，驻校社工会利用每次活动之前或之后的时间与学生进行非正式访谈，收集组员对活动的反馈信息。

本次活动较好地达成了小组目标，具体内容如下：

1. 组员能够在活动中释放压力，调节情绪

在每次的主题宣泄活动中，组员会有“喊、吼、大笑”的行为出现，释放了心理压力。固定的小组活动，让社工有更多的时间接触到组员，稳定且频繁的活动对于缓解班级矛盾及组员情绪问题有很好的促进作用。实现了让组员通过宣泄情绪，表达情绪，达到释放压力、调节情绪这一目标。

2. 本次小组活动被学生作为调节情绪的一种途径和方法

本次小组活动设计贴合学生需求，学生参与活动的热情很高，她们表示：“我就盼着周三这一天呢”，“每次做完活动，我心情都比较好”……组员和驻校社工之间建立了良好的关系，有事情愿意和驻校社工沟通，实现了营造轻松欢乐的氛围这一目标。

3. 组员收获了可行的调节情绪、减缓压力的方法

在减压、调节情绪方面，组员能通过活动设计来释放自己的压力，并且学到了部分减压方法，可以应用在日常的学习生活中。在情绪表达方面，组员较开组前更敢于表达自己的情绪和感受，并开始尝试寻找办法来解决问题，而不是将事情压在心里，给自己造成更大的压力。

活动结束后，班主任课后的积极关注、组员之间的相互支持，都为组员在日后的学习生活中维持情绪平衡、调节情绪、减缓压力提供了有效帮助。

（二）反思

1. 小结

本次小组活动共开展了 10 次，参与人数 13 人。活动形式学生们很喜欢，班

主任及家长对活动的开展效果予以了肯定。

活动内容除了原有的部分外，还应该增加“减压方法活动”这一环节，帮助学生积累更多的减压方法。

分享的形式需要创新。本次小组工作沿用了传统的小组分享方法，注重评估和组员感受部分，虽然分享的效果较好，但是形式上还有待调整。在今后的小组工作中，驻校社工可尝试进行“减压式分享”，促进小组目标的达成。

【延伸阅读】减压式分享

分享的内容不仅仅关注评估和感受的部分，更在于挖掘个体在减压方面的经验，每一次的分享都是一次经验交流，有利于组员之间的积极互动和相互支持。

2. 可推广的部分

减压小组每节活动设计的逻辑是相对一致的。减压小组不仅可以做成系列的小组，也可以作为单次活动来开展，即创设情境、营造氛围，帮助组员释放压力、调节情绪，同时，通过体验主题活动和小组分享学习减压、情绪调节的方法。这也就是我们所说的“体验式学习”。体验式学习是指通过经验进行学习的过程，可以衍生到各个小组内，通过创设真实情境，构建学生的真实学习体验；运用情景模拟，丰富学生的实践体验；通过观察学习，增加学生的替代性体验；关注学习过程，强化学生的元认知体验。

教师点评（金超然）

海淀寄读学校采用半军事化管理的方式开展教育教学活动，对于规范学生的日常行为、矫正学生的不良行为有着十分重要的作用。但是，大部分学生普遍存在着行为散漫、时间观念淡薄、自律性较差、不愿意受到约束等情况，面对半军事化管理的方式，会出现较大的情绪反应，感受到较大的压力。这些压力学生自己未必有意识，但是这些压力如果不通过合适的方式发泄出来，就会通过其他非常规的途径发泄出来，进而引发逃学逃家、不尊重教师、不服从管理等更加严重的情况。因此，为了更好地促进学生适应学校生活，调整其行为方式和生活习惯，班主任邀请社工在班级中开展情绪调节小组活动。

在活动开展过程中，为了降低班主任这一身份角色给学生带来的压力，班主任没有进入教室，而是通过单面镜观察和社工反馈来了解班级中活动开展的情况和学生的表现情况。社工在每次活动之后都会与班主任沟通活动开展的情况，并

通过文字、图片的方式将这些情况记录留存下来。

在活动中，能够看到和社工在一起的孩子们呈现出比较放松的状态，愿意表达自己的情绪和想法。社工根据学生的情绪状态，循序渐进地开展了一系列小组活动，从最开始的带领孩子发现情绪，到带领孩子发泄情绪，再到最后的教授学生发泄情绪的方式，这样递进的设计不仅培养了学生的情绪调节能力，更为他们今后的成长发展奠定了基础。

情绪失控是这个年龄段的孩子比较容易出现的问题。按照弗洛伊德的理论，如果被压抑的本我不能很好地处理，本我与超我之间的关系不能被自我有机地调节，那么这些被压抑的能量将会以不同的方式发泄出来。因此，通过特定的活动设计，让学生能够以某种合理的、可接受的方式正当地排遣体内多余的能量，是维持其能量协调的重要途径。授人以鱼不如授人以渔，带领学生发泄只是第一步，更重要的是教会学生处理问题的方法。

第五章

促进学生与朋辈群体联结的服务

朋辈群体又称同辈集团或同龄群体，是指在同一年龄阶段中，爱好、生活态度、价值观念以及兴趣相同或者相似的人，形成的互动性强且关系紧密的非正式化群体。朋辈群体属于普遍存在的人际交往环境，广泛存在于青少年群体中。①

在青少年社会化过程中，朋辈群体扮演着重要的角色，发挥着其他群体不能替代的作用。首先，青少年通过与朋辈群体的日常交往，能够养成和他人有效沟通与合作的良好习惯。其次，基于青少年对同辈群体的心理归属感和价值认同感，青少年在与朋辈群体的交往中，可以体验到在群体里内心的互相依赖，以及获得相互尊重与支持。与此同时，这种信任感也可以促进朋辈群体内的信息沟通，习得更多的经验，对于朋辈群体提出的建议也更容易接受，进而不断地完善自我。因此，积极发展朋辈群体之间的和谐关系，促进青少年与朋辈群体之间的联结，对于青少年的健康成长具有重要的意义。

根据埃里克森的人格品质形成理论，进入青春期以后，青少年感觉自己已经长大成人了，强烈的成人感和独立意识成为他们的重要的心理倾向，并通过选择自己认为合适的言行举止进行印象管理，以此来彰显自己的独特性。从青少年之间的互动角度看，当展现出的形象与他人的期待不匹配时，同学之间会产生“互相看不惯”的现象，朋辈群体之间很容易产生冲突。这不仅影响了班级的日常教

① 赵荣锋：《同辈群体环境与大学生思想政治教育相互性作用路径探微》，载《现代职业教育》2017 第 16 期。

育教学秩序，也对学生的发展产生了消极作用。

本章将基于埃里克森的人格形成理论、戈夫曼的拟剧理论和人际关系能力理论，分析专门学校中朋辈冲突的问题，并以案例的形式介绍在专门学校解决朋辈冲突问题的社会工作实践，阐释社会工作在促进学生与朋辈群体联结方面发挥的作用。

第一节　缓和朋辈冲突

【案例介绍】

小颖是较早来到专门学校的学生，她本身好强、聪明能干，不论是和自己相关的事情还是班级中安排的工作任务，她都能很好地完成。小静是最近才来到班级里的学生，年龄比班级中的大多数同学都要小一些，但是小静有很大的身高优势，在班级中也没人感觉她年龄比较小。小静也很聪明，从小的教育使得她有较好的思维能力和学习能力，写字也很好看，并擅长画画，是个有着很强优越感的孩子。小颖性格内敛、沉稳，学习成绩较好，在同学中是一种“特别的存在”，而且信守承诺；刚转入这一班级的小静想在新的集体中为自己争取一个足以受到尊重的位置，在言谈举止中经常挑衅小颖，引发了各种摩擦、冲突。

学生转到专门学校后，要再次适应新的朋辈交往环境，在重新尝试、适应的过程中，容易因为原有观念、行为的差异而与同学发生矛盾、冲突。加之同学一个个转进来、班级逐渐建立，会令每个学生已有的朋辈交往经验受到挑战。

一、专门学校学生朋辈冲突的概况与需求

（一）专门学校朋辈冲突存在的问题与特点

1.“自我同一性”的逐步建立

从埃里克森的人格发展理论出发，专门学校的学生在这一时期的主要任务是建立一个新的同一感或自己在别人眼中的形象，以及确定在集体中的位置。学生会联系过去的经历、现在的情况和对未来的建构来完善自我认知。在这一时期，专门学校学生的成长一直处于打破过去的信念、重构当下的信念的过程中。由于专门学校学生以往的经历不同、转入的时间不同，每当有新生转入的时候，如果其所表现的价值观和行为方式与老生相矛盾，就会给正处于价值观或信念重构的专门学校学生带来不适的感觉。因为个体在树立自我同一性的过程中，在与他人

的沟通中，更坚持自己的想法。由于这些方面的差异，学生个体在其他同学眼中的形象通常是负面的，因此，同学之间很容易产生冲突。

2.“理想化角色”的表演失败

根据戈夫曼拟剧理论的观点，专门学校学生朋辈冲突的原因主要在于学生对于自我理想化角色表现的失败以及不理性的调适。戈夫曼将人类的表演场称作舞台，舞台的前区是一种制度化的社会存在，人们所扮演的通常是具有一定程度的理想化和社会化的自我，如背景布置、着装礼仪，皆彰显出表演者的身份地位。舞台的后区，则是与前区相对的概念，表演者不受约束，没有众多观众视线或者舞台布景的限制，人们所扮演的通常是现实的自我。在学校中，同样存在着前区和后区，对于学生而言，校内的生活是前区，校外的生活是后区；与同学和老师之间的关系是前区，与校外朋友和家人的关系是后区。学生就像舞台上的演员，努力地让“观众”（学生周围的人）相信自己是某种人。青少年群体在该阶段存在急于彰显自我独特性的特点，专门学校学生会努力把自己理解的独特的形象展示给别人。当学生的展示没有达到一个理想化的状态时，学生会采取不同的策略去调适。第一种方式是进行误解表演，也就是使别人产生错觉，得到假印象的表演，为了迎合别人的期待，表现出一些不属于自己的特质，以此获得地位和尊重。另一种方式是污名化别人，以此来维护自己的形象。

许多学生转入专门学校后，会试图在适应学校环境的同时寻找自己的位置。为了留下好的印象、获得更“重要的地位”，有的学生会选择隐藏自己的脆弱，拼命努力做到出色；有的学生会为了压倒对方，表现出过多的攻击性；有的学生会为了和大家一样，去做自己并不喜欢的事……这些隐藏真实自我、忽略自身需求与喜好的方式，虽然表面上可以在短时间内为自己赢来学校生活中的地位、话语权，但过于“虚幻”、“不真实”的角色关系会遇到来自他人、来自真实自我的挑战，这种挑战会逐渐演化为各种形式的朋辈冲突，不利于个体建立支持性的朋辈关系。

（二）专门学校朋辈冲突的影响因素

在自我呈现中，学生的“自我概念”与“实践过程”一直贯穿在表达的过程中。

1. 自我概念

在班级中，学生要领悟和理解将要表现的角色和具体场景，充分理解和把握角色要求，才能把自己希望呈现出来的东西准确地传达给其他学生。要清楚知道

自己是谁，要给其他学生展现什么形象，其他学生对自己的形象有什么期望，才能采取相应的呈现方式。当学生表现出来的行为和角色超出了大家普遍接受的规则时，其与别人之间的交流就会出现障碍，产生朋辈冲突。

2. 实践过程

形象展示的过程本身包含了学生（表演者）和其他同学（观看者）的相互预期。呈现自己形象的学生（表演者）的期望普遍来自其对具体场景和角色要求的主观判断，而其他同学（观看者）的预期则大多来自于约定俗成的认同标准。事实上，在实际社会生活的互动行为过程中，互动的双方很少出现纯粹的表演者和绝对的观看者，每一方都随时处于表演者和观看者的双重角色当中，既是表演者又是观看者。因此，在这个过程中，需要关注的是学生如何相互评价，以及采取什么样的方式来呈现自己，以此来观察学生在享有资源和权利方面的差距，培养其赋予学生角色的共同价值观。

（三）专门学校解决朋辈冲突的需求

在专门学校中，由于学生在转入之前的经历和所处的环境不同，缺乏对于班级中理想化角色的统一的价值观，因此，在学生努力展现自己独特性的时候，会与其他同学的期待产生冲突，进而引发朋辈冲突。

此外，专门学校学生缺乏良好的沟通能力，缺少适当的沟通平台，在对于自己理解的理想化形象表现失败时，同学之间需要适当机会来一起讨论和重塑需要呈现出的理想化角色，因此，朋辈群体之间的冲突一时得不到解决。

二、单次小组活动介入朋辈冲突的方案设计

由于专门学校的特殊制度，学生入学的时间不是集中在同一天，而是散落在前半学期中，新的班级是通过增添新成员而建立起来的。新建班级中会存在着新老生相互熟悉、磨合的过程，在此过程中普遍存在新老生分拨、关系紧张、班级权利再分配与变化的情况，严重的会爆发同学矛盾、冲突。

（一）理论基础

卢森堡博士的“非暴力沟通”概念及理论强调在生活中更多地采用尊重、理解、欣赏、感恩的价值观，取代偏见、敌意、憎恨、怀疑的价值观，来主导日常生活；希望通过相关要素、练习，帮助人们既诚实、清晰地表达自我，又尊重

与倾听他人。①

“非暴力沟通”理论有四个核心要素：一是观察，要求我们仔细观察正在发生的事情，并清楚地说出观察结果，它强调区分观察和评论的重要性。观察在沟通中的重要作用是澄清事实，学校里学生多、事情杂，事实的真相往往是解决问题的关键要素。二是感受，要善于体会和表达感受，通过建立表达感受的词汇表，可以更清楚地表达感受，从而使沟通更为顺畅。同时，要注意区分感受和想法。感受的体察与表达对于促进人际沟通和理解至关重要。三是需要，沟通中学习表达自己正确的内在需求，会让对方更加理解自己。感受的根源在于我们自身的需要，需要往往涉及更深层次的体察与表达，学生之间、师生之间也一样，如果清楚了对方的需要，就会明白对方为什么会这样做，冲突和矛盾也会有所缓和。四是请求，提出具体的请求，清楚地告诉对方我们希望他们怎么做，借助具体的描述，获得积极的回应。请求是联结自己的行动和他人的行动之间的重要环节，日常学习生活中，具体、可行的行动改变、请求有助于更好地满足彼此之间的期待、更好地相处。

“非暴力沟通”理论致力于指导人们通过更加微观、具体、可行的方法达成相互之间的理解，这样的沟通过程对于处在班级环境中的学生尤为适用，更好的相互沟通、理解的状态有助于学生之间更加清楚彼此的角色期待，对于学生更好地扮演角色、发展与完善自我概念具有重要意义。

驻校社工根据以上非暴力沟通的主要概念、核心要素设计了沟通主题的单次活动，借此促进班级成员之间的良性互动，协助班级成员充分发挥自主性，形成相对平衡、稳定的班级权利关系与班级生态环境。

（二）干预目标

1. 总目标

促进班级内部的有效沟通、交流，协助班级成员发展出适用于个人、班级的相处之道。

2. 分目标

（1）在公开的情境下充分暴露问题，各方说出自己看到的关系中各方表现、冲突、紧张的情况，同时尝试说出自己的感受。

（2）促进各方表达在班级生活中关于个体、关系、集体等层面自身的真实

① ［美］马歇尔·卢森堡：《非暴力沟通》，阮胤华译，华夏出版社2009年版。

需要。

(3) 各方根据自己的需要提出明确的请求，以及可以实现请求、促进目标达成的可行性计划。

(三) 干预方案

根据“非暴力沟通”理论，结合目标开展以“沟通与关系”为主题的班会活动。设计环节如下：

(1) 吐露真言：重在促进班级成员表达真实的观察及感受。彼此表达真实的想法是良好沟通、达成理解的第一步。

(2) 坦露愿望：重在以理想关系、理想同学及朋友为载体，帮助班级成员发掘、表达自身关注的重点与真实需要。这一步是将误解、差异转化成理解、寻求共识的关键环节。

(3) 提出计划：重在促进班级成员表达自己的请求，协商沟通、制定切实可行的行动计划，有助于沟通成果的行动转化，从而改善班级中同学之间的相处情况。

三、单次小组工作介入朋辈冲突的实务过程

驻校社工在活动之前简单访谈班级成员，了解其对于班级内同学关系的看法、需要等。驻校社工结合不同班级成员的意见，与班主任商议选定班会这样一个形式来开展活动。班会本身就是班级生活的一部分，可以在有限的时间内为班级内部提供一个公开平等交流的平台，协助班级成员改善同学之间的关系。而通过班会平台产生的某些具体成果、行动计划也可以更好地转化为学生日常学习生活的一部分。

【延伸阅读】班会和小组活动

以班会形式开展小组活动是社会工作在学校场域内的一种适应性变化，可能会受到人数、场地、时间等客观条件的限制。但这一形式有其自身的优势，如普遍化（非特殊化、去标签化）、日常化，有助于扩大相关主题活动的影响力、巩固活动效果。

(一) 介绍活动的主题、“非暴力沟通”的重要概念与步骤

驻校社工向大家介绍、澄清召开本次班会的原因（缘起）及同学关系的主题，讲解“非暴力沟通”的几个重要原则。考虑到学生的接纳与表达能力，将

“非暴力沟通”的逻辑进行了简化，总结为三个部分：第一，表达自己的感受；第二，表达自己看到的相关事实；第三，表达自己对于对方的期待，而不是要求。

（二）陈述基本的观察，表达自身感受——吐露真言

驻校社工先请小颖、小静说一说对于现在同学关系、双方矛盾的看法和自己真实的感受，接着请其他同学谈一谈对于这一主题的看法和感受，进行信息补充并调动参与的积极性。驻校社工在带领过程中强调对于事实的梳理、帮助学生区别客观的事实和主观的评论，以同理心去体会当事人的心境。

小静按照“非暴力沟通”的逻辑表达了自己的看法和观点，而后小颖进行了表达，最后是全班同学的表达。在这一过程中，小静从最开始的愤怒转变为期待，希望能够和同学更好地相处。而这样的感受、事实、期待的表达也让小颖的情绪缓和了许多。

（三）表达内在需要——袒露愿望

以解决小颖、小静之间的矛盾为契机，请当事人谈谈对于理想同学关系、理想班级的看法，之后请其他班级成员表达关于理想同学关系、理想班级生活的愿望。驻校社工在带领过程中注重鼓励学生表达自己愿望背后的需要，通过询问、确认、澄清，帮助其正视自身的需要，并进一步促进同学之间的了解。

当轮到小颖表达自己的真实需要时，小颖表示，“自己其实不是为了和谁争什么，只是不希望被别人看不起”。小颖逐渐将内心的“渴望”（需要，即小颖的后台形象）呈现出来，并和大家讲述了自己的不容易，由于“从小就没有怎么和同龄人一起生活过，确实不太知道如何与同龄人相处，不知道怎么和大家好好说话，感到十分苦恼，希望大家能够帮助自己”。后面其他同学的发言，基本上也都是围绕着对于小颖的支持展开的。

（四）提出具体请求——提出计划

根据关系主题，请小颖、小静提出认为可行的处理问题的计划，请其他同学帮助完善计划的可行性，同时协助计划的实施。驻校社工在关注过程中，协助小颖、小静细化各自的行动计划，提高可行性，从而为同学矛盾的处理提供更多可参考借鉴的新思路、新方法。

【延伸阅读】活动的随时调整

在设计活动时，需要准备与主题相关的备选方案。在活动开展过程中，可以

根据活动氛围的变化随时调整活动形式、内容，以便于活动目标的达成。

在所有同学都表达了自己的观点之后，驻校社工发现，同学之间已经形成了相互体谅、相互支持的良好氛围。因此，班主任调整了原有的工作计划，增加了“优点座椅”的活动环节，让学生提升自我效能感的同时，也学会用欣赏的眼光去对待他人。

四、干预效果与反思

（一）干预效果

总的来说，本次活动基本达成了促进班级内部的沟通、交流，发挥班级成员的主动性，探索适用于个人、班级的相处之道的目标。具体情况如下：

在班级内部公开讨论、平等交流的环境下，小静、小颖试着说出自己的真实感受，双方的独白引起了许多同学的共鸣，营造了良好的讨论氛围，为矛盾、问题的解决奠定了基础。

班级学生陆续表达出自己对于同学关系及班级生活方面的愿望，在表达愿望的过程中发现了彼此之间的相似之处，以及成长经历、性格特质对于未来愿望的影响，促进了彼此之间的了解，增进了相互之间的理解和交流。

班级学生学习自己提出解决问题的可行性计划，在相互坦诚的沟通交流中增强自我认知、完善自我，实现自我概念的发展与自我同一性的建构。

【延伸阅读】班主任是重要力量

在以班级为单位的服务活动中，班主任是重要力量，甚至很多时候是影响活动效果的核心要素。调动班主任参与到活动中，同时从活动设计、实施、评估等各个环节都考虑到班级的具体情况，注意发现与调动班主任的力量，将有助于活动目标的进一步实现，以及良性合作关系的建立。

总之，小颖开始在自己安全的范围内袒露自己的后台，实现前台形象和后台形象的契合；小静也开始发现，每个人都不是想象中的那样简单，都有很多方面需要去发现。能够看到全班同学都很喜欢这样的沟通方式，并学习、体会到“非暴力沟通”的作用，并尝试主动运用到生活中，对于形成班级内本土化的相处策略、权利策略，营造更加良好的班级氛围起到了积极的作用。

（二）反思

单次小组活动虽然可以从朋辈群体间矛盾发生、矛盾升级的时间点出发及时干预，用单次特别活动的方式让学生获得一定程度的“高峰体验”，取得相应的效果，但单次活动存在效果有待跟进、巩固与追踪的问题，若能以单次活动为契机，衔接后续的系列主题活动进行跟进、效果的追踪与巩固，对于解决同辈群体间的矛盾冲突、提升学生的沟通能力、建立和巩固学生之间支持性的朋辈关系将起到更大的帮助作用。

虽然班级同学日常学习、生活都在一起，但缺乏集体、公开的平台，以及对于某一共同关注的问题进行成员内部参与度较高、真实而坦诚地去尝试沟通、讨论的过程。这样的过程可以充分暴露问题，同时以此为契机说出每个人的真实想法，共同想办法去解决问题，在班级中营造更加安全的氛围。同时，这样的过程可以实践“非暴力沟通”的核心要素，有助于学生在彼此的观点碰撞、交流中了解角色期待、发展自我概念。

教师点评（金超然）

班级中普遍存在着所谓的“领袖”人物，其在班级中有较强的话语权，对班级事务也有更多的思考，并会深刻地影响班级的整体状态。在初二阶段，随着新生的不断到来，班级中原有的“领袖”人物和刚刚进入班级想要成为“领袖”人物的同学之间经常会发生冲突。作为班主任，在解决学生冲突的时候，偶尔会因为身份问题引发学生的敏感心理，因此，可以借助驻校社工的力量协助解决朋辈冲突。

驻校社工巧妙地采用了“非暴力沟通”的理论思路，在表达感受、表达期待的两个环节，就让班级中的整体氛围缓和了下来，学生停止了相互的指责和抱怨，开始关注自己和他人的感受，在关注感受的过程中，也开始相互理解和体谅。随着由“要求”到“期待”的表达方式的转变，激发出了大家改变自我的动力。最后，在“注入能量”的环节，更是促进了个人的成长和班级凝聚力的提升。

这次活动不仅解决了两个学生之间的朋辈冲突问题，而且教会了其他学生如何更好地沟通和表达。朋辈之间的冲突很多都是由于沟通不畅所导致的，学会“非暴力沟通”的方法，不仅对于学生日后的朋辈沟通有着重要的作用，而且能够对家庭沟通、师生沟通等产生深远的影响。

用“非暴力沟通”的理论框架来处理学生的朋辈冲突很新颖，也很有效。在感受—期待—增能的层层递进的设计框架下，解决朋辈冲突这一问题被转化成

了发现自己的不足并调动班级整体力量促进改变，对于学生未来的成长和班集体的建设有着十分重要的作用。

第二节　促进朋辈交往

【案例介绍】

小华在原校就是比较“独”的孩子，他自述“没有什么朋友”、“有朋友也不联系”。转学后，小华对寄宿制的学校生活极为不适应，独来独往，很少参加班级活动，时不时地表现出“自闭”行为，同学们觉得他很奇怪。驻校社工在与小华的谈话中了解到，其实小华很关注班里的动态，也想融入班级，可能大部分情况下他用的打招呼、吸引他人注意的方法都“有些奇怪”，“自闭”行为只是他用来表达不满、自我冷静的方式。

与小华类似遇到朋辈交往难题的学生越来越多地出现在驻校社工的视野中。驻校社工在专门学校对新生开展社会学系统评估的过程中，发现朋辈交往是学生普遍表现出来的最重要需求之一：专门学校学生会面临和原校差异较大的朋辈群体环境，面临着适应和融入新的朋辈群体的挑战；原校有过消极朋辈交往经验的学生在专门学校往往会复制原有的社交方式和行为习惯。一方面是较为强烈的社交需要，另一方面是新环境对以往社交经验的挑战，专门学校学生普遍有着积累更加丰富的社交经验、提升社交技能，从而更好地适应不同的朋辈交往环境的需要。

一、专门学校学生朋辈交往的概况与需求

（一）专门学校朋辈交往存在的问题与特点

（1）不能从容、主动、放开自我地与人打交道。由于先前的消极交往经历、父母教育不当等因素的影响，专门学校学生的人际交往能力往往比较欠缺，不善于和别人沟通，对新环境的适应能力较弱，不能积极地投身其中，经常在心里打退堂鼓。

（2）缺乏换位思考，希望别人尊重自己的权利和个性，却不能以相同的标准要求自己。有的学生遇到事情比较敏感，容易激动，会在意一些小事，但思维方式又习惯以自我为中心，容易和同龄人发生激烈冲突，言语行为冲动鲁莽，不计后果。此外，有的学生在交往中往往忽略别人的感受，时时处处首先考虑自己

的利益，不能主动地去理解他人，也不会为他人着想。

(3) 朋友较少，经常感到孤单，社会支持网络微弱。在人际交往中，有的学生不善于与他人交流，交往圈子很小，只限于个别和自己关系较好的同学，很少主动与同学交往，也不知道如何交往，索性为了避免令人不快的交往而很少参与集体活动，一边表现得相对封闭，一边内心又十分苦恼。

(二) 专门学校朋辈交往的影响因素

1. 低自我效能感

自我效能感是指人们对自己是否能够成功地进行某一成就行为的主观判断。也就是说，自我效能感是个体对于自己能力的信任程度。自我效能感主要是从成功经验中获得。具有较强自我效能感的个体会表现得更有目标性，生活状态也更加积极。自我效能感对于个体而言是一项重要的行为导向因素，会对个体的行为产生很大的影响。专门学校学生在以往的经验和成长经历中，由于学业表现不佳或存在一些行为或其他方面的问题，常常很难融入班级群体，未学习到一定的行之有效的社交经验，在社交方面，存在较低的自我效能感，很多学生虽然有和朋辈交往的意愿，但是不知道如何与朋辈交往或者对朋辈交往缺乏信心，因此影响到与学校朋辈群体之间的关系。

2. 自我中心主义

自我中心主义是指个体只能根据自己的需要和感情去判断和理解周围世界及和他人的关系等，而完全不能注意别人的意图、观点和情感，不能从别人的角度去看待问题，也不能从事物自身的规律和特点去认知问题。对于专门学校学生来说，首先，自我中心主义会导致学生的认知主观化，学生以自己的感知、情绪、主观意愿为中心看待世界中的一切，以自己的尺度看待周围一切事物和关系，不能把握逻辑关系，很容易形成错误的思维方式。其次，自我中心主义致使学生交往行为过于个性化，学生在认知上的主观化会引发行为的个性化，因为学生以自己的角度看待问题，具有高度的自我意识，在行为上会表现出强烈的个性化，在人际交往中多表现出不合群，不能很好地交流沟通，没有责任感，做事不计后果等。

3. 自卑的心理状态

自卑是对自己的不恰当的认识和对自己的能力等方面做出过低的评价，伴有害羞、内疚、胆怯、忧伤、失望等特殊的情绪体验。对于这部分学生来说，虽然有交往的意愿，但是在自卑心理状态的驱使下，会害怕别人的轻视或拒绝，致使

不敢与学校的朋辈群体进行交往，或对于朋辈群体的行为进行过度的解释，阻碍了朋辈交往的正常开展。

（三）专门学校促进朋辈交往的需求

专门学校学生在朋辈交往方面，呈现出了青少年阶段的发展特点，但由于每个学生的成长经历不同，因此在气质、性格等方面都会存在较大的差异。拓宽交往的渠道，搭建交往的平台，帮助学生提升交往能力，摆脱不良交往的影响，促进其与朋辈群体之间的良性互动，是社会工作服务的重点。

二、小组活动介入朋辈交往的方案设计

（一）理论基础

1. 社交游戏理论

德国社会学家格奥尔格·齐美尔（Georg Simmel）提出的社交游戏理论论证了社交和游戏之间内容和形式的辩证关系，对于帮助我们理解社交活动和游戏之间的关系有着重要的启示意义。其基本假设如下：

（1）社会生活可以分为内容和形式两个部分，形式决定内容。齐美尔认为，社交聚会是一种不需要任何修饰语的社会，它代表了社会的纯粹抽象的游戏形式，不带有任何特定的具体内容。在形形色色的游戏现象中“形式决定内容”或许表现得最为充分，如现代的打猎活动、体育竞技等。游戏形式去除了它们内容中原先所固有的严肃性，可以随心所欲地选择或创造对象，并在其中以纯粹的形式来展现自身，这也就是为什么游戏既充满欢乐，又具有象征意义，而不同于单纯的玩笑。

（2）社会即指个体之间的互动，社交是内在驱力的满足。齐美尔的纯粹社会学探索中有另外一个根本性的命题就是认为社会即指个体之间的互动。互动是指人与人之间通过一定的符号和交往形式而产生相互影响的过程。而互动之所以发生，是因为特定的内在驱力或意图。爱欲本能、客观利益、宗教冲突、游戏等的需要，只有在社会互动中才能得到满足。内在于个体之中的驱力、意图之类，就是社会交往的内容或素材。

2. 桌面游戏

根据晏捷（2010）进行的关于桌面游戏与社交的研究，发现桌面游戏具有以下与社交相关的特点：

（1）桌面游戏需要多人参与。桌面游戏普遍要求 2~5 人全程参与，没有中

途淘汰机制，更多是回合制。

（2）特定故事背景下进行角色扮演与叙事互动。桌面游戏涉及经济、政治、历史等特定故事背景，在多样主题下以妙趣横生的规则推动游戏者之间的互动。

（3）特定规则下进行言语沟通。桌面游戏要求玩家在特定的游戏规则下进行言语沟通，多人玩家在游戏的进程中不断处理与其他游戏玩家之间的关系。

考虑到专门学校学生的社交需求，桌面游戏可以保证所有游戏者的全程参与，创造频繁的互动机会；给出特定的故事背景，增强游戏的趣味性和代入感；通过特定的游戏规则进行沟通，在游戏背景下进行互动、交往，积累更加丰富的社交经验，培养社交意识、发展积极社交行为。结合以上桌面游戏的特点及其社交功能，驻校社工决定在校本课程中运用桌面游戏的方式，开展社交主题的活动。

3. 人际关系能力理论

人际关系能力理论作为衡量人际关系时常用的理论，可以有效评估人际关系能力情况，也可以为这一能力的评估提供重要的参考维度和分析框架。

由 Buhrmester 等人于 1988 年最早提出的人际关系能力理论及其编制的人际关系能力问卷（Interpersonal Competence Questionnaire，ICQ），是国内研究人际关系能力中普遍运用的理论框架，之后由国内学者（王英春、邹泓、屈智勇，2006）对 ICQ 量表作出检验和修订，并得出结论：修订后的 ICQ 问卷适用于对中国初中生人际关系能力的研究。

Buhrmester 等人提出的朋辈间的人际关系能力可以通过发起交往、提供情感支持、施加影响、自我袒露、冲突解决五个维度进行测量与评估。该理论框架帮助驻校社工进一步理解了人际关系能力的构成要素，同时结合校本课程活动中的特殊设置、实际情况，制定出了更加符合课程活动特色的评估框架，整合系统、综合的评估和可行、细致的评估，更好地了解学生的社交情况和社交能力。

（二）干预目标

1. 总目标

通过桌面游戏，满足学生的社交需要，帮助学生有机会认识更多的人、结交更多的朋友；帮助学生体验形式、内容更加多样的社交活动。

2. 分目标

（1）帮助学生积累更加丰富的社交经验；

（2）帮助学生提高社交能力。

（三）干预方案

挑选广受学生欢迎的“三国杀”桌面游戏为主要形式开展活动，在此基础上，加入更加贴合社交元素的“召唤师联盟”① 游戏设置（包括创建召唤师角色、结盟作战、集卡册等元素），促进活动目标的实现。

本课程拟开展 16 节，分节内容按阶段进行设计，如表 5-1 所示。

表 5-1　“召唤师联盟”课程设计

	目标	内容
第 1 节 开战	建组	简单介绍课程内容及游戏设置，确定课程的适用规则
第 2~3 节 烽火三国	学习及适应“三国杀”的基本游戏机制，了解组员掌握游戏的基本情况及状态	结盟（分组）进行“三国杀”游戏，熟悉“结盟”的基本游戏机制
第 4~10 节 召唤师联盟	学习及适应加入“召唤师联盟”游戏设置后的升级版游戏机制，并根据组员的具体情况进行调整及改进	创建召唤师角色； 寻找盟友； 结盟作战； 记录在结盟作战的过程中自己及盟友的表现等
第 11~15 节 召唤师联盟 2.0 版	加入新形式的社交游戏，提高学生的新鲜感与参与度，促进活动目标的实现	在“召唤师联盟”的游戏背景下加入可以增加盟友之间互动、了解，需要合作完成的小游戏，如合作猜词、合作摆造型等
第 16 节 总结	回顾与总结本学期的课程内容，提高学生对于社交过程中自我及他人的觉察能力	通过资料帮助学生回顾，通过活动提高学生的觉察与表达能力

① 一种游戏主题，参与者（玩家）以召唤师的身份，召唤相应的“三国杀”武将角色进行游戏，寻找最佳盟友进行团队作战，因此起名“召唤师联盟”。

三、单次小组工作介入朋辈冲突的实务过程

（一）调整服务工作目标

（1）校本课程具有学校环境下的选修课程的特点。由于校本课程本身的设置及选课、开课特点，比起系统开展的同质性较强的小组，校本课程的活动流程与学校系统中的选修课程更加相似：参与学生具有较大的随机性、多样性，同时需要在规定的课时内完成，并符合学校总体的教学活动安排。

（2）学生的多样性使得课程实际开展情况更加复杂，单纯社交能力提升的目标并不符合实际需要。驻校社工在进行完初步的课程介绍、规则制定、基础游戏机制学习及适应的流程后，了解到的情况有：课程中有限的游戏时间及复杂的游戏设置之间存在冲突，课程中学生之间存在较大的基础理解及学习能力上的差别，学生对于游戏的参与度较高但更注重个人战绩。

（3）需要根据新的环境和情况进一步调整评估框架和评估方式。尝试将人际关系能力理论框架融入课程实践的全过程，发现虽然人际关系能力问卷的可操作性较强，但不适用于直接在小组中进行前后测量，控制变量的问题无法得到有效解决（即无法说明一个学期内学生社交能力的变化一定和每周一次近 60 分钟的校本课程存在必然关联）。因此，驻校社工选择对人际关系能力进行后置评估（测量），即后置提高学生人际关系能力的目标；与此同时，驻校社工在研究人际关系能力理论框架的基础上，将五个理论中与人际关系能力相关的重要因素转化为质性评估的维度，进一步通过观察、学生自我觉察等方式了解参与者的人际关系能力情况。

综合以上各方面的情况，驻校社工在保留“帮助学生积累更加丰富的社交经验”的目标的同时，将“提高学生的社交能力”这一模糊目标调整为“提高学生对于社交过程中自我及他人的觉察能力”（即前置目标）。目标的调整和细化更加符合学生及活动特点，更加具体且易操作。

（二）服务工作开展情况

拟计划开展 16 次课程，实际开展了 13 次，且根据学生及课程匹配情况，对活动环节进行了进一步调整。具体课程内容安排如表 5-2 所示。

表 5-2　课程内容安排

阶段与目标	具体课程内容
第 1~2 节“开战”： 建组及小组规则制定，熟悉桌面游戏机制	介绍“三国杀”桌面游戏的规则及附带的主题设置；前期背景设置环节较多、较复杂，理解较为困难的情况。介绍并体验“三国杀”桌面游戏的基本规则，结合之后的游戏机制体验，制定并修改相应的游戏计分及清算规则
第 3~7 节“召唤师联盟”： 学习并适应加入更多社交元素后的升级版游戏机制，不同组员之间初步认识了解并尝试合作	1. 设置 （1）“召唤师”角色卡：组员创建属于自己的召唤师角色，增加游戏代入感，并包含对于自我形象、角色的认知等相关内容。 （2）个人集卡册：组员每人拥有一本集卡册，记录当天的战绩以及和盟友之间的互动情况。 （3）荣耀卡：游戏结束后，盟友之间互赠卡片，用以记录、表达对于盟友表现的看法。 2. 流程 （1）寻找盟友（每节课更换不同的盟友，以寻找最佳盟友），确定对战阵营； （2）确定势力及对应武将牌； （3）确定主体游戏时间； （4）分数结算，填写集卡册内页、互送荣耀卡，简单分享卡片填写情况

续表

阶段与目标	具体课程内容
第 8 节“联盟内部练习赛”： 通过结盟后盟友之间练习的方式，帮助组员进一步熟悉游戏机制，增进盟友之间的了解与配合	按照确定后的最佳盟友阵容开展练习赛：介绍练习赛设置及目标；由四名驻校社工分别进入四个联盟小队，带领完成练习赛。 1. 角色选择 盟友之间交流选择武将角色的个人喜好（简单交流选择角色的原因、理由等，并记录）。 2. 练习环节 小组商议后“二选一”完成挑战：（1）初学者进阶挑战，简单记录所学的内容及过程。（2）联盟经验挑战，记录配合经验方法；充分表达意见，彼此尊重；简单结算，分享本次练习赛的经验
第 9~13 节“召唤师联盟 2.0 版”： 在游戏背景下，结盟关系固定后进一步配合，增进对于自己与盟友、其他组员互动情况的了解与觉察	发放练习赛奖励：每个联盟小队可以确定一名绑定的固定武将。 布置观察盟友的任务：观察队友为了共同的任务做了什么。 选择对手阵营；选择势力及剩余武将角色，开始主体游戏。 填写集卡册内页，记录盟友的表现，赠送荣耀卡给盟友。抽选代表分享集卡册填写、荣耀卡赠送的情况。 帮助组员回顾本学期活动中与其他组员的互动情况，写下自己的收获

四、干预效果与反思

（一）干预效果

1. 社交经验积累，社交中自我和他人的觉察

【两个毫不熟悉、性格迥异的人通过了解、配合，成为了好朋友】

刚开始作为转校生来到校本课上时，小文因为对新学校的不适应总是处于心情低落的状态。在需要尝试不同的组合寻找盟友的过程中，认生的小文因为没有

如愿和同班同学分在一起，积累了很多负面的情绪，经常在课堂上发脾气，作为盟友的小花试着安抚小文的情绪，还会扮鬼脸逗小文开心，小文的情绪慢慢得到平复，状态逐渐好转。在记录初识盟友的印象时，小文选了“心胸开阔”、“温柔”两个词来形容小花，提出了希望小花更加“自信”的期待。

在之后的课程中，两个人成为了彼此的最佳盟友，小花在小文的帮助下，得到了队友“顽强”、“进步大”的评价。小文也变得更加开朗，在偶尔心情低落的时候会得到盟友细心的安慰和照顾。

不仅是小文和小花，校本课上还有很多其他前所未有、意想不到的盟友组合，组员们学着更关注盟友、了解对方的特质，同时借此更了解关系中的自己，在此过程中收获了友情，也积累了更加丰富的人际交往经验。

2. 积累更加丰富的社交经验

【两个相互嫌弃的人成为队友后，探索出自己的特别相处之道】

小林有着矛盾的性格，嘴上讽刺挖苦的时候常常心里很在意。来到校本课上后，小林还是坚持自己一贯的风格，一边说不愿意做这做那，一边也会默默配合。小林结盟的过程并不顺利，最后“落单”的小林无奈选择了综合实力相对较弱的小真，小林常常吐槽小真什么都不会，小真也会抱怨小林不好好出牌、态度不好。但是，在游戏时，小林会专心指导小真出牌、教小真怎么和自己打配合；小真会主动请教小林出牌的方法、听小林指挥，两个人会一起叫好、一起叹气。

这样的互动过程真实体现了双方在各自人际交往中的特点，虽然很难在短时间内改变，但驻校社工会引导小林、小真看到双方之间更多积极的互动、联结，对于让人不舒服的方式指出不恰当的地方和澄清背后的期待，如让小林看到盟友对他的迁就、包容，让小真看到盟友的认真和努力。两人作为最佳盟友坚持到最后没有分开，同时战绩越来越好、配合越来越熟练，增进了理解，发展了友谊。

如上述事例所体现的，不论是小文和小花这样互补的盟友，还是小林和小真这样相互嫌弃的盟友，大部分的组员都可以保持对于游戏的较高参与度与投入度，并在此基础上，以更加放松的状态展示真实的自我和与他人的互动。通过一个学期的游戏课程，大部分组员结交了更多的朋友，拓展了人际交往圈，积累了与不同人相处的经验。此外，通过游戏设置，组员之间形成了特定的相处模式，提升了社交中自我和他人的觉察能力，同时，组员在人际交往中共情、理解、处理问题的经验得到了进一步积累。

（二）反思

1. 活动设计

考虑到不同参与群体的实际能力状况，活动设计不宜太复杂，需要分为不同的难度和版本，进一步明确活动的核心要素，保证活动目标的实现。

2. 服务评估

由于单纯的定量方法并不适用于本次服务活动，加之社工自身能力有限，所以，未能及时设计出合适的质性评估方案。因此，在进行学生活动方案评估时，应当遵循重要性、可行性、适切性和效用性，并开发设计相应的评估量表，从而更好地评估服务效果。

【延伸阅读】关于桌面游戏的经验分享

桌面游戏的形式因其自身具有的互动性、趣味性强等特点，同时对学生有足够的吸引力，投入、参与桌游的过程对于学生来说是一种适合且有趣的社交体验和社交方式。鉴于桌面游戏在青少年中受欢迎程度和其自身的社交属性，可以以此为媒介设计更多人际交往相关主题的活动，如规则主题活动、自我探索主题活动，协助学生满足其朋辈交往需要。

教师点评（唐培）

一、服务内容目标清晰，过程可复制，方法可推广

朋辈交往是初中阶段学生重要的需求之一，学生通过在朋辈交往中不断遇到困难、想办法解决困难到成功交到朋友，从接受不同性格的同学到被不同性格的同学接受，从而学到朋辈的优点并发展自己的特长，不断提升自己的交往技能。

驻校社工将学生的社交能力培养与桌面游戏相结合，引导学生在游戏中通过不断碰撞学到正确的人际交往方式，学会将个人利益与集体利益、团队利益相结合，从而不断提升交往技能。这种寓教于乐的教学方法，符合专门学校学生的特点，有效可行，具有推广价值。

二、服务过程循序渐进，充分利用有限时间加强有效指导

每周一次的校本课程间隔较长，但时间相对固定，学生有盼头，这就极大地调动了学生在游戏中主动进行交往、沟通的积极性。驻校社工设计的游戏内容层层递进，学生在与盟友的合作中不断碰撞，不断增进盟友间的了解和配合，特别是每次游戏结束后的互赠卡片环节，引导学生学会观察、欣赏、包容、相互鼓励

等优秀品质，帮助学生积累了丰富的人际交往经验。

三、建议

1. 关注游戏的持续性

校本课程每学期要进行一次重新选课，若要具有普惠性，每学期的学生就要有变化，给更多的孩子参与活动的机会，而这样一来，一学期只有十几次课，要想真正达到在游戏中提升学生交往能力的目的还是远远不够的，可以持续关注学生，延续到课外。

2. 关注学生在游戏中的行为习惯

在游戏中，学生更容易释放自己，一些行为习惯很容易暴露出来，驻校社工要多关注学生显露出来的问题（如语言的随意性、态度的自我性等），及时纠正、引导，帮助学生在规范的活动中不断提升个人素质，而不是随性而为。

第六章

促进学生与学校及班级联结的服务

在现在的学校环境中，学生时常会出现不愿意上学、不愿意进班级、不愿意和同学及老师接触的情况，他们或是经常被同学和老师所忽视；或是走向另一个极端，成为学校中最“折腾”的群体；在各种班级活动和学校活动中，他们经常游离在外，好像与学校和班级无关，也有可能做出一些影响班级和学校声誉的事情，更有可能做出一些越轨行为，甚至走向违法犯罪的道路。针对学生的这些问题，不同的学者从多个层面进行了研究，并将其归结为学生缺乏与学校（班级）之间的联结。

学校联结是指个体与学校以及学校环境中的人建立起来的情感联系，表现为学生对学校的归属感和认同感，在学校中感到被关怀、认可和支持。其中，学生对学校的归属感是反映学生与学校联结情况的重要指标。

DeVos 和 Dijkstra（2000）把学校归属感定义为，学生感觉到自己是班级或学校的重要一员、被他人接受、被他人认为有价值及与他人成为一个整体的一种情感。我国学者徐琴美（2005）等人指出，学校归属感是学生对自己所就读的学校在思想上、感情上和心理上的认同和投入，愿意承担作为学校一员的各项责任和义务，并乐于参与学校活动。

美国心理学者马修（John E. Mathieu）和泽杰克（Dennis M. Zajac）在元分析中发现，团队凝聚力是员工对企业的归属感的一个重要的前项变量。[①] 而美国

① 孙锦枝：《如何增强学生的班级归属感》，载《神州》2018 年第 17 期。

学者珀德瑟科夫、迈肯泽和博默尔的实证研究结果表明，团队凝聚力可增强员工对企业的归属感。所以，团队凝聚力建设是增强学生对学校、班级归属感，加强学生与学校、班级联结的关键环节。赫胥提出的“社会键理论”认为，一个学生越是附着于学校，就越不可能从事违法犯罪活动。若一个学生对学校和班级没有感情上的依附，那么，学校的校纪、校规就不可能对他发挥约束和控制作用，这样的学生也就不可能在乎学校、老师对他的看法，不在乎他人是否接受自己或认为自己有价值，甚至还可能使他产生这样的想法：学校、班级管教不合理或学校、班级没有权力来约束他的行为，这样，必定会增加此类学生走上违法犯罪道路的可能性。①

在专门学校，教师面临的是因为各种各样的偏差行为而转到该学校的学生。面对学校半军事化的管理、封闭式的学习生活、陌生的师生群体，这些学生如果不能顺利地适应学校生活，将会出现更多的问题，对于学生不良行为的矫治也有较大的影响，甚至可能产生不良后果。

结合上述问题，本章将从归属感建立和团队凝聚力建设两个方面来论述社会工作服务如何促进学生与学校及班级之间的联结。

第一节 建立班级归属感

小欣因在原学校拒绝进班级、拒绝上学等厌学的情况而被转到专门学校。半军事化管理、不能玩手机的要求导致小欣在专门学校也出现了厌学的情况。小欣表示，“我跟他们合不来，没意思”。小欣拒绝上学的情况总是反复发生。驻校社工在工作中发现，小欣对班级的活动安排、同学的情况、任课教师的名字等通通不了解。学校老师尝试以谈话、家访等方式劝说小欣返校。有时即便小欣到学校上课，也很少参与集体活动。同小欣类似，专门学校学生存在的拒绝上学问题一直困扰着老师和家长。

依据“社会键理论”中依恋、奉献、参与和信念的相关概念，从以上的问题中我们可以看到，学生在与学校、班级的互动过程中，没有能够形成有效的“社会键”，学生对于学校、班级缺乏依恋，不在乎学校、班级中老师和其他同

① 沈纪：《“社会键”断裂：城市流动少年违法犯罪原因探析》，载首都师范大学2014年硕士学位论文。

学的看法，那么，老师和同学的评价、行为规范就无法对其产生应有的约束力；学生对于学校、班级缺乏奉献，也就无法真正产生对于学校和班级的责任感，以及对自己负责的意识；学生对于学校、班级缺乏参与，也就不会主动参与学校和班级所组织的活动，必然游离在外，也无法从各种活动中有所收获，进而影响其在学校的学习生活质量；学生对学校、班级缺乏信仰，就无法真正将学校所教授的各种理念内化，形成属于自己的世界观、人生观、价值观，更有可能被其他“亚文化”所吸引，最终影响其人格的形成和塑造。

参与是建立班级归属感的第一步，无论学生是主动参与还是被动参与，只要有了参与就有了改变发生的可能。[①] 学生只有参与到班级的活动中来，为班级着想，为班级出力，对这个群体产生归属感，才会真正把自己作为群体的一员，自愿投身于与这个群体相关联的事务中，从而与班级之间建立依恋的感情，建立奉献的意识和行动，建立对班级文化的信仰，最终通过与班级建立的“社会键”，增强班级的约束力，促进自身的成长。

一、概况与需求

（一）存在的问题与特点

1. 抵触学校生活

专门学校的半军事化管理制度，使部分学生感到不适应，对学校和班级产生抵触情绪，经常出现厌烦老师或者班干部的管理而与老师和同学发生冲突的情况，不懂得如何与其他人交往。

2. 在学校、班级里找不到自己的定位

在学校和班级里状态比较稳定的学生，大都能找到自己感兴趣的事情，比如参加科技社团、足球社团、广播站等，或者发挥自己的特长并展示自己。但是，还有一部分学生原本就抵触学校的管理和与师生的相处，没有找到自己的“角色”定位。

（二）影响因素

影响学生学校、班级归属感的主要因素包括内在因素和外在因素。[②]

---

① 宋予：《提高中职学生班级归属感的对策研究——以大连市经贸学校日语班为例》，载辽宁师范大学2010年硕士学位论文。

② 鞠艳：《初中生班级归属感的现状及其特征研究——以象山县L学校为例》，载华东师范大学2009年硕士学位论文。

内在因素主要是指学生自我概念的发展情况。具有积极自我概念的学生，能够在自己与外界互动、与他人比较中形成关于自身外表、能力、特长和社会接受性比较高的自我评价，更容易融入群体，并有着较高的学校、班级归属感。而具有消极的学生，往往不知道自己在学校中应该是什么“角色”，不知道如何与老师相处、如何融入班集体。

外在因素主要是指学生与同学、教师之间的关系。研究表明，如果学生的参与行为获得认同，那么会增强其学校归属感，而教师和同伴是学生获得认同的主要来源。归属感作为一种被他人或团体接纳的心理感受，它的形成在很大程度上需要一个与学生互动的团体作为依托，有凝聚力、团结融洽的班级更容易让学生形成学校归属感。此外，校园环境、学校管理及教学方式、考试成绩等也会对学校归属感的形成产生一定的影响。如果学生不适应学校和班级的管理方式，与教师和同学的关系疏远甚至产生冲突，不愿意参与集体活动，没有在班集体中得到认同，那么，就很难对学校和班级产生归属感。

（三）需求

学生有树立积极的自我概念，得到他人认可，与同学、老师建立和谐关系，融入班集体、增强对班级和学校归属感的需求。根据“社会键理论”中的依恋观点[①]和马斯洛需要层次理论，学生在学校场域内，有人际交往的需要，并且越依恋同学、老师才会有更积极的自我概念与自我评价，在越来越被同学、老师认可以及和谐的人际关系中，学生会更快地融入学校和班级，从而建立对学校和班级的归属感。

二、个案工作介入归属感问题的方案设计

个案工作是驻校社工解决学生归属感问题的常用方法之一。小林是由班主任转介的就读于某中学初二年级的一个男孩，系驻校社工班级活动、新生访谈中发现问题，与班主任了解需求和情况后，由班主任转介的个案。

转介前，驻校社工了解到，小林系北京人，与父亲、母亲、姐姐和妹妹共同生活。小林家庭经济状况良好，父亲经营电商，在淘宝等平台售卖北京特产等食品；母亲是一名会计；姐姐、妹妹与小林都有近 10 岁的年龄差。

小林于 2018 年年底转入专门学校。小林在接受驻校社工对其的社会系统评

① 江志华：《“社会键”理论与青少年犯罪预防》，载《当代青年研究》2004 年第 6 期。

估时，自称“我爸被原校老师骗了（才转学）”。驻校社工在谈话中发现，小林对原校老师有愤怒、不满等负面情绪。

班主任表示，“小林很自我，不尊重老师，没有规则意识”，在原校出现过“老师上课期间直接走入教室，发现没有椅子就坐在桌子上听课的情况”，“遇事会归因于外在，不找自己的问题”，不想听的时候就“不说话，拒绝交流”。

驻校社工在为小林所在班级组织班级团建活动的过程中，发现了小林拒绝参与班级活动的表现。驻校社工与老师了解情况后，与小林进行了简单的交流，发现小林在谈话中有强烈的不满情绪，经与班主任协商，决定对其开展个案工作，协助解决小林的学校适应问题。

（一）理论基础

1. 社会化

社会化是指一个人从自然人到社会人的过程，具体是指个人学习知识、技能和规范，取得社会生活的资格，发展自己社会性的过程。[①]

社会化过程一般包括“儿童、青少年时期的基本社会化和成人时期的继续社会化”。[②] 儿童、青少年时期的基本社会化很关键，对其终身社会化产生重要作用。这个时期的社会化除了家庭发挥着至关重要的作用外，学校的作用也不容忽略，学校中个体继续学习社会文化知识、价值观念、行为规范、社会化必备知识[③]，学习、锻炼把自己整合到群体中的能力，是从家庭走向社会过程中的预备阶段、关键环节。

小林在校不适应的问题，本质上是其社会化未完成的问题。小林在家庭中的表现与学校中的表现差异较大，不习惯集体生活，与其未能实现从家庭到学校社会化的良好过渡有一定的关系，如何协助小林更好地适应学校生活，进一步发挥学校的社会化功能是该个案的关键问题之一。

2. 角色

角色，本指根据脚本扮演出的戏剧人物，1935 年，美国社会学家米德将“角色”一词引入社会学领域，后来逐步发展成社会学和社会心理学的一种局部

---

① 吴江霖：《社会心理学》，广东高等教育出版社 2000 年版。

② 风笑天：《社会的印记》，中国社会科学出版社 2012 年版。

③ 陆洋：《人的社会化：自我控制的社会生成和心理生成》，载《西南民族大学学报》（人文社科版）2017 年第 5 期。

理论，引申出“社会角色”这一重要概念。[①] 社会角色包括社会地位、有成套的权利义务规范、与他人的期待相联系、作为组成社会的细胞等四个要素。[②] 角色与社会化过程密不可分，角色扮演是一个不断修改、校正，协调角色内外评价标准的动态过程，同时也是一个不断学习社会规范进而适应社会的过程。

小林在学校生活中表现出的不适应与他未能全面认识到“学生”角色的要求、权利义务规范、他人的期待等信息相关联，从而无法更好地扮演“学生”这一角色，没有处理好与老师、同学之间的关系。因此，帮助其了解、澄清并分辨“学生”角色中的细节信息是介入工作的重点。

3. 寻解治疗

寻解治疗（Solution-focused Therapy）聚焦于“寻解”而不是“问题”，重视“钥匙”而不是“锁”。寻解治疗是一套具有优势视角、务实且以目标为本、以行动为主的工作模式，其治疗过程一般比其他治疗模式见成效更快。[③]

小林的问题比较明显，直接从问题入手容易引发小林的抗拒心理，因此，在介入服务中，可以寻解治疗为具体操作层面指导理论，重视小林的自身优势，制定更加符合实际的解决方案，从而帮助其更好地适应学校生活，促进其社会化。

（二）干预目标

1. 总目标

在案主社会化过程中为其提供支持，帮助其学习应对社会化进程中个性与共性（社会规范、社会文化等）方面的冲突、矛盾，进一步实现个人成长与发展。

2. 短期目标

（1）帮助案主提升在学校的生活适应能力。

（2）帮助案主明确“作为老师的学生”这一角色的相关内容，协助师生双方澄清各自的期待、要求，帮助案主更好地学习扮演这一角色，从而改善自己与老师的关系。

（3）帮助案主明确“作为班级的同学”这一角色的相关内容，协助案主澄清对于同伴的期待、要求，同时学习观察、求证对方期待的方法，从而协助案主更好地扮演这一角色，建立更理想的朋辈关系。

---

① 奚从清：《角色论：个人与社会的互动》，浙江大学出版社 2010 年版。

② 郑杭生：《社会学概论新修》，中国人民大学出版社 2013 年版。

③ 杨家正：《迎刃而解：寻解聚焦辅导》，清华大学出版社 2016 年版。

3. 长期目标

协助案主改善社会化过程中与他人交往的策略选择情况，以主动应对、沟通对话的策略逐渐取代消极应对、对抗报复的策略。

（三）干预方案

1. 与案主本人的工作

（1）通过建立良好的信任关系，为介入工作打下基础。驻校社工与小林建立的专业关系兼具工具性和治愈性。良好的专业关系除了可以协助驻校社工在服务过程中收集信息、持续评估，对于小林与他人建立良好关系方面也可以起到一定的示范作用。

每周定期参与小林班级的课间活动，在其日常学习、生活的场域中搜集与介入服务相关的资料。在接触过程中，建立相互信任、平等交流与积极对话的关系，帮助小林学习更加积极主动的沟通策略。

（2）依托社会化理论，开展系统干预。每周约小林进行个案访谈，了解、评估其在学校的学习、生活状态，根据青少年社会化的相关理论进行干预。具体分为三个阶段：

①了解、澄清角色相关内容（权利、义务与期待等）。在谈话过程中，与小林共同讨论社会（他人）对于不同“角色”（如老师的学生、班级中的同学等）的期待，协助小林觉察、了解相关的内容。同时，协助小林对不同角色关系中的他人进行观察、求证、澄清期待，了解身边人的需求。

②学习扮演相关角色。与小林讨论根据他人期待去扮演相关角色的可行性及带来的利与弊，对于其中体现出的个体差异性与社会规范共性之间的冲突、矛盾进行重点讨论，探讨解决问题的新思路。

③修改、调整角色表现的过程。在了解他人的需求与角色期待、据此调整扮演角色的过程中，需要不断与角色关系中的他人进行反复的沟通、确认，根据更新后的信息修改、协调角色期待与标准，继续进行行为选择、扮演角色。

通过以上几个阶段帮助小林认识到角色扮演是一个动态、往复的过程，需要明确个体的想法与期待、正视与回应对方的想法与期待，是一个不断与外界沟通对话、学习适应的过程。在访谈过程中，使用寻解治疗的方法、技巧帮助小林挖掘自身潜能，促进其发展自我。

2. 与班主任的工作

（1）随时跟班主任沟通情况，促进信息共享。

（2）与老师沟通，了解、澄清老师对小林的期待和要求。

（3）与老师及时沟通小林的访谈表现、变化情况，促进学生感受到来自教师的支持，帮助师生之间实现积极有效的沟通。

3. 与案主同学的工作

在与小林同班同学建立起良好关系的基础上，通过同学了解小林在校学习、生活中的表现，询问同学的看法、感受和期待；在与小林讨论过与同学相处的主题后，向同学询问小林的变化情况，收集相关资料。

三、个案工作介入归属感问题的实务过程

根据以上服务计划，结合实际服务时间表，制定现阶段至学期末的服务计划，如表 6-1 所示。

表 6-1　服务计划

阶段	针对案主介入	针对老师介入	针对同学介入
评估阶段	前期评估	沟通、辅助评估	
第一阶段	服务干预：澄清期待	辅助澄清期待	辅助澄清期待
第二阶段	服务干预：角色练习	辅助角色练习	辅助角色练习
第三阶段	服务干预：角色调整	辅助角色调整	辅助角色调整
结案与评估阶段	服务成效评估；案主反馈	成效评估，老师反馈	辅助成效评估

（一）前期评估阶段

具体评估记录如表 6-2 所示。

表 6-2　评估记录

第一次	与班主任的工作	【社工发现，并与班主任沟通了解情况。了解班主任的需求，收集资料，进行评估】 社工在与班主任交流班级团建活动的过程中，谈及观察到的小林的不融入、抗拒等表现，班主任向社工简单介绍了小林的情况及班级表现，表示希望社工有机会可以介入，协助班主任了解小林的详细情况。社工与班主任协商后，决定借助新生社会系统评估的机会与小林交流、接触，了解其具体情况

续表

第二次	与案主的工作	【初次接触个案，建立关系，收集资料，进行评估】 活动课上，社工偶遇老师带身体不适的小林回班，借此机会与小林在室外小操场尝试进行简单的沟通、对话。谈话过程中发现： ①小林转学两周后依然存在强烈的情绪反应，需要及时介入； ②小林谈到学校时表现出愤怒、不满情绪与抗拒、消极的态度；但谈到家庭时完全是截然不同的状态，面部表情更温和，情绪相对积极，交流更主动
第三次	与班主任的工作	【与班主任沟通，接案】 社工根据与班主任沟通前一天与小林谈话过程中了解的信息，以及观察到的小林的行为表现，询问班主任是否需要开展个案工作、及时介入。经班主任同意后，在晚自习时间对小林开展了个案访谈
	与案主的工作	【第一次面谈，情绪疏导，收集信息，需求评估】 谈话以协助小林疏导转学后的消极情绪为主，通过帮助小林想象令自己放松的情境、开心的事情，运用做游戏、听音乐等方式分散其注意力，并寻找情绪背后的需求与认知，协助小林表达、发泄并疏解自己的情绪
第四次		社工得知小林与老师的对抗表现后，个案访谈安排临时取消

续表

第五次	与班主任的工作	【向班主任了解案主近况】 社工与班主任沟通询问小林的变化、表现，得知小林已被送入强化班，周一回班后表现有所好转，班主任详细叙述了自己对小林的教育指导过程、教育方法，以及对小林认识的转变
	与案主的工作	【第二次面谈，寻找核心需求与关注点】 社工与小林面谈，了解过去一周他的情况与变化。运用“寻解治疗”的思路，从回忆过去一周小林在学校生活的变化、例外情境入手，对其变化给予及时的肯定，发掘小林自身应对困境的资源与优势。 讨论确认后，对于小林来说，“作为老师的学生如何扮演好自己的角色”是目前在校期间最重要的问题，小林答应社工会完成思考任务，思考自己的期待、需求，并留意与老师相处的过程、表现。社工与小林约定会与老师了解、澄清对于小林的需求，并在下次面谈中进行交流、讨论
	与班主任的工作	【与班主任沟通访谈进展】 社工根据与班主任沟通访谈后了解到的情况，约定面谈了解老师需求、期待的时间

（二）初步干预阶段

具体干预记录如表 6-3 所示。

表 6-3　干预记录

第六次	与班主任的工作	【了解班主任对于案主的“角色期待”】 班主任主动找到社工，告知小林已被“禁假”。班主任向社工详细讲述了事件始末，并观看了记录事件的视频。班主任表达了对于事件的看法、对于小林的希望，社工与班主任商量可以协助的部分，班主任建议社工与小林面谈

续表

第七次	与班主任的工作	班主任为小林准备了文具、食物，在面谈前交给了社工，希望由社工转交
	与案主的工作	【运用“寻解治疗”方法寻找“钥匙”——改变的关键点、需求，协助案主澄清对于自己、他人的角色期待。同时，与案主协商切实可行的沟通方式——建立角色期待澄清、角色扮演状况信息互动的机制】 11：00~12：00：与小林面谈，帮助小林表达、疏解情绪，请小林对面临问题的重要性进行排序，挑选出最重要、紧迫的问题。 小林挑选出问题后，回忆情境，寻找影响其情绪的关键因素。小林向社工承诺需要时间继续思考，可以晚点再讨论。 社工鼓励小林用简单、具体的方法预防、解决所面临的问题： （1）小林提出用写信的方式与社工沟通每天的状态； （2）小林尝试在有需要的时候主动向老师提出与社工聊天，帮助自己疏解情绪，并对问题进行梳理； （3）社工提出会在每天或隔天的活动课或课间看望小林，及时了解其情绪状态

续表

第七次	与班主任的工作	在午饭时间，简单与班主任沟通小林的状态、改变意愿，协商出三条具体可行的方法
	与案主的工作	【帮助案主理解现在的情绪状态及背后的角色冲突情况；协助案主澄清对自己、社工、班主任等角色的具体期待，寻找可以实现期待的资源，同时明确需要社工、班主任配合实现角色期待的部分】 18：00~19：45：与小林继续进行中午的话题，寻找影响小林自我控制与对抗策略选择的关键点。在与小林不断回忆、澄清中，小林表达出自己最在乎的部分、最关注的环节，社工协助小林进行了确认与澄清。 社工借助“水杯比喻”帮助小林了解自己目前的处境，得到了小林的理解、认可，最后小林表达出自己想回家的强烈意愿，情绪得到一定程度的发泄。 回忆访谈的进程、内容，与小林再次确认可行的三条方法，同时明确小林、社工、班主任等不同角色需要配合的部分
第八次	与班主任的工作	绘制简单的图示，与班主任线上沟通与小林两次访谈的重要信息、主要情况
	与家长的工作	将访谈中了解到的信息与家长进行线上沟通，家长告知了更多小林以前的情况、表现
第九次	与班主任的工作	社工与班主任沟通需要协助的部分，向心理辅导老师告知个案干预的情况，同时请心理辅导老师留意小林的状态，班主任表示在小林主动要求访谈时会告知社工
	与心理辅导老师的配合	【社工向心理辅导老师介绍案主的现状，协商简单易行的配合方式】 社工向心理辅导老师说明了小林较为被动、慢热、内倾的性格特征，心理辅导老师表示理解，并表达了具体期待

续表

第十次	与案主的工作（在心理辅导老师的配合下）	【确定书信沟通的方式、基调，在建立关系的基础上鼓励案主多表达自己内心的想法，以及对于身边人的角色期待】 心理辅导老师积极向小林询问情况，问小林是否记得和社工的约定。 社工对小林书写的“心情天气预报”内容进行了回复，并肯定了小林的进步表现
第十一次	与案主的工作（在心理辅导老师的配合下）	【协助案主澄清角色期待，鼓励案主主动向身边相关人表达自己的角色期待，同时寻找具体可行的方法进行角色练习，使得自己与他人的角色互动更加理想】 心理辅导老师积极配合，告知了小林“心情天气预报”的书写情况：与前一次相比，小林回复了较多内容，分享了自己经历的几件事情。 社工对小林的回复予以了肯定，并对小林分享的事情表达了同理心，为小林解决问题提供了新思路
第十二次	与案主的工作（在心理辅导老师的配合下）	【协助案主澄清角色期待，鼓励案主主动向身边相关人表达自己的角色期待，同时寻找具体可行的方法进行角色练习，使得自己与他人的角色互动更加理想】 心理辅导老师积极配合，告知了小林“心情天气预报”的书写情况：小林回复了较多内容，并讲述了自己的班级生活经历。 社工对小林的烦恼表示理解，表达了自己的看法，并向小林求证，同时与小林共同期待元旦联欢会、游园会和回家的行程
	与老师的工作	班主任主动找到社工并告知，小林主动要求和社工面谈，讲述自己冲动、对抗表现的原因

续表

	与案主的工作	【协助案主疏解情绪，讨论情绪背后与“角色”相关的认知部分，澄清案主的想法与期待，协助其练习新的“角色”行为与互动方式，学习借助外部资源】 午饭后，社工与小林进行了面谈，询问小林想要与社工讨论的主题。 了解小林出现爆发情绪状态、进行对抗策略选择事件的始末，帮助小林疏解、发泄情绪，与小林讨论最近发生的变化及其原因。 借助事件询问小林与班级同学的关系、对于班里同学的不同看法，协助小林总结与同学相处的经验，并给予肯定。 最后，与小林共同想象即将到来的假期生活，小林的情绪状态有所恢复。共同回忆中午的访谈过程，澄清小林希望社工协助的部分
	与老师的工作	【与老师沟通案主的想法与角色期待，承认问题的严峻性、反复性，同时肯定已有的成效与改变】 与班主任沟通对小林进行访谈的情况，介绍小林希望老师理解但又无法开口表达的部分。 老师简单介绍了小林最近的表现，表达了自己的期待、需求。社工与老师共同确认小林行为表现的复杂性与反复性、改变的困难性，同时向老师确认了小林对于老师、同学及学校生活态度的转变，肯定了小林改变的意愿，得到了老师的赞同和理解
第十三次	与各方共同开展的工作	在游戏环节，老师积极关注小林的表现；在亲子互动环节，社工对小林的表现给予了充分肯定

四、干预效果与反思

（一）干预效果

1. 学校生活适应情况

在一次访谈中了解到，小林在入校近一个月后，对学校生活的适应状况有了明显的好转，之前提到的对于生活作息、队列训练与严格管理不适应的情况有所改变，自述“也想回家，但慢慢适应了学校的生活”。

2. 意愿变化，与“角色”相关的干预初见成效

（1）经过班主任、心理辅导老师的共同努力，小林认识到了对抗策略对于自己的正常学习、生活的威胁，改变的意愿较为强烈。社工帮助小林将意愿转化为具体可行的行动，制定了干预计划。

说明：从容易入手的情绪问题切入，协助小林处理背后认知部分涉及“角色”的期待、练习及调整等。

（2）小林承认自己内向、慢热、被动的行为特征，尝试主动找老师、社工沟通与交流，学习借助外界资源帮助自己改变。

（3）小林主动要求与社工面谈，明确自己可以做的事情和希望社工、老师帮助自己的部分。

（4）与刚来学校与老师对抗、不合群的情况不同，班主任表述“他（小林）现在有事会来找我商量”。小林委托社工向班主任说明自己的情况，“能不能告诉老师我什么状态是最不好的，让我一个人安静一小会儿，然后就可以和大家说话了”。

（二）反思

本案例体现了社工与老师及时共享信息的重要性。社工在接案前与老师沟通较多，建立了良好的关系，但前两次面谈后，因工作安排冲突未及时与班主任沟通小林的信息，使得社工未能及时干预小林进入强化班的“危机”，也使得之后把握小林的需求与关注点需要花费更多的时间。

社工应及时认识到与老师沟通、工作配合中出现的问题，在以后的个案服务中更加积极地与老师沟通；在个案开始前与老师面谈时，除了老师提出自己的目标、需求，社工也要明确表达自己需要老师协助的部分，共同协商更加便利、高效的信息共享形式与合作方式。

班主任应积极与社工配合，及时沟通案主的情况，同时，帮助协调任课老师、心理辅导老师等不同部分的工作，配合社工及时沟通、跟进、了解案主的情况，进一步干预，促成、巩固改变。

【延伸阅读】社会化理论在个案中的运用

社会化理论对于解释学生在校学习生活不适的现象、学生在学校与家庭中的表现差异有一定的作用，有助于从学生周围的社会关系、社会角色入手，帮助学

生从与人相处中学习社会规范、明确自己与他人的期待，逐渐适应学校生活，并为进入社会做出更充分的准备。

社会化理论认为，个体社会化最重要的场所是家庭和学校。运用社会化理论，可以更好地指导社工实现家校联系、沟通，重视案主在家庭、学校需要扮演的不同角色，与案主的重要他人更好地沟通角色的认知、期待。

社会化理论在协助新生适应层面的具体应用方式方法有待进一步探索。

 **教师点评（张旭）**

社工对小林进行了单独的关注和辅导，针对小林出现的对抗情绪，对老师、同学不尊重等问题进行了疏导和分析，与小林达成了寻找解决办法的共识。在小林遇到无法管理和控制自己情绪的时候，帮助其找到合适的处理方法，取得了非常好的效果。小林在毕业时已经学会管理自己的情绪，改正了自身的问题，跟换了一个人一样。现在还经常跟老师联系，表达自己非常想念学校，非常想念老师；感恩学校，感恩老师。

第二节　建立团队凝聚力

【案例介绍】

某专门学校每年都会有新成立的班级，×班是一个拥有40人的大班级，成立之初，班级的情况还是不错的，但是一年之后，学生的状态变得比较松散，班内小团体也逐渐增多。老师反馈，“他们不是做不好，就是不愿意做”。

凝聚力是指团队对成员的吸引力，表现为团队对成员的牵引力、磁力及留住成员的能力，是团队成员心理、情绪和行为状态的集中表现，注重团队成员在完成团队目标时的相互合作性及人际关系和谐性。

凝聚力的高低与团队规模、团队发展周期有着一定的关系。班级的规模越大，班级的凝聚力就越低。由于班级规模增大，学生间相互合作、人际关系维系的机会就减小，从而难以形成凝聚力（Kramer&Brewer，1984）。[①] 一个大班级，

① 王世轩：《提升中等职业学校班级团队凝聚力的探讨》，载《现代职业教育》2020年第25期。

凝聚力建设与维护较为不易，当班级发展到休整期，班级的凝聚力也处于较为弱势的时期，如何更好地解决班级发展中出现的问题，加强凝聚力建设和维护，正是接下来要讨论的问题。重新确定建设的共同目标是维护班级凝聚力的重要内容之一。结合学生的特点和需求，在维护班级凝聚力时的服务设计，着重于让学生重新融入一个新的情景，大家共同为完成一个目标而努力，从而建设和维护班级凝聚力。

一、概况与需求

（一）存在的问题与特点

1. 争“老大”

专门学校的学生本身就存在很多问题，他们中的大部分人在转学之前都不是“简单”的人物，当一群不“简单”的学生聚在一起之后，谁是“老大”就是一个很重要的问题了。他们会为了自己的地位，去挑对方的“毛病”。长此以往，就会堆积一些问题和矛盾，不利于班级团结。

2. 事不关己

很多学生因为对学校生活的不适应，或者找不到自己聊得来的人，在学校通常是“安静”的状态。他们不关心班里的事情，对集体活动也没有参与的兴趣和动力。

3. 沟通存在问题

很多学生如果没有硬性的要求或者学习任务，几乎是不和同学沟通的。像“说不明白”、“懒得说”、“话还没说，我俩就能打起来”这样的话语，社工经常能听到。

（二）影响因素

班级凝聚力的影响因素主要有班级发展周期、班级目标、班级制度、班干部作用、班级成员个人特质、班级成员关系及班级活动的开展情况等。根据团队发展模型，团队因团队目标建设在执行期最能体现团队成员的相互协作和人际关系和谐，故此阶段的团队凝聚力最高。班级共同目标越高，学生对班级更有认同感、信任感和归属感，心理感受趋向一致，班级的凝聚力就越高；班级的日常活动是同学交流、沟通的桥梁，是班主任和班级干部渗透班级核心文化的重要载

体，同时也是拉近同学关系、提高班级凝聚力的有力保障。①

（三）需求

班级就相当于一个发展中的团队，团建活动对于班级来说具有重要意义。因为不同的班级处在不同的发展阶段，所以，驻校社工在开展团建活动时，需要根据班级的具体情况及其不同发展阶段的特点来设计有针对性的活动。

本案例中的 A 班和 D 班都是新建班，处于团队形成阶段，因此，建立良好的学生间的关系、学生与老师的关系是重要目标。C 班是成员较稳定的班级，处于风暴阶段（即磨合阶段），因此，促使学生在活动中展露差异，促进学生相互理解、相互包容是重要目标。B 班处于规范阶段，需要重视团队中已有的分工和关系，促进其进行自我领导，提高团队效能。

在活动设计时，驻校社工还需要结合不同班级班主任和学生的需要，开展既符合班级发展阶段特点，又能够满足班级需求的团建活动。

二、小组工作介入班级团建问题的方案设计

（一）理论基础

本次干预活动以体验式学习和团队发展阶段模型为主要理论依据。

体验式学习是指通过实践和体验来认知知识或事物，或者说通过能使学习者完完全全地参与学习过程，使学习者真正成为课堂的主角。从体验式学习的过程来说，它是由一个封闭且不断循环的圆组成，每一个学习者从体验开始，体验之后在团队中分享自己的体验，并与团队成员形成一定的共识，而后，将这种共识应用在行动之中，在行动之中继续进行体验，而后进行分享，就此不断循环，促进学习者收获知识、提升能力。体验式学习的另外一个关键要点是关于“舒适区”的打破。所谓“舒适区”，是指一个人所表现的心理状态和习惯性的行为模式。人们为了适应社会生活，形成了一定的行为方式，也形成了自己更喜欢活动的“圈子”，这种行为方式和圈子就是“舒适区”。而个体或团队要想突破现有的情况、实现新的发展，就必须走出这个“舒适区”。但是，打破“舒适区”往往存在一定的风险，因而人们通常很难主动开展这项行动，这就需要借助一些外力，通过一些情境的设计，进一步发展自己的能力。

---

① 闫帅、李宗原、赵玉鹏：《关于班级凝聚力及其影响因素的研究》，载《当代教育实践与教学研究》2017 年第 10 期。

Tuckman 和 Jensen（1977）提出的团队发展阶段模型，是在文献回顾的基础上得出的团队发展理论。他们认为，团队的发展主要经历五个阶段，即团队形成阶段、风暴阶段、规范阶段、执行阶段和解散阶段，并且每个阶段都具有独特的特点和所需完成的任务。①

在团队形成阶段，团队成员的行为具有相当大的独立性，并且会在此阶段试探团队成员之间的关系、团队成员和领导之间的关系以及任务标准等。因此，在此阶段，需要确保团队成员之间能够建立起一种相互信任的关系。

在风暴阶段，团队成员获得共同发展的信心，但是存在人际冲突、分化的问题。团队成员面对其他成员的观点、见解，更想要展现个人性格特征，对于团队目标、期望、角色以及不满、任务的挫折感等都会表露出来。因此，在此阶段，需要强调团队成员间的差异，促使其相互理解、相互包容。

在规范阶段，团队的基本规则、价值、行为、方法等均已建立，团队效能不断得到提高。团队成员在此阶段调整自己的行为，使得团队发展更加流畅。因此，在此阶段，团队将具有更大的自治性，可尝试实行参与式领导。

在执行阶段，团队凝聚力较高，团队成员的角色更为灵活和功能化。团队成员对于任务层面的工作职责有清晰的理解，不需要外部监督，分工明确，互相协作。

在解散阶段，团队成员的动机水平下降，关于团队未来的不确定性开始回升。因此，在此阶段，可试着调动团队业务成员的积极性和动力，促进团队合作，使团队再次组建。

（二）干预目标

通过活动，让学生体验该班级所处的发展阶段的特点和任务，提高班级凝聚力，促进班级的建设和发展。

（三）干预方案

根据团队发展阶段理论，结合每个班级的特点和班主任的需要，驻校社工制定了相应的班级团建活动方案（见表 6-4）。

① 曾旭红：《从团队发展阶段模型谈班级管理策略》，载《学周刊》2014 年第 23 期。

表 6-4　班级团建活动方案

班级	A 班	B 班	C 班	D 班
班级性质	新建班级	新建班级	稳定班级	重组班级
班级现状	1. 新建班，共 20 人； 2. 在两个月左右的时间里，班级里不断有新生加入，班级一直处于“打破平衡—磨合—再平衡”的过程	1. 新建班，由 5 个老生和 1 个新生组成； 2. 班级的关系和分工基本成形，存在强势团体和弱势团体； 3. 在完成任务方面，学生具有较大的主动性，可实行参与式无领导	1. 学生的稳定性下降，班主任反馈，班级里因为某核心人物的转学，导致学生的稳定性受到一定的影响； 2. 班级里产生了新的学习小组，学生间需要磨合	1. 学生由本校初三年级学生直升而来； 2. 班级里有部分分工，存在小团体； 3. 学生之间的关系、学生与老师之间的关系都在重建
班级阶段	团队形成阶段	规范阶段	风暴阶段	团队形成阶段
班主任需求	1. 减压； 2. 促使学生体验分工合作，提高班级归属感，促进班级团结	1. 打破强弱势的小团体； 2. 促进班级团结	1. 促进学生间的合作与交流； 2. 提高班级凝聚力	1. 促进班级团结； 2. 促进彼此的交流与合作； 3. 希望学生能够对新班级和自己提出期待

续表

班级	A 班	B 班	C 班	D 班
活动目标	1. 确保活动的趣味性和参与度； 2. 促进学生之间、学生与班主任之间建立信任关系	1. 促使学生积极参与活动，在活动中能够发挥自己的作用； 2 发挥学生的自我领导能力，促进班级发展	1. 让学生通过充分的活动体验，在活动中展露个人特质、人际冲突等，让彼此能够看到相互之间的差异； 2. 通过活动和分享，促进学生之间的相互理解、相互包容	1. 让学生在挑战中感受到在班集体中的快乐； 2. 引导学生重点关注对自己、对班集体未来的期待，提高班级归属感
活动内容	1. 介绍活动； 2. 热身活动； 3. 集体挑战活动（注重活动的趣味性，引导学生积极参与，促进学生主动发展）； 4. 班主任带领分享	1. 介绍活动； 2. 热身活动； 3. 集体挑战活动（引导学生积极参与）； 4. 班主任带领分享	1. 介绍活动； 2. 热身活动； 3. 集体挑战活动（注重引导分工合作，出现争执时，注重引导学生思考个人与集体的关系）； 4. 班主任带领分享	1. 介绍活动； 2. 热身活动； 3. 集体挑战活动（合理设置不同难度的“挑战点”）； 4. “坚持礼分享”

三、小组工作介入班级团建问题的实务过程

驻校社工在四个班开展的都是以“团建”为主题的小组活动。驻校社工根据每个班不同发展阶段的特点，结合其班级具体情况，在每个班开展的活动都有其不同的侧重点。尽管在活动形式上具有较大的相似性，但驻校社工作为小组带领者，每次活动的带领方向是截然不同的，对活动的内容和难度也作出了相应的调整。具体活动菜单如表 6-5 所示。

表 6–5　活动菜单列表

活动名称	活动介绍
热身活动	活跃气氛，调动学生的积极性。学生们更喜欢肢体动作多、幅度大的活动
筷子大战乒乓球（气球接力赛）	每个学生用一根筷子共同运输一个乒乓球（或接力运输气球），关注学生之间的分工与合作
绑腿跑	参与学生把腿绑在一起，共同移动到指定位置。在这一过程中，需要学生之间的高度配合，并在组内产生领导者和协作者
零食大作战	娱乐性较强。每人叼着吸管传递洋葱圈，双手不得接触吸管及洋葱圈。需要学生们简单地“排兵布阵”和相互配合
白色补给	娱乐性较强。分组传面粉，在传输中需要学生合理分工、相互配合
无敌风火轮	每个小组用提供的材料将报纸围成一个可以行进的履带式的环，要求本组所有成员在规则要求下走完规定的路程。行进途中若风火轮断裂必须在原地修复。集体挑战项目，强调每个组员的作用
罗马炮架	参与学生共同搭建“罗马炮架”，然后将模拟“炮弹”投掷到指定位置。强调每个组员都参与到“罗马炮架”的搭建过程中来，提升团队合作能力
分享	沉淀活动的效果，由班主任或社工引导学生回忆活动，引出主题

注：以上列举的是在本案例中使用过的所有活动，但并不是在每个团建活动中都会使用，社工将根据班级特点进行选择。

下面主要描述每个团建活动中的重点设置，以及其是如何为达成目标所服务的。

（一）A 班团建活动

团队阶段：团队形成阶段。

活动要点：培养参与感和仪式感。

社工在设计活动时，注重组员的参与感和仪式感。A 班是一个全新的班级，随着新生的不断加入，班级一直处于团队形成阶段，为了调动组员参与的积极性，确保组员能够充分地体验活动，社工着重挑选了趣味性较强的活动。

在仪式感方面，社工与班主任协商后将 A 班的团建活动主题设置为“‘新’‘心’向荣”，寓意着新建的班集体能够团结一致、共同进步。社工通过这一个小小的设置来贯穿整个活动的带领方向，从而在组员心中埋下“集体意识”的种子。

在带领活动过程中，社工利用“竞争”的设置来调动组员的积极性，注重引导组员关注同伴，让组员能够在活动中发现彼此的优劣势，充分地感受集体的力量。

（二）B 班团建活动

团队阶段：规范阶段。

活动要点：促进强弱势小团体的融合，体验“集体缺一不可”。

活动当天，社工加入了“绑腿跑”的活动设置。社工利用组员“想要表现自己”的特点，要求组员“绑在一起”行动，增加活动的难度，同时让组员身体力行地感受集体和个人的相互作用。

社工利用“罗马炮架”活动需要多人合作搭建的特点，调动组员的参与意识，弱化强弱势的界限，促进强弱势小团体的交流与融合，增强班级效能感，提高班级凝聚力。

（三）C 班团建活动

团队阶段：风暴阶段。

活动要点：营造轻松的氛围和环境，促进组员间的相互理解、相互包容。

C 班的团建活动更注重趣味性，给组员营造轻松的氛围和环境，让组员能够自然地展露自己。活动本身的娱乐性，再加上每组之间的竞争感，加强了组员间的联系，组员可以在一个自由愉快的氛围中尽情投入，自然、放松地表现出个人特质以及在班级中存在的冲突和矛盾。

活动结束后，组员的情绪都很高涨。社工和班主任进行了明确分工，由班主任带领小组进行分享。这样的分享模式更聚焦于班级现阶段的状态和问题，有利于班主任的介入管理。

（四）D 班团建活动

团队阶段：团队建设阶段。

活动要点：注重挑战性，以及未来期待。

D 班的团建活动更注重挑战性。D 班是个重组班级，内部存在相对稳定的分工，有的组员习惯于之前团队的相处模式，“挑战”的形式能够让组员积极地投入到活动中来，调动组员的积极性。社工在“白色补给”环节铺设了多层难度，层层递进，让组员能够充分体验到“挑战”的感觉，以及在面临“挑战”时集

体所发挥的作用，促进相互理解、相互包容，并在合作中建立信任关系。

D班团建活动的另一个特别设置是“坚持礼分享”。D班有近40名学生，人数较多，分享时间较长，分享时组员的注意力容易分散。而“坚持礼分享”则要求只要组内还有人说话，组员必须向前举平双臂，坚持到分享结束。此设计的目的在于让组员能够更加专心地倾听他人的期待，彼此接纳。此外，“坚持礼分享”的形式能够让组员深刻地感受到集体的存在。

四、干预效果与反思

（一）干预效果

在活动过程中，社工主要通过观察法来收集服务对象的情况和活动效果的达成情况。此外，社工积极收集班主任的反馈意见，以此来评估活动效果，不断改进活动形式。

1. A班：促进学生间、学生和班主任间建立信任关系的目标达成

在“筷子大战乒乓球”的活动中，刚开始的时候有个小组成员间产生了意见分歧，每个组员都有各自的想法，但是彼此间没有沟通。在社工介入引导他们自己分析问题、调整方法后，他们选出了一个小组长，并听从他的指挥，成功地完成了乒乓球的运输。活动中，时常听到有组员说“没事儿，我们听×××的，咱们可以的”。此外，两名班主任也分别加入到小组中参与了活动，在活动结束分享时，有学生提到“也不经常有跟班主任这样接触的机会，在班主任的带领下，我们的实力得到了加强”。

2. B班：发挥学生优势，弱化强弱势的界限，发挥学生自我领导能力的目标达成

因为有外国友人的加入，所以很好地提高了学生参与活动的投入度，他们也更愿意展露自己的优势和特长。为了完成活动任务，他们暂时放下了彼此之间的矛盾，在搭建“罗马炮架”的过程中，因为拿线的同学捆得有些慢，在小黄要发火的时候，小希说道：“没事儿，别着急，好好说，不然咱们就搭不完了，有事儿回班里说吧。”他们选择暂时放下埋怨、以活动为重的做法，得到了社工和班主任的肯定。

3. C班：在活动中展露个人特质、人际冲突，促进同学之间相互理解、相互包容的目标达成

在“气球接力赛”的活动中，学生很快观察到谁的肺活量大吹得快，谁的

手小系得快，他们彼此沟通、分工明确，提前并超额完成了活动任务。在“白色补给”活动中，因为小贾的“不守规则”，该组被扣除了1分的活动积分。同组的学生对他产生了意见，频繁地抱怨，在抱怨的同时也表达了各自的诉求。在分享时，班主任针对活动中出现的矛盾，向学生类比了班级的情况，“尽管有人会出错，但我们是一个集体，在集体中应友善对待、相互理解、相互包容”。

4. D班：建立班级归属感，提出未来期待的目标达成

在热身活动中，大部分学生参与活动的积极性较高。随着活动的开展，小团体被打散，同学之间增加了更多互动的机会，配合更加默契。在活动分享环节，很多学生表示，“希望自己有所突破、有所改变”。

（二）反思

1. 团建活动的重要性

班级就相当于一个团队，总是处于不断变化和发展的状态中，维持班级的稳定是班级开展各类工作、发挥班级功能的基础。因此，为了提高学生对班级的归属感，使其能够在学校稳定上学，社工站每个学期都会开展团建活动，协助班主任不断巩固班级建设，提升班级凝聚力。

2. 团建活动的减压效果

专门学校实行的是半军事化管理，对于规范学生的日常行为、矫治学生的不良行为具有十分重要的作用。部分学生在转入专门学校前普遍存在行为散漫、组织纪律性差、不愿意受到约束等情况，面对半军事化的管理模式会出现较大的情绪反应，因缺乏合适的宣泄途径，经常出现逃学离家、打架、说脏话、不服管教等情况。

因此，有目的地开展团建活动，评估学生的状态，及时干预，可以让学生释放压力，发泄积累的负面情绪，减少恶劣事件发生的可能性。

3. 团建活动的准备工作

四个团建活动从活动流程上来看具有高度的相似性，但在不同的小组内有不同的服务目标。例如，深受学生和老师喜爱的“白色补给”，它在C班的团建活动中重点用于增加趣味性；它在A班的团建活动中兼具趣味性和挑战性，注重发挥每个组员的优势；它在D班的团建活动中成为重要的挑战项目，社工通过设置多层难度，引导学生通力合作、相互支持，促进彼此关系的发展。

因此，社工在设计团建活动时需要长期地跟进班级情况，了解班级信息，从而准确地评估班级发展的阶段性特点，开展符合其特点的团建活动，不断提升班

级凝聚力。

4. 团建活动后的跟进工作

团建活动是社工在学校开展的最常见的活动，对于增强班级稳定性、提高班级归属感具有重要的作用。班级如同一个团队，也时刻处于变化和发展的过程中，社工组织的团建活动只是针对班级发展的阶段性特点，让学生能够展露在这一阶段的具体表现，体验和感受集体的作用。

为了更好地取得活动效果，社工不仅需要为班级开展团建活动，还可以尝试在活动结束后向班主任解释说明该班级在某一阶段的特点和活动任务，与其讨论相应的管理策略，充分发挥班主任的作用，并协助班级“自主”、“自助”地解决存在的问题。

【延伸阅读】关于分享的形式

分享环节是提高活动价值性和有效性的关键。本案例中进行的四次团建活动，由于时间限制以及特殊安排等，班主任带领分享 3 次，社工带领分享 1 次，分享效果各有侧重。

社工带领的分享更关注学生自身的活动体验，包括学生所经历的事实、感受、发现以及未来规划（“4F”动态引导反思）；围绕当次的活动主题，开放式地进行提问。其优点在于学生能够分享更丰富的内容，真实地表达自己的想法，问题的指向性不明显；其缺点在于学生的回答往往过于分散，需要社工具备较好的专业能力，从学生的发言中加以追问，帮助学生聚焦主题，表达与活动、班级相关的看法，往往需要花费较多的时间。

班主任带领的分享则更关注班级的现状及存在的问题。其优点在于学生思考的方向聚焦活动主题，有利于巩固活动效果；其缺点在于学生的回答多是千篇一律，无法确认学生的真实想法，往往忽略了活动本身带给学生的真实体验，使得活动和分享出现了分离。

为了更好地巩固活动效果，社工应在日后的活动设计中重点关注活动时间，确保分享环节能够有效开展。如果条件允许，两种分享形式可以共同实施；反之，则需要根据班级的具体情况择优选择。

教师点评（彭军凯、穆彧飞）

驻校社工根据学生爱动、爱表现，但不善于交流合作、凝聚力不强的特点，精心设计教学活动，让每个学生都参与其中，并进行小组讨论交流，共同确定小组目标，集体行动，在游戏活动中学生间没有抱怨与指责，有的只是分工与合作，很好地促进了学生之间的相互交流与沟通，以及集体荣誉感的形成，达到了预期的教学目标，是非常成功的教育案例。

在专门学校的班级管理中，如何培养班级凝聚力和集体意识是每个班级建班初期和班级发展中都会遇到的突出问题；能否有效地形成班级荣誉感、凝聚力，关系到每名学生能否在班级中获得个人发展所需要的能量。此类体验式的活动，具有一定的趣味性，互动参与感较强，既能够让学生乐于参与，又能够真正通过体验—分享—共识的过程，让集体形成共同的行动指南，从而有效地助力班级发展。

第七章

促进学生与家庭联结的服务

家庭是社会生活的基本单位，更是一个人在成长过程中十分重要的生活场所，起着重要的教化功能。家庭内的制度、家庭的气氛、家长的教导、成员间的相处方式，皆在塑造一个人的性格、品行、人生观和价值观。家庭生活对于青少年的成长具有实质和深远的影响。

已有研究显示，不良亲子关系是目前比较普遍的问题，如亲子沟通不畅、家庭教育方式不当、亲子关系紧张或疏远等。在青少年的成长历程中，他们既需要家庭的扶持，也渴求自主的生活；家长也需兼负照顾和管教的责任。在不同时代和不同文化冲击下，这种微妙的互动关系会失去平衡、变得紧张，甚至还会引发冲突。

总之，亲子关系对学生的社会化过程、学业成绩、与他人的关系有直接影响，决定了青少年的心理发展水平。

鉴于专门学校实行寄宿制度，其在改善亲子关系的过程中也扮演着重要的角色，驻校社工需要将改善亲子关系作为服务的重要主题之一，搭建沟通平台，传递正确的教育理念，开展亲职教育，成为家长和学生之间的“润滑剂”。

第一节　改善亲子沟通

【案例介绍】

小会刚转入专门学校的时候阳光开朗，自己制定的目标都与学习成绩相关。在社工与小会的访谈过程中，小会提到“我爸爸特别辛苦，我们家里的三个孩子，都要靠爸爸赚钱养活”。目前，小会和爸爸一起租房住在北京，妈妈在老家。平时放学后，小会都会做好饭等爸爸回来吃。爸爸也说小会很懂事，不跟别人比穿戴，也不跟他乱要钱。

但是，在第二个学期，爸爸发现小会开始化妆了，老师也发现小会出现了上学迟到的情况。老师跟小会爸爸反馈了小会在校的情况后，爸爸很生气。回到家问也没问就打了小会，从此小会经常不回家，跟爸爸的交流也少了。之后，小会又跟社工提到，“我爸都没问我是怎么回事就打我，还骂我，我本来是想跟他解释的，但是他这样，我就不想和他说话了”。

一、学校学生亲子沟通的概况与需求

（一）亲子沟通存在的问题与特点

青少年时期的主要发展任务是自我同一性的确立。青少年与父母的关系由童年时期的遵从和依赖转变为分离和依恋，也就是说，在青春期，青少年一方面要寻求个体的独立，另一方面又期待获得来自父母的理解和支持。但已有研究表明，很多青少年感到与父母的沟通存在困难和问题，青少年与父母在一些问题上缺乏沟通，对于一些问题的看法存在明显的分歧。

1. 沟通方式不当

父母希望了解子女的生活和想法，并对子女进行有效的管教，但因沟通方式不当，常常导致亲子之间缺少充分的沟通。父母容易在不了解子女真实想法和意愿的情况下，提出反对、批评意见。同时，父母在与子女沟通时，总以家长自居，只顾自己畅所欲言，忽略子女的感受。进入青春期后，青少年表现出较强的独立意识和成人感，渴望在自由、平等的气氛中与父母交流。多批评、少表扬的沟通方式，降低了青少年与父母的沟通意愿。以小会为例，父亲不但没有听小会的解释，而且还动手打了小会，导致小会产生了不被信任、不被尊重的想法，进而拒绝与父亲沟通。

可以说，父母对子女过多的行为约束和说教、不当的沟通方式加剧了亲子沟通问题。

2. 沟通内容狭窄

专门学校学生的校园生活和娱乐生活有别于普通学校的学生。专门学校的学生不敢跟父母讨论学习，怕被骂，更怕父母给他们报补习班。更多的学生像小会这样，对为什么开始化妆、为什么会上学迟到等话题避而不谈，他们一般只会跟父母沟通这个星期在学校做什么了、学校开展了什么活动，以及学校里发生的有趣事情。

3. 沟通时间缺少

由于父母工作繁忙或离异，亲子沟通的时间越来越少。

专门学校实行寄宿制，学生在学校的时间较长，只有周末才能回家，亲子之间的沟通被局限在非常短的时间内。如果学生再出现像小会这样，刻意减少回家时间、抗拒与家人沟通的情况，那么亲子之间的沟通时间和机会将更为匮乏。

4. 代际差异

随着社会的飞速发展，两代人之间、代际差异的日益明显，青少年存在着同父母沟通理解上的、观念认识偏差上的障碍，造成亲子沟通困难。

总的来说，青春期的学生渴望自立，同时也需要父母的陪伴、与父母进行交流，他们仍处于依恋与独立两种倾向暂时冲突与对立的阶段，仍然有与父母沟通的强烈愿望。但由于父母工作繁忙、存在观念差异、沟通方式不当等，导致亲子之间沟通交流的时间、内容非常有限，造成沟通上的困难和障碍。

（二）亲子沟通的影响因素

一般来说，影响亲子沟通的因素主要包括三类：父母和子女的人格特征、亲子关系、家庭特征。

1. 人格特征

沟通是一个互动的过程，父母和子女的人格特征不但影响其自身的沟通行为，也影响着对对方沟通行为的感知。研究表明，外向者在沟通中表现出较高的开放性和支持性，宜人性个体在沟通中合作性较强，更倾向于与对方维持和谐关系；而神经质者较冷漠，倾向于把对方行为归因于不诚实，表现出较多的沟通担忧和敌意，难以与对方维持沟通。①

亲子双方的性别也影响着亲子沟通。目前较为一致的研究结论认为，母亲与孩子的沟通较积极，对孩子的理解性和接受性较强；而父亲更具决断性，拥有更多的权威，孩子不愿将一些情绪性和个人的事情告诉父亲。研究者还发现男生和女生与父母沟通的内容不尽相同。本案例中，小会的父亲遇事容易激动，试图采用暴力的手段进行管教；而小会作为女生，心思比较细腻敏感，在被打后，倾向于用沉默的方式表达自己的抗议，这就增加了亲子沟通的难度。

此外，父母的年龄对亲子沟通也有影响。处于更年期的父母与青少年的沟通较为消极，表现出烦躁、易怒、情绪低落，这些特征影响了亲子之间的沟通。

2. 亲子关系

与亲子关系相关的因素包括亲子关系满意度和亲子之间的知觉差异。亲子关系满意度低的青少年会有较多的沟通问题，而亲子关系满意度高的青少年存在较少的沟通困难。青少年知觉到的沟通比父母知觉到的更为消极，这种知觉越消极，与父母的沟通越困难，知觉差异是亲子之间误解的标志之一。

3. 家庭特征

与完整家庭的青少年相比，离异和收养家庭的儿童面临更多的亲子沟通问题。在温暖、支持型的家庭环境中，亲子沟通更为开放，他们能够耐心讨论彼此间的分歧，沟通问题较少，亲子沟通和亲子关系会不断得到改善和提高，从而向良性循环发展；而在敌意、强制型的家庭环境中，亲子沟通困难程度增大，沟通问题增多，彼此间缺乏耐心，对冲突经常采取回避的态度，从而形成亲子关系的恶性循环。②

驻校社工曾经历过两个个案，都是亲子沟通的问题，不同的是一个家庭是完整家庭，而另一个家庭是单亲家庭。驻校社工对单亲家庭开展工作的时候，家长的状态比较低沉、改变的动力不大。而另一个家庭结构完整的家庭，家长的反应截然不同，父母都有很高的改变的动力，而且愿意尝试，也希望调整沟通方式和教育方法。

（三）学校学生亲子沟通的需求

在专门学校的服务工作中，促进亲子双方学习沟通技巧是非常必要的。

---

① William G G, Lauri A J, Elizabeth C H. Perceiving interpersonal conflict and reacting to it: the case for agree abless. Journal of Personality and Social Psychology. 1996, 70 (4).

② 杨晓莉、邹泓：《青少年亲子沟通的研究》，载《心理与行为研究》2005 年第 1 期。

首先，家庭作为青少年生活和获得支持的重要环境，在促进孩子回归家庭的过程中，发展良好的亲子关系和发挥正向的家庭功能显得尤为重要。

其次，父母教育方式的失当、放任、粗暴，使子女与父母之间的关系一步步疏远，缺乏沟通。如果子女在家中得不到安全感或情感上的满足和慰藉，就可能逃离家庭，在社会上寻求支持与认同。美国学者麦考德在一次研究青少年的越轨行为时发现，有70%的越轨青少年在家中被忽视、被拒绝。由此可见，亲子间的沟通融洽对子女具有凝聚力作用，可以加强子女对父母的依恋，提升其对规则遵从的意愿；而家庭冲突及其成员间的紧张关系则往往不利于子女的健康成长，容易导致子女产生不良行为。鉴于专门学校招收的学生主要是已经出现不良行为的学生，而不良行为容易演变为违法犯罪行为，因此，利用社会工作专业力量搭建平台，促进亲子双方学习沟通技巧，提升亲子沟通质量十分必要。

二、小组工作介入亲子沟通问题的方案设计

由于亲子沟通问题在学校学生的家庭中普遍存在，且学校有感恩主题的德育教育计划，因此，驻校社工选择用小组工作的方式介入在校学生的亲子沟通问题。根据亲子沟通问题的相关理论与现实需求，驻校社工设计了“爱要大声说出来”系列亲子活动，希望通过活动增加亲子间的互动和沟通，让孩子和家长以“优势视角”看待彼此，增进亲子关系。

（一）理论基础

家庭过程模式理论给社会工作者开展家庭工作提供了一个非常重要的途径和手段。家庭过程模式理论认为，家庭的主要目标是完成各种日常任务，包括完成危机任务。因此，要想发挥家庭功能，就需要促进家庭完成日常任务，甚至创造环境完成危机任务，并在这一过程中着重改善和提升“角色作用、沟通、情感表达、卷入、控制和价值观”，增进家庭成员之间的亲密度，维持家庭结构的完整性。依据家庭过程模式理论，驻校社工认为，引导学生及其家庭掌握有效的沟通策略，建立起良好的沟通方式，营造和谐的家庭氛围，对于增进亲子关系具有十分重要的作用。常见的方法包括：

1. 改善家庭教育方式，提高沟通效率

父母应该了解正确的家庭教育经验与方法，在沟通时，父母要多表扬、多倾听。父母要树立理解、尊重、信任子女的教育理念，以平等友好的态度对待子女。只有这样，父母才能从子女的言行举止、喜怒哀乐中更好地理解他们的内心

情感，进而增进彼此的信任与沟通。

2. 更新父母观念，丰富沟通内容

通过更新教育理念，父母树立一种全新的子女教育观，转变“家长制”的作风，与子女平等地进行交流，才能让子女感到与家长之间的沟通不再有代沟，愿意敞开心扉向父母倾诉自己在成长过程中的经历与感受，从而丰富亲子间的沟通内容。

3. 亲子共同活动，增加沟通时间

通过共同参加活动，增加亲子之间的交流与情感沟通，不仅有利于增加沟通时间，也有利于父母发现子女的优点与特长，增长知识，扩大文化视野，进而促进亲子沟通。

4. 理性控制情绪，把握沟通时机

父母需要学会控制、调节自己的情绪，在情绪平稳的状态下与子女沟通，往往会达到较好的效果。父母与子女进行沟通交流时，不仅要控制好自己情绪，还要注意把握沟通的时机。当子女、家长心情不好时，不要教育子女，此时，双方易带有消极偏激的情绪，不利于亲子间的沟通。此外，在子女上学前、睡觉前、吃饭时、与同伴一起玩或亲友在场时，不宜对其进行教育，否则，会造成子女的反感，给亲子沟通带来负面影响。

根据专门学校女生班的亲子沟通现状，驻校社工决定以“亲子沟通技巧”为主题进行干预。魏美芬（1985）提出，亲子沟通的方式主要有三种：一是口语沟通，即通过语言来进行意见表达或思想沟通。二是非口语沟通，即经由非语言的行为表现与他人沟通，其沟通行为包括面部表情、眼神、手势、语气、姿势等五种身体语言。三是隐示沟通，即沟通中的一方将某种信息隐示未表达，或让对方于话中感受到另一层意思的沟通表达方式。① 本小组工作主要运用前两种沟通方式，并通过写信的方式促进亲子之间的情感表达。

（二）亲子沟通小组的干预目标

1. 总目标

通过一起写信、澄清、表达的设计来搭建沟通平台，进而促进亲子关系的改善。

2. 分目标

（1）让亲子之间彼此写信来表达情感。

---

① 魏美芬：《亲子沟通与青少年生活适应之研究》，载东海大学 1985 年硕士学位论文。

（2）在活动中增进亲子之间的沟通与互动。

（三）亲子沟通小组活动的干预方案

1. 活动准备

（1）拍摄视频。首先，分别调查学生和家长对于对方的歉意和期待。其次，组织学生讨论对于家长的期待，并录制短视频“我期待”。这一视频的录制一定要自然、随和，充分展现学生讨论的真实情况，鼓励学生积极表达。

（2）场地。两个空教室，将桌椅摆成圆形。在 A 教室中安装录像设备，保证 B 教室在有需要的时候能够实时接收到 A 教室的画面及声音。

（3）物资。彩色信纸、笔、小白色卡纸、“抱歉封印箱”、“未来之门”。

2. 环节设计

（1）“背对背说抱歉”环节。在这一环节，学生和家长分别在两个教室中，互不见面，学生并不知道家长的出现。两个教室分开操作，核心是让大家分别说出对于对方的歉意，释放压抑在内心深处的愧疚和情感压力，为后面构建和谐温暖的家庭沟通氛围创造条件。

（2）“面对面说爱你”环节。在经历了“背对背说抱歉”环节之后，大家都将自己的愧疚表达了出来，一方面起到了缓解家庭矛盾的作用；另一方面可以引发大家的思考，究竟怎样做才能营造更好的家庭氛围。此时，将学生和家长重新集合在一个教室里，让大家表达对于对方的爱意，并畅想未来，达成为构建和谐家庭关系和恢复家庭功能奠定基础的主要目标。

三、小组工作介入亲子沟通问题的实务过程

（一）“背对背说抱歉”：改善亲子之间的沟通方式

活动在两个教室同时开展，具体过程如表 7-1 所示。

表 7-1　具体过程

A 教室	B 教室
学生、社工、相关任课教师	家长、班主任、督导老师
（1）观看视频——“母爱的伟大”。 带领学生讨论，在这个视频中，都看到了哪些内容，有哪些收获和感悟	（1）入场。 要求所有家长在学生上课期间悄悄入场，不要让学生看到家长的身影

续表

A 教室	B 教室
学生、社工、相关任课教师	家长、班主任、督导老师
(2) 分享讨论：视频中的女儿和作为女儿的我。 将目光聚焦在视频中的女儿身上，分析女儿的做法有哪些不合适的地方，据此引入到自己身上，在自己的生活中，有没有也做过一些觉得对不起爸爸、妈妈的事情	(2) 观看视频——“我期待”。 带领家长观看之前录制的学生对于家长的期待的短视频“我期待”，并带领家长分享观看视频后的感受
(3) 写抱歉：说不出口的道歉信。 全班同学每人一张彩色信纸，给爸爸、妈妈写一封道歉信，写下那些觉得对不起爸爸、妈妈的事情	(3) 听抱歉：孩子们的道歉信。 打开教室的视频同步系统，让家长在 B 教室同步观看孩子们在 A 教室读道歉信的场景，并鼓励家长分享听了孩子们的道歉信之后的感受
(4) 说抱歉：读出自己的道歉信。 让学生在班级中读出自己的道歉信，并鼓励学生认真思考和讨论自己作为孩子做得不够的地方，并激发其改正	(4) 说抱歉：给孩子的道歉信。 在家长分享自己的感受之后，让家长也一起来讨论觉得对于孩子做得不够的地方，并提笔给孩子写一封道歉信
(5) 共同成长：教师的经验分享。 请任课教师发表他们在观看视频和听了学生们的讨论之后的感受，促进学生的思想沉淀	

学生及其父母的活动反馈内容证实了活动设计的合理性：

学生 A：自从我出了那件事，你们也知道了我的内心，你们就开始体谅我，对我特别好，让我玩手机，让我周末积极参加一些活动，怕我在家里无聊、孤独，你们每天那么辛苦地赚钱给我花，每天起早贪黑，最应该得到体谅的是你们，而不是我。

学生 B：你们放心吧，我以后无论去哪儿，我都会告诉你们；无论几点，在哪儿，和谁在一起，我都会回家。我知道您想让我明白，步入社会不能鲁莽行事。今后，我会认真反思，做一个听话的孩子。希望您看到后，在四川好好的，照顾好妈妈和弟弟、妹妹，事情办完了，就回来吧。

家长 A：妈妈听了你对我和爸爸的话，妈妈哭了，一直以来，我和爸爸都对

你太严厉了，因为你而吵架，妈妈、爸爸答应你，以后再也不吵架了。

家长 B：乖女儿，爸爸有幸参加你学校组织的家长会，深刻体会到你内心深处的不安、恐惧以及难舍等，我想你心里有太多太多的苦处和委屈，这些不是你的错，都是爸爸、妈妈的错，我们不应该让你承担这一切，希望你能原谅爸爸。

（二）“面对面说爱你”：丰富亲子之间的沟通内容

1. 面对面

B 教室中的家长拿着写好的给孩子的道歉信来到 A 教室，并亲手交给孩子。

2. 说爱你

每个家长和孩子站在一起，手拉手，面对面，在舒缓的音乐的配合之下，面对面说出对于对方的关心和爱护。

此后，每个家长和孩子都拿到三张小白卡纸，在上面写下三件回到家里之后要做的事情，来构建自己的和谐家庭。

3. 话未来

家长和孩子手拉手排队在“未来之门”门前站好，“未来之门”门前摆放“抱歉封印箱”。在教师的引导之下，家长和孩子手拉手共同完成三个步骤：第一，共同将写给对方的道歉信放在“抱歉封印箱”中，预示着将抱歉留在过去；第二，共同推开“未来之门”，预示着带着轻松走向未来，开始生活新篇章；第三，将写好的小白卡纸扎在班级文化墙上，预示着许下承诺，用行动共同守护爱的家园。

四、干预效果与反思

（一）干预效果

在活动过程中，社工主要通过观察法来收集服务对象的情况和活动效果的达成情况。

（1）在活动中增进亲子之间的沟通与互动，搭建沟通平台的目标达成。家长与孩子通过书信或面对面交流有了更加深刻的沟通互动。

（2）让亲子之间彼此写信来表达情感的目标达成。绝大多数家长都来到现场参加活动，少部分不能来的家长也都通过微信或录音的形式给学生留了言。学生在写故事的时候很真实地表达了自己的内心。

（二）反思

1. 关于活动设置的反思

书写是促进亲子之间表达真实情感的重要方式。在活动中，绝大多数学生书写的内容都是日常生活中很平凡的小事，很小的细节。但是有些时候恰恰就是这样的小事情才是大问题的根源。所以，这种形式的沟通平台很重要，能很清晰地表达亲子双方的诉求、情绪和困难。

家庭任务的设计能助力活动目标的达成。在活动过程中我们发现，很多家庭需要这种沟通互动的机会。有任务就会有合作，有合作便会有沟通，在完成任务的同时还能促进家庭功能的发挥，此设计方法对恢复家庭功能也很有成效。

2. 关于多方联动活动的效果的反思

这种和班主任老师配合的形式，促进了活动目标的达成。一方面，班主任更了解班内的学生情况及其家庭情况，可以提升活动的针对性和有效性；另一方面，直接与班主任合作能明确班级需求及老师诉求，促进班级管理效率的提升。

教师点评（李静怡）

父母与初中子女关系紧张的现象是个普遍的社会问题。初中生的父母常常为孩子不再接受自己的教育而担心，初中生也往往为自己不能与父母双亲搞好关系而苦恼。初中生与父母的关系是一种既亲密又复杂的关系，是由依赖阶段向独立阶段的发展、由依赖关系向平等关系的过渡，在这个时期，旧的关系形式逐渐被新的关系形式所代替，这两种关系形式共同存在。现班级女生身心得到快速发展，应对周围环境的能力明显增强，在日常生活中几乎不需要父母的帮助。虽然生活还是靠父母的照顾，但遇到紧急情况时，完全有能力独自处理。另外，班级多数学生是外来务工家庭，学生一周五天都在学校住宿，而且周末很多父母忙于工作，与孩子的沟通时间较少，导致亲子关系渐行渐远，误会越来越深。

前期，驻校社工对班级学生进行了访谈，并对学生进行了客观的评估。评估结果显示，班级绝大多数学生存在亲子沟通问题。

驻校社工和班主任通过多次沟通，设计了主题班会。通过主题班会的实施，重点纠正了亲子之间不良的沟通姿态，帮助多数学生和家长学习并掌握了良性亲子沟通的技巧，增强了亲子沟通的主动性。

第二节　缓解亲子冲突

【案例介绍】

小寒转入专门学校后，出现了不上学的情况。开学前，他因身体生病请了病假，但是病好之后他依然拒绝返校。父亲去劝导他的时候，经常被拒之门外，有的时候问烦了，小寒还会跟父亲发生争执，甚至动手砸东西。把自己关在屋里的小寒每天都在打游戏，生活也经常是昼夜颠倒。小寒父亲称“就是不能跟他提上学，一提就没法说话了”。因此，小寒一家为他上学的问题开始了亲子之间的“拉锯战”。

驻校社工深入了解后发现，小寒的父母在他很小的时候就离异了，他跟着父亲生活，但由于父亲性格软弱，家里很多事情都是由姑姑或者母亲做主，小寒长期生活在家庭关系复杂、家庭矛盾接连不断的环境里。小寒曾用“不上学”的方式来表达自己对家庭的不满，当时小寒的父母并不了解这些情况，并以“孩子不上学不行”的理由将小寒送进了一所“励志学校”（以体罚为主要教育手段的学校）。小寒因此受到了很多非人的对待，并对父母产生了怨恨。驻校社工在刚接触到小寒家庭的时候，亲子关系紧张，亲子冲突时常爆发。

一、学校学生的亲子冲突概况

（一）学校学生亲子冲突的特点

1. 亲子冲突的日常生活化

专门学校的亲子冲突主要发生在日常生活各个方面的琐事上，如打扫教室、家庭作业、衣着、交友等方面。大部分的亲子冲突是由于缺乏父母的情感关注而产生的。

2. 亲子冲突类型以言语冲突与情绪冲突为主

驻校社工在访谈中发现，言语冲突和情绪冲突是专门学校学生与父母发生冲突的主要形式。

3. 回避

专门学校的学生及家长在解决亲子冲突时，使用最多的是回避策略。当彼此意识到对方的情绪状态不好时，通常规避事情的本身，选择不处理或者顺从。回避，意味着冲突暂时得到平息，但问题依然存在，久而久之，回避策略下被隐藏起来的亲子冲突会造成亲子关系的疏离，甚至亲子矛盾的总爆发，伤害亲子关系。

4. 父母差异

学生与母亲的语言和情绪冲突多于父亲，而与父亲的身体冲突多于母亲。一般而言，母亲对孩子的日常生活管理和学习管理要多于父亲，所以学生与母亲发生冲突的可能性更大，随时会因为没必要写作业、玩手机等问题与母亲发生口角。学生与父亲发生冲突的时候，往往是母亲解决不了问题的时候，冲突后果会更加严重。

5. 年龄分化

初二是亲子冲突的高发期。在初二阶段，学生们的自我意识高涨，想获得更多的独立、自主和自我管理的权利，因而很容易发生与父母之间的冲突。而到了初三阶段，因忙于升学考试，且心智发展进一步成熟，学生与家长发生冲突的频率会降低。

（二）亲子冲突的成因

1. 看法、期望不同

父母与子女对同一件事情，可能有不同的看法，而他们对自己或对方也会有不同的期待。父母往往期待子女成为出色的人，若父母强逼子女学习，便会令他们反感，造成冲突。子女不懂缓解心理压力，导致身体疲倦，就更容易以反抗的方式及通过负面的情绪表达。

2. 情绪的处理不当

父母大多盼望子女能体谅自己，希望他们能自律、听话。父母遇到压力时，情绪更容易受到孩子的情绪及行为问题的影响，跟孩子互相驳斥，大大伤害了亲子关系。

3. 父母不理解子女的真实需求

很多时候亲子关系出现问题，都是父母错误地理解了子女的内心导致的。一些父母并不理解子女的真实需求，误以为他们不听话、闹情绪。父母面对子女的负面情绪，往往急于压制，忽略甚至否定负面情绪背后的需要，令子女感到父母不理解自己，造成更多的亲子冲突。

4. 恶劣的亲子关系

恶劣的亲子关系是亲子冲突的重要成因，也是亲子冲突所导致的严重后果。如果亲子关系恶劣，他们通常会对另一方有先入为主的印象，认为对方所做的事

情或说的话（包括善意的批评）是针对自己，很容易引起冲突。

5. 家庭教育方式不当，管教方式时紧时松

父母有时因担心破坏亲子关系而不敢对子女提出恰当的要求，会选择迁就。然而，当父母看到子女不服从自己的教导时，又担心纵容了子女的任性，因而严厉训斥，令孩子无所适从。

6. 单亲家庭

单亲家庭中的孩子敏感、紧张、安全感比较低，他们遭遇了家庭的变化。因此，单亲家庭的学生比双亲家庭的学生更容易发生亲子冲突。

（三）学校学生解决亲子冲突的需求

亲子冲突对青少年有正向和负向的双重影响。正向影响在于，青少年可以通过有关日常琐事的冲突，与父母一起了解彼此的真实想法，学会自主。负向影响在于，高度的、持续的亲子冲突会影响家庭凝聚力，也会影响青少年的自我发展。也就是说，极端而长期的冲突对于亲子关系具有破坏性。驻校社工介入解决学生遭遇的亲子冲突、缓解紧张的亲子关系有显著优势。

第一，有助于改善家庭关系。驻校社工可以引导家长学习处理亲子冲突的理念与技巧、有效的家庭教育方法等，从而改善家庭关系，增加亲子互动和亲密感。

第二，有助于增强学生的自主性。当学生面临与父母的冲突时，可能有以下回应：默不作声，采取回避的态度，不去思考和应对引起冲突的问题或困难；即使明知自己不对，但因为某些原因仍坚持自己的立场，因而与父母的关系更加恶劣；勉强迁就父母，即使不同意他们的看法，但为了避免冲突继续下去，便假意顺从父母。无论是哪种方式，都会对学生的自主性产生消极影响，或降低学生的自主性，或强化学生的偏激与固执，容易做出错误的选择。因此，解决家庭冲突，对于强化学生的正向自主能力是非常重要的。

第三，有助于提高学生处理冲突的能力。处理亲子冲突的过程，也是学生不断学习如何处理与他人的矛盾、冲突的过程。在这一过程中，学生会观察父母在冲突中所表现的素质、情绪、观念、行动等，并学会应对。这一过程会在家庭冲突中不断反复与强化，学生处理家庭冲突的方式也将深深地影响其日后与同学、朋友、同事的冲突解决。因此，解决亲子冲突，有助于提高学生处理冲突的能力。

二、个案工作介入亲子冲突问题的方案设计

个案工作是社工在专门学校领域的一项重要工作。本案例中的小寒是由班主

任转介的一例个案，小寒转学后的前两周在校表现良好，此后因病请假，约一个月时间未到校。小寒病好后多次拒绝返校，班主任了解情况后发现小寒的行为表现深受其家庭的影响，故转介给了驻校社工。

从转介信息中，驻校社工了解到小寒的成长经历、家庭关系都对他产生了较大的影响，其中去“励志学校”的经历是小寒的一个心结，也是导致小寒和父母关系恶化的最直接原因。

基于此，驻校社工在班主任的协助下，分别对小寒及其父母开展了工作，并了解到双方都有改变现状的意愿。小寒的父母表示，“希望能够和孩子缓和关系，至少让他不要恨我们，好好去读书”；小寒也表示愿意和父母聊一聊家里的事情。

综上，驻校社工在开展小寒的个案工作时重点促进家庭关系的改变，并关注小寒的情绪状态变化，帮助小寒处理困扰他的事情，尽快恢复正常的社会交往，完成义务教育阶段的学习任务。

（一）理论基础

家庭系统理论把亲子冲突看作一个多人系统的问题，而不是父母或子女单方面的问题，亲子冲突的源头可能是家庭成员系统功能的缺失，不恰当的人际关系界线，或者是防御性的沟通风格等原因引起。研究者（Robin and Foster，1989）提出了行为—家庭系统模型，结合家庭系统理论和行为研究，建构了一个全面的家庭功能理论。他们认为，在青少年发展阶段，孩子们需要更多的独立，因而必须重新协调同父母的关系。在这个时期，如果亲子双方存在不恰当的问题解决方式、沟通技能缺失、家庭成员必须生硬地屈从于规则等，就会破坏青少年与家庭有关的信念，从而使亲子互动增加冲突的可能性，并且有可能影响到长期的亲子关系。[①] 因此，在实践中，亲职教育和学校干预是解决亲子冲突的有效手段。

亲职教育是指对家长进行的旨在使其成为一个合格称职的好家长的专门化教育。亲职教育的实质或核心在于培养作为家长应该具有的素质，包括高度的责任感、理性的教育观、丰富的知识面及良好的心理素质。[②] 心理社会发展理论认为，亲职教育可以帮助家长了解在不同的阶段中孩子和自己的发展任务，从而顺利地准备和协助孩子及自己达成这些任务，以应对生存与发展的挑战，并培养相关能力。行为理论认为，亲职教育可以教授家长利用各种正负强化和酬赏等各种

---

① 俞国良、周雪梅：《青春期亲子冲突及其相关因素》，载《北京师范大学学报》（社会科学版）2003 年第 6 期。.

② 杨亚利：《家庭亲职教育与未成年人犯罪预防》，载《理论导刊》2011 年第 6 期。

行为技术，改变孩子的某些行为。当事人中心理论认为，亲职教育可以协助家长探索发掘潜在的亲职能力，使家长能够给孩子一个充满爱和安全感的生活环境，并以同理、接纳、真诚的态度协助孩子解决问题，引导向善本能。

亲职教育的教育内容包括帮助家长树立教育子女的信心，为家长提供关于孩子教养与发展方面的资讯，指导家长在思想观念、理论知识、方法能力以及教育技巧等方面学习、理解、接受现代家庭教育所要求的一整套措施。在教育重心上，更加注重子女中心的立场，家长施教亦顾及子女的生活需要及困难；在教育原理上，注重亲情的交融和内心的感动；在教育模式上，采用辅导的方式，注重鼓励与引导；在教育气氛上，强调民主，但不流于放任态度；在教育方法上，运用多种角色，通过亲情交流，试图使家长与子女之间彼此沟通和了解，消减代沟的存在。

同时，家庭系统理论告诉我们一个家庭的内部是不断互动的，因而任何一个部分的变化，都会影响其他的因素，并导致其发生变化，“牵一发而动全身”。这就为我们的工作带来了一个全新的启示，在开展工作和服务的时候，可以尝试从环境中最容易改变的部分着手，进行调整和改变，进而推动整个系统发生变化，再通过系统的作用，影响系统中的每一个个体发生改变。驻校社工通过干预小寒所在系统里的因素，即对其个人、家庭、学校及其他支持群体分别进行干预工作，以改善小寒的现状。

（二）干预目标

1. 短期目标

（1）让小寒能够稳定上学。

（2）让小寒及其父母在驻校社工创造的环境中完成日常任务，促进家庭功能的发挥。

（3）协助家庭成员共同参与，改善小寒的家庭互动模式。

（4）长期跟进小寒的情况，了解其个人目标和需求。

2. 长期目标

改善亲子关系，缓解亲子冲突，促使小寒家庭重新实现和谐与平衡。

（三）干预计划

1. 建立信任关系，收集资料

信任的服务关系是开启个案的重要步骤。尤其是在做家庭治疗的时候，要求驻校社工和每一位家庭成员都能够建立起专业关系，以确保会谈的有效性。此外，驻校社工应保持中立，做到问题中立和关系中立，注意界限，既不能卷入家庭的具体事务中，也不能让任何一个家庭成员觉得偏袒任何一方。

在收集资料阶段，驻校社工可以将家庭系统拆分为“孩子”、“父母”两个子系统，分别进行访谈。这样有利于驻校社工了解每个家庭成员的特点，评估其需求。

2. 开展亲职教育，协助家庭成员共同参与

驻校社工在充当“第三方”的安全环境里开展亲职教育，利用“循环提问”、“假设提问”等方式引导家庭成员袒露自己关注的家庭问题，关注彼此的关系和互动模式，促进相互之间的沟通和理解，协助家庭成员制定短期目标，改善互动模式。

3. 创设情境，改善家庭互动

驻校社工设计相应的活动，要求家庭成员一起完成日常任务，并通过任务的设置，传授有关家庭教育的理论知识、方法能力以及教育技巧等。其间，社工应观察记录家庭互动情况，及时反馈给家庭成员，促进其行为的改变，从而带动家庭互动模式的改变。

4. 长期跟进，巩固效果

长期跟进小寒及其家庭的情况，巩固服务效果。

5. 关注小寒的情绪管理、学习动力等问题

在“励志学校”上学期间，小寒都是与外界隔绝的，其人际关系的修复、学业压力等具体问题都是需要驻校社工持续关注的。从目前了解到的情况来看，小寒发泄情绪的方式是多样的，“偷偷哭”、“砸东西”、“熬夜”等，日后可与小寒讨论情绪管理等方面的问题。

此外，去“励志学校”上学的经历对小寒来说是非常痛苦的回忆，也成了解不开的心结，日后若小寒愿意提起，可尝试对其进行心理疏导。

三、个案工作介入亲子沟通问题的实务过程

小寒于 10 月底转入专门学校，11 月在家养病，在校时间共计约 3 周。12 月，驻校社工受班主任委托，介入干预。驻校社工的主要工作是改善小寒的家庭关系，减少家庭对小寒的负面影响。下面分阶段描述驻校社工开展服务工作的具体过程。

（一）收集信息、建立关系阶段

1. 与小寒访谈，建立关系

首先，驻校社工对小寒进行了访谈，并对其进行了社会系统评估。驻校社工发现，“励志学校”的经历、“家庭矛盾”对小寒造成了极大的负面影响，再次提起可能会对他造成二次伤害。

其次，驻校社工及时对小寒表达出来的情绪进行回应，以缓解小寒的紧张感。

2. 与小寒的父母访谈，建立关系

班主任希望驻校社工能够做好小寒的家庭干预工作，为小寒父母提供合适的沟通方式。

为了更好地回应小寒父母和班主任的需求，驻校社工邀请了首都经贸大学的吕教授进行协助，在访谈中充分了解了小寒的成长经历和家庭关系的发展变化。

访谈结束后，驻校社工、吕教授和班主任针对小寒的家庭情况进行了沟通，并对后续工作进行了安排。班主任重点负责和小寒的沟通，鼓励他参加后续的家庭活动；社工重点负责和小寒父母的沟通，开展个案访谈和家庭活动，促进小寒家庭关系的改善。

（二）家庭会议环节

驻校社工利用周末时间约见了小寒及小寒父母。在本次的家庭会议中，主要讨论了“小寒的出生”、“自我反思”、“对未来的期待”三部分内容。

小寒一直认为“我是多余的”，小寒母亲提到这件事时，看到小寒不说话，只是默默地流眼泪，突然有些泣不成声，站起来从小寒身后抱住他，一边哭一边解释当年“超生的难处”。小寒父亲则在一旁叹气，看着抱在一起哭的母子俩，胸口突然剧烈地起伏了几下，然后一边叹气一边平息了下来。

小寒的心结就这样被打开。此后，小寒虽然话不多，但是也能参与到家庭沟通中去，表达自己的想法。

在“自我反思”部分，小寒父亲主动反思了自己的表达方式。在说话期间，小寒父亲的目光一直在驻校社工和小寒之间流转，当得到驻校社工和小寒母亲的肯定时，就会在短时间内坚定地看着小寒说话。小寒母亲则反思了“逼迫孩子转学”的事情，详细地描述了她的考虑，并对小寒表示了歉意，“在这件事情上，是妈妈不对，以后有什么事情你就说出来，我们才可以走进你的内心”。小寒这时哭得更厉害了，一句话也说不出来，过了许久才说道“心里还是有怨恨的，一想起来就很痛苦”。驻校社工及时对小寒的情绪进行了回应，将家庭的关系和隔阂一般化，引导小寒和小寒父母关注当下。

最后，小寒和父母一起讨论了对未来的期待，小寒父母向小寒承诺，“你就是家庭的一员，以后所有的事情我们都商量着解决，一定征求你的意见”。

（三）“共做一顿饭”

在访谈结束后，小寒和父母一起做了一顿饭，共同完成了买菜、切菜、煮饭、盛饭等环节。

小寒的父亲一改原来叨念的状态，站在一旁开心地看着孩子切菜，夸奖孩子。小寒母亲则时不时地提醒小寒父亲“少唠叨，多夸奖”，并耐心地教小寒切菜，把做饭的每一个细节都告诉小寒。小寒在这一过程中，体验到了家庭的温暖。

【延伸阅读】关于家庭生活在干预活动中的重现

将干预活动与家庭活动相结合，能让服务对象快速回到类似的实际生活场景中，也便于驻校社工切实地了解服务对象与家庭成员之间的互动情况。

（四）后期跟进

驻校社工以巩固小寒的家庭关系为主要目标，鼓励小寒父母保持现有的积极改变。在父母的耐心鼓励下，小寒守信返回学校。

四、干预效果与反思

（一）干预效果

1. 小寒的改变

小寒自家庭会议后准时上学，至今没再出现把父亲关在门外的情况，与母亲的关系也有所缓和。

在亲子游园会活动中，小寒和父亲一起参加了很多项目，小寒母亲一直在旁边“出谋划策”，彼此之间有了更多的交流。

2. 小寒父母的改变

小寒父母认识到了此前行为的错误，并向小寒承诺，“你就是家庭的一员，以后所有的事情我们都商量着解决，一定征求你的意见”。

家庭会议后，小寒父亲有意识地注意了自己的表达方式，多与小寒商量，多夸奖，多陪伴。尽管小寒父亲有其固有的思维模式，但他发现自从他开始改变以

后，小寒也发生了积极的改变，并表示会继续坚持。

尤其是在小寒再次出现“不上学”、“答应了去上学但不去”的情况时，小寒父亲和母亲都没有采取过激的行为，而是选择鼓励的方式，积极创造和谐的家庭氛围。

（二）反思

1. 班主任在驻校社工与案主建立关系方面起到了重要的促进作用

驻校社工在收集资料时，可能会问到学生不愿意提起的经历，班主任的事先告知避免了对其的二次伤害。此外，班主任是和学生、家长进行直接联系的人，班主任对驻校社工的信任，能够让对班主任抱有期待的家庭在接触驻校社工时减少抵触情绪，也能够让家长和孩子快速地和社工建立起信任关系，从而推动个案工作的进展。

2. 亲职教育的重要性

在专门学校开展亲职教育的实践具有非常重要的意义。除了日常的讲座传授外，通过活动，加深亲子之间的理解和感受，能更好地把亲职教育的理念与方法传达给父母，并且利于引导他们改善与孩子的关系，促进他们之间的沟通。

驻校社工在活动中时常向家长传达这样一个理念，“孩子是家庭的一面镜子”。小寒的问题不单单是其个人方面的问题，还映射出家庭共同存在的问题。

想改变孩子，父母就要先改变自己。家庭教育，实际上是父母与孩子共同学习成长的过程。本案例中，小寒和小寒父母都是幸运的，他们双方都意识到了家庭的不和谐，尽管有过一些不好的经历，但能够及时“止损”，积极地采取改变措施。亲职教育就是通过改变父母，进而改变孩子，实现家庭的和谐。

3. 下一阶段的工作安排

在接下来的工作中，驻校社工应继续促进小寒和其父母关系的改善，让家庭成为小寒的支持性力量。

小寒上学的问题一直是小寒父母非常关心和在意的事情，驻校社工应和班主任、小寒父母及时沟通，了解小寒的想法和顾虑，评估小寒在校的需求，协助班主任的班级管理工作，促使小寒建立班级归属感。

教师点评（穆彧飞）

驻校社工通过观察了解到，小寒和父母的关系极其紧张，主要原因是过往成长经历中，父母的一些教育方法对小寒产生了很大的负面影响。因此，班主任希望驻校社工及时介入，进行干预。

驻校社工通过“家庭会议”“共做一顿饭”“指导家长进行亲子沟通”等方式，有效地改善了小寒的家庭关系，小寒逐渐在周一出勤等方面有了很大的进步，学习的积极性也有了很大的提高。同时，在沟通状态上，小寒有了很大的变化，能够利用课余时间主动和同学进行交流，并且能够主动参加集体活动。

部分学生之所以成为问题学生，与其家庭背景和成长经历有密切关系，而单纯地依靠学校的校纪校规和班级的评价制度，强行进行管教，只会适得其反。因此，从学生的家庭背景入手，针对学生出现的问题，找出根本原因，并“对症下药”，与学生家长进行沟通和交流，是解决学生问题的最有效手段。在这一过程中，驻校社工发挥了不可替代的作用。首先，驻校社工并非学校的正式教师，从心理上给予学生的压迫感、带给学生的紧张感更小，不会在谈话伊始就让学生产生很大的自我防御心理，能够更好、更快地与学生建立信任关系。其次，驻校社工能够合理利用更多的社会专业资源，建立家长教育方式、亲子沟通对学生心理健康产生影响的路径模型。最后，驻校社工与班主任之间的紧密配合，是学生问题得以解决的必要条件。因此，在传统的学校教育中，融入社工教育，可以更好地解决学生家庭问题和亲子关系问题。

第八章

促进学生与社会联结的服务

青少年是未来社会的主人翁，因此，社会大众对他们抱有一定的期望，希望青少年具有良好品德，遵守社会规范，从而对社会有所贡献。这是一个需要不断学习的过程，这个习得过程需要时间，需要来自家庭、学校、朋辈群体和社会的正确指引。

专门学校最重要的功能定位就是对有严重不良行为的未成年人进行教育、矫治和挽救。截至 2017 年 10 月，全国在工读教育协会注册的专门学校有 93 所(不包括港、澳、台地区)，虽然具体招生的标准有所不同，但总体大都服务于有严重不良行为或轻微违法犯罪的学生。在社会学领域，这类偏离或违反一定社会行为规范的行为，被称为越轨行为。这意味着大部分专门学校的学生都会存在不同程度的越轨行为，这些行为违背了社会规范与道德规范，不利于学生构建良好的人际关系，甚至会导致犯罪行为的产生。他们身上的“标签”容易让社会公众对其产生偏见和误解，进而难以从主流社会中获得认可。

这时，增加个体与社会的互动，促进学生与社会的交流就显得十分重要。社会互动理论认为，个体的改变存在于与社会双向互动的过程中，在个体与社会环境的互动过程中，个体的意义界定以及意义的衍化程序直接导致了行动的产生。当行动无法收到原有预期效果时，个体通过角色创造，可以主动地去重新理解和定义情境，建立新的意义界定，并在互动过程中通过重整创造新的社会行动。[①]驻校社工可以针对犯罪青少年个体与社会环境的互动，帮助学生更好地认识自己、认识他人、认识社会，以正确定位自己的社会角色，获得社会认可，适应社会生活，融入主流社会。

这种社会认可的获得，不但有利于培养青少年的自我同一性，建立自信心与理智感，而且有利于引导学生改变自己的偏差行为，预防不良行为甚至犯罪行为的发生。

第一节　培养亲社会行为

【案例介绍】

小洋因为在原校频繁旷课、逃学被转到专门学校，经过一个学期的努力，一开始总想着“逃跑”的小洋逐步适应了学校的生活，用他的话说，“和同学们在一起，挺开心的”，也因为参加学校足球队训练、比赛，收获了优异的赛绩、要好的伙伴、亲近的老师，还有大家的认可和自己的“存在感”。

然而，变得“开始喜欢学校”的小洋在周末还是会和“社会上的朋友”一起玩，频繁出入KTV、网吧、酒吧，或是为了寻求刺激一起“跑山”骑摩托、一起去夜店“蹦迪”，父母管不住、回家随心情。小洋在校外较为“混乱”的朋友圈、“刺激”的娱乐活动都存在较大的危险，前两天驻校社工得知小洋和朋友在街上因“打群架”被送到派出所。之后，学校老师对小洋进行了引导教育，但无法实现校外对小洋的24小时监管，在教育矫治方面存在较大的困难。

专门学校的学生行为问题表现得较为明显，因此，学校一方面需要对学生的越轨行为进行矫治；另一方面需要引导学生树立助人、利他的理念，在角色体验中促进学生亲社会行为的发展，为学生的终身发展奠定坚实的基础。亲社会行为泛指一切符合社会期望并对他人、群体或社会有益的行为，主要包括合作、分享、帮助、谦让等社会性行为。[②] 它不仅是人们社交的重要内容，更是日常生活中维护人与人之间关系的重要方式。

---

① 费梅苹：《社会互动理论视角下青少年社区矫正社会工作服务研究》，载《青少年犯罪问题》2009年第3期。

② 王丽、王庭照：《青少年亲社会行为研究》，载《当代青年研究》2005年第11期。

一、概况与需求

（一）存在的问题与特点

专门学校的学生自身有很多问题行为，如打架、抽烟、出入酒吧等娱乐场所等。这些都属于越轨行为。通常来说，其具有盲目性、群体性和模仿性等特点。

1. 群体性

越轨行为常出现于亚文化群体。当亚文化群体成员按照自己特有的文化规范行事时，由于该文化规范与主体社会的行为准则相冲突而被视为反常，属于偏离或越轨行为。其群体内的成员，为了与其他群体相区分并形成“自我认同”，常选择遵循群体内的文化规范。专门学校的学生常常和“社会上的朋友”一起娱乐，这个群体中有自己的一套规则和娱乐方式。像小洋这样需要同伴群体，需要从群体中获得认同感和归属感的学生，就很容易受到校外朋友圈的影响，频繁地发生越轨行为。

2. 盲目性

勒庞开创性地提出了个人进入群体的样态：个体在群体影响下，思想和感觉中道德约束和文明方式突然消失，原始冲动、幼稚行为和犯罪倾向的突然爆发。[①] 他认为，人们一旦成为有组织的群体，便会放弃自身原本所拥有的理性，而屈从于集体的盲目、易怒和亢奋，进入到一种原始的无意识的群体心理中。也就是说，一旦进入群体，个体的智商便开始下降，开始变得盲目而不理性。以小洋为例，其在校外寻求刺激、出入酒吧等娱乐场所，并非不知道其危险性，而是已经进入了盲目、亢奋、非理性的状态。

3. 模仿性

班杜拉认为，人的行为主要是后天习得的，受后天经验环境的影响。个体可以通过观察或模仿进行学习。专门学校的学生尚处于青春期，正是行为习惯养成、观念塑造的重要阶段。如不能得到正确引导，学生们很容易受到群体的影响，习得越轨行为。

在越轨行为矫治的过程中，一般会遇到以下两大问题：

第一，越轨行为矫治的“周末失效性”。在校期间，由于学校实行严格的管

---

① ［法］古斯塔夫・勒庞：《乌合之众——大众心理研究》，冯克利译，中央编译出版社2004年版。

理制度，这些越轨行为可以得到有效控制。但当周末学生离开校园后，在家庭监管不到位的情况下，这些行为问题的表现更加突出，校内外的行为差别更加明显。“5+2=0”现象使得学校的越轨行为矫治成果存在“周末失效性”，不利于学生形成良好的行为习惯。

第二，亲社会行为实践较少。驻校社工在服务中发现，部分学生存在着以自我为中心的倾向，理解他人的能力有待提升；对于社会中各行业人群的生活现状、社会规范缺乏了解，这些都说明学生的亲社会行为实践较少。这些学生所处的非正式群体中，越轨亚文化扮演着重要角色，通过越轨行为，可以彼此获得认可和支持，亲社会行为并没有在群体互动中发挥主要作用。此外，这些学生因在原校期间评价较低，缺少参与学校各类活动的机会，难以形成对亲社会行为的认可与内化。

（二）影响因素

为了更好地矫治学生的越轨行为，学校鼓励学生实施亲社会行为，这样一方面可以替代越轨行为，减少越轨行为的发生；另一方面可以让学生获得良好的体验和认同，从而更愿意实施亲社会行为。影响亲社会行为的因素有很多，可以分为两大类：一是外部影响因素，二是内部影响因素。

外部影响因素主要包括：（1）旁观者效应，是指个体在面对紧急事件时，会观察在场他人的反应，若个体的反应与他人不一致时，个体会倾向于不选择实施亲社会行为，即他人在场会抑制亲社会行为的发生。（2）榜样的示范作用。旁观者在场会使想提供帮助的个体犹豫、彷徨，而此时若有人率先实施亲社会行为，那么会更容易引发他人的亲社会行为。（3）情景的模糊性。情景的模糊性会影响亲社会行为的发生，个体在不能确认发生了什么事情，是否需要自己提供助人行为时，往往会退缩。

内部影响因素主要包括：（1）认知因素的影响。面对失去能力需要帮助的人，人们往往是通过认知归因作出决定。亲社会行为的发生不仅涉及知觉、推理、问题解决和行为决策等一系列基本认知过程，而且与个体认知能力尤其是社会认知能力的发展有直接关系。因此，学生们是否愿意实施亲社会行为，取决于他们是否能够对对方的遭遇有明确的认识与判断。（2）个体的情绪状态。人们在积极的心境下，会减少对自己的关注，更多地去了解他人的需要，把亲社会认知转化为亲社会行为。（3）个体的人格特征。一个愿意实施亲社会行为的个体，往往具有强烈的社会动机，相信事情对自己有影响力，有适合于情境需要的特殊

能力，同情、理解他人、有责任感。

对于小洋而言，在校期间的外部因素和内部因素，促使他愿意不断调整自身的状态，实施更多的亲社会行为。但鉴于在周末，学校无法对学生进行有效管理，而校外朋友圈依然对小洋有很强的影响力和吸引力，因此，驻校社工在设计活动时，考虑到从外部环境上，对原有的社交活动进行替换，用新的、亲社会的活动改善小洋的内在状态，从而逐步引导小洋强化亲社会行为的实施。

（三）需求

处于青春期的学生有提升自我、寻求自我和社会的整合与适应的心理需求。这种自我提升的需求，使学生关注、强调自身的积极方面，并注重获得他人和社会的肯定，提高自尊心和自信心。而亲社会行为同时具备两种属性：服务他人和提升自我。它不仅有利于提高学生的道德认知水平，提升自我价值感，从而实现自我增强，而且能够帮助学生更好地适应社会，与他人建立和维持良好的人际关系，为其终身发展奠定良好的基础。因此，学生可以通过亲社会行为，获取内心的成长与外界的肯定，这使得学生对参与亲社会行为活动产生较强的兴趣与需求。

二、小组工作介入亲社会行为的方案设计

（一）理论基础

小组工作是在互动过程中，通过彼此分享、分担、支持等小组动力，带来组员态度和行为的改变。[①] 学生参与小组活动的过程，本身就是组员之间、组员与驻校社工之间、组员与社会人士之间不断互动，增进了解，培养归属感，加强社会联结，从而培养亲社会行为的过程。[②]

在活动设计思路上，驻校社工参考了社会学习理论。社会学习理论认为，亲社会行为与人的其他行为一样，都是强化作用的结果。其中，直接强化是指人们做出亲社会行为后，会受到的物质、精神等方面的奖励。自我强化是指人们做出亲社会行为后得到的自我内部奖励，如自我满足感的提升。替代强化是一种榜样学习机制，是指人们观察到他人做出了亲社会行为后得到奖励的结果，自己也倾

---

① 刘梦、陈丽云：《小组工作手册：女性成长之路》，中国人民大学出版社 2004 年版。

② 李想：《小组工作介入青少年亲社会行为培养研究》，载辽宁大学 2016 年硕士学位论文。

向于出现同样的行为。[①] 在整个活动中，学生近距离接触社会，其中的同伴、驻校社工、陌生路人等都是参与者的榜样，是获得替代强化的重要来源；同时，在真实社会环境行动，可以得到同伴、驻校社工的鼓励和支持，获得来自陌生路人直接、重要的肯定。这些都有助于激发、促进亲社会行为的出现。

（二）干预目标

1. 总目标

促进组员的社会联结（社会键），培养组员的亲社会行为。

2. 分目标

（1）通过体验挑战困难、获得成功的过程，积累“真实的”的成功经验，提高组员的自尊水平，增强其做出亲社会行为的动力。

（2）亲身体验“真实的”社会情境、社会互动，通过直接强化、自我强化的机制培养亲社会行为。

（3）通过观察、了解他人的互动情况，进行替代强化的学习，更多地在理性上认识社会、感性上亲近社会，培养亲社会行为。

（三）干预方案

小组工作分为四个阶段：招募、建组、活动、总结。

1. 招募

活动开始前，在学校里学生常去的地方（如食堂）张贴招募海报，内容包括：活动名称、活动形式、活动时间、报名方式和截止时间。

驻校社工根据报名情况建群，收集组员的基本信息，在每次活动前为组员购买短期意外保险。

2. 建组

报名一周后正式建组，第一次活动一般在室内进行。本阶段的主要目的促进组员相互认识、熟悉，制定整期活动的目标。

活动开始前，通过热身游戏促进组员相互认识、熟悉，向组员介绍“城市历奇活动”的内容及形式，并引导组员讨论整期活动的目标、单次活动的目标以及过程中需要完成的任务等。

室内活动总时长最好在 90 分钟以内，集中讨论活动目标的时间不宜超过 40

---

① 迟毓凯：《人格与情境启动对亲社会行为的影响》，载华东师范大学 2005 年博士学位论文。

分钟。活动开始前进行任务分工，是调动组员积极参与活动的一种方式，一方面可以增加组员锻炼自己的机会；另一方面能以此加强组员之间的沟通，增强小组凝聚力。活动工作员在活动中最重要的工作是观察、干预和反馈。观察包括两部分：一是利用电子设备拍摄影像资料，进行直接观察；二是在与组员互动的过程中进行间接观察。在干预环节，要做的工作比较多，首先是干预活动中发生的问题；其次是在与学生沟通的过程中发现了需要干预的问题，然后对其开展工作。最后，需要把观察到的问题及时反馈给学生。学生们往往会忽视自己做得好的部分或者是已改善的部分，那么，就需要活动工作员在学生们分享之后补充遗漏的信息点，帮助他们获得更好的发展。

3. 活动

在活动开始前，进行明确的分工，选出队长、导航员、纪律委员等。

每次活动基本分为三部分：完成派发的任务，在每个活动站点合影留念，到达目的地后进行分享。在徒步的过程中，要求活动工作员和组员建立良好的关系，收集信息，并观察记录每一位组员在徒步途中的具体情况。进行分享时，活动工作员要着重倾听组员的收获，帮助组员巩固、强化活动中获得的对自我与社会新的认识、积累到的亲社会行为的学习经验。

4. 总结

通过活动视频、组员分享、颁奖、填写纪念册等环节回顾组员的成长和付出，巩固其收获，促进目标的达成。

三、“城市历奇活动”的实务过程

小组共开展了 8 节活动，分为四个阶段：招募、建组、活动、总结。

组员集合完毕后，便开始当天的活动，在每次八站地铁的途中为有需要的人派发“暖宝宝”，在与路人的互动中认识社会、积累经验。途经每一站都会停下来拍照、打卡记录，更多地认识城市文化景观、公共交通发展，调节活动节奏，对于组员来说更有目标感和动力。

在徒步过程中，当发现问题或者组员有需求时，活动工作员会及时干预；当组员完成任务时，给予及时的肯定，巩固其变化。

（一）确定目标，初步尝试亲社会行为，体验成功感受

通过 2 节活动，引导学生确立可行的亲社会行为达成目标，并通过具体实践，体验成功感受，积累成功经验。

1. 建组，确定活动内容

驻校社工先做了 PPT 短讲，然后讨论了活动目标、活动内容、活动形式、活动任务以及集合时间。最终形成的讨论结果是：通过 6 次的活动，徒步走完地铁 10 号线；每次活动每个人需要派发 5 个“暖宝宝”，活动集合时间为每周六 13 时 30 分。

2. 分工，完成活动目标，积累成功经验

（1）出发前，活动工作员组织组员选出队长、导航员、纪律委员等。

（2）初次尝试亲社会行为。刚开始徒步的时候，组员有些放不开，缺乏与社会人士接触的经验，所以主动去发“暖宝宝”的人大约只有一半。但是，从整体上看，大家的积极性还是比较高的，在过马路的时候基本上都是全员在场，一起等待红绿灯，相互提醒遵守交通规则。

（3）经验总结，分享成功感受。活动工作员鼓励大家相互分享派发“暖宝宝”的经验，引导组员及时将经验教训进行总结，激发组员参与活动的积极性。

（二）观察学习他人成功经验，加强社会互动，培养并强化亲社会行为

通过 5 节活动，引导学生消除害怕、羞涩等心理，增加与他人之间的互动，并通过独立思考、与他人交流等，加深对亲社会行为的理解。具体如下：

（1）鼓励、引导组员寻找有需要的人；

（2）促进组员间的联结；

（3）挑战徒步距离；

（4）挑战恶劣天气，增强自我意识；

（5）结束徒步活动，积累成功经验。

（三）分享成功感受，体验自我提升，巩固亲社会行为

通过活动总结、分享活动感受等环节，让学生再一次感受到了成功的喜悦。家长、老师、校领导的参与，代表着外界对他们的认可与肯定，进一步提升了学生的自我价值感，有利于亲社会行为的巩固。

活动环节安排如下：

1. 视频回顾

活动工作员回放了组员的活动视频，肯定了组员在活动中的积极表现以及变化历程。

2. 组员分享

组员就活动中印象最深刻的片段、活动感受等进行分享，说出自己对社会认

识、行为表现等方面的改变。

3. 总结

活动工作员通过反复的肯定和鼓励，帮助组员巩固已有的收获，让他们知道他们的改变有人看得见，并且这种改变是被认可、被接纳的改变。

4. 嘉宾颁奖

总结会之前，为每名组员定制了挑战奖牌，邀请家长、老师和学校领导作为颁奖嘉宾。这一环节的设定，是希望用一种正式的方式肯定组员，让他们更好地巩固已经获得的社会经验，从而更加主动地学习与培养亲社会行为。

5. 填写活动纪念册

总结会达到了预期效果，嘉宾们给予了组员正式的肯定和期待，组员在填写活动纪念册的同时，强化了在活动中的收获，回忆了在活动中的成长，进一步提升了班级归属感。

四、干预效果与反思

（一）干预效果

本次活动较好地达成了培养学生亲社会行为的目标。

首先，挑战困难，积累成功经验，提升组员自尊水平，从而增强组员亲社会行为动力的目标达成。组员通过努力完成了活动挑战，获得了真实的成功体验。在活动过程中，每次挑战距离的增加、任务的完成以及分享时的肯定都可以及时巩固其自我价值感。

其次，组员深入社会情境，进行真实的社会互动，通过多种强化机制培养了亲社会行为。

最后，增强了规则意识、团队合作意识，提升了情绪控制能力。

（二）反思

1. 分享方式的改进

由于每次活动结束时间几乎都是晚上 5 点左右，组员因为累或者着急回家，在分享的时候显得比较“敷衍”，同时，受分享条件的限制，组员也不能静下心来去思考，分享环节一直不够深入。因此，可以尝试采用行为分享的形式，引导组员体验分享的快乐，从而为亲社会行为的发展奠定基础。

2. 经验分享

（1）活动方式的可推广性。周六日的户外活动，活动场所不在学校，学生能放松地参与活动，呈现更真实的状态，也有助于驻校社工更好地与学生讨论和解决存在的问题。

“城市历奇活动”的形式可以改编沿用。首先，它不受服务对象群体自身条件的限制；其次，活动方式新颖，具有挑战性，符合青少年的特点和发展需求，有助于建立和完善学生的社会支持系统，使学生能够更好地迎接挑战、融入社会。

（2）总结会的重要性。邀请家长、老师和学校领导作为嘉宾参加了活动总结会。因为他们的认可和肯定更富有力量，更能让学生感受到被关注、被重视，进而确定自己做的事情是积极的、被接纳的，从而增强亲社会行为。同时，参加活动的大部分学生缺少被表扬的机会，这种通过自己努力得到肯定的形式，是提升学生自尊体验的重要途径。

教师点评（高越）

青少年社会工作是指在专业的价值观指导下，根据青少年的身心特点、动机需求、兴趣爱好，社工工作者充分运用专业的理论、方法和技巧，以帮助青少年解决问题、克服困难、获得全面发展的一种服务活动和服务过程。社工教育作为第三方教育，能够采取中立、和平的方式来处理学生与家长甚至老师之间的问题。同时，社工教育注重小范围的个别辅导和引领，能够更加精准地走进个别学生群体，甚至可以用一种主动的聊天形式进行访谈，深入欣赏学生，促进学生自信心的建立。

以“城市历奇活动”为例。该项活动可以很好地帮助班主任解决青少年问题，培养学生的社会交往能力。通过一边行走一边聊天的形式，很多藏在孩子心里的话就这样倾诉了出来，一些问题也得到了解决，形成了对学生问题的早期干预。

“城市历奇活动”仅仅是社工教育的一个缩影。希望社工教育作为学校教育的重要补充，可以得到延续和完善，通过驻校社工与学校的合作，形成一周五天校内、两天校外的“5+2”教育模式。

第二节　培养社会认可

【案例介绍】

小飞是刚刚转入专门学校的一名初二学生。在和驻校社工面谈时，小飞表示，来专门学校之前，原校的同学就劝自己别转学，“去那儿你就毁了”。转学后，小飞积累了满肚子对于专门学校的“怨念”，“在原校，再差说出去我也是某某附中的”，“现在虽然转学了，但出去玩也不能说自己是工读学生呀，要不多掉价”。

进入21世纪，北京市各专门学校纷纷更改名称，不再以“工读学校”命名，在法律文件上也更名为“专门学校”。其背后的主要原因是“标签化”所带来的“污名化效应”。

个体若习惯性越轨，就会被他人标签为越轨者。一旦被贴上越轨者的标签，个体将处于劣势地位，遭遇其他群体的污名，也就是说，不但会遭遇社会主流群体的低绩效期望，还会引得他人与其保持相对较远的社会距离，甚至被排斥在正常的社会交往之外，导致个体面对社会偏见，被社会排斥，迫使其加入越轨群体或越轨亚文化，以寻求个人成长中所必需的支持和认可。

因此，驻校社工必须协助专门学校学生去除被贴上的污名化“标签”，改变他人对专门学校学生的偏见，拉近他们与主流社会的距离，使其更好地融入社会。

一、工读学校学生“污名化”的概况

（一）污名带来的问题

所谓污名，就是个体或群体所具有的、不被社会欢迎和喜欢的特征或属性。污名，代表了一种个人认同与社会实际认同之间的断裂。专门学校的学生常被视作“问题学生”，因此也就遭遇着来自其他群体的污名。

我国学者管健提出了“污名化”的六个步骤：（1）污名开始于对某一群体的“贴标签”，通过这一过程，人与人之间的区别被强调，被贴标签者就与其他人产生了显著的差异。（2）当被贴标签者被划到了负面的一类，并在文化和心理上形成了一种社会成见和思维定式后，污名随之产生。（3）受污者继而被分离为“不同的”，成为“他们”而不是“我们”中的一员，一旦这种区分被主流文化所接受和利用，通常会导致社会隔离。（4）作为以上过程的结果，带有污名的个人会丧失许多生活机会和社会地位，甚至是区别对待。（5）被污名化的程度完全视社会、经济和政治权力的可得性而定，也就是说，除非一个社会群体具有足够的资源和影响来左右公众对这一群体行动的态度，否则污名就很难消除。（6）承受污名的一方，往往在公共污名的形成过程中，不断强化自我意识和自我评价，常常带来更多的自我损贬、自尊下降、效能降低、个人情绪低落和安于社会控制与命运安排的心理。①

因而，专门学校的学生遭遇污名会导致以下问题的产生：

第一，产生刻板印象，导致社会偏见与排斥。学生的学业成绩不佳、行为不良，不是一个主流社会喜欢的特质，因而容易导致一种刻板印象的产生，即专门学校的学生就是“坏孩子”。这种刻板印象由社会定义，并在学生与其他群体的交往中被不断强化，从而成为一种污名。而污名反过来会进一步强化这种交往模式，导致更多的刻板印象、偏见、歧视甚至社会排斥。

第二，对学生的认知、情绪、行为等产生不良影响，导致其丧失社会性。遭遇污名，会影响学生的归属需求和关系需求，使得学生更倾向于负面的自我认知，难以将一定的社会规范与社会责任内化，正常社会化过程容易受挫。

许多学生一度因为“转入专门学校”而降低了自我价值感。学习困难、适应不良等遭遇挫折的经历，加上被贴上“失败者”的标签，使得学生很难看到、承认自己身上的“闪光点”，没有勇气去做自己想做的事，影响了个人发展。

第三，倾向于融入非正式群体。由于污名所带来的偏见与社会排斥，学生在心理上容易对社会缺乏认同感和归属感，同时也缺乏对社会主流群体的信任感和依赖感，这反而更加强了他们对非正式群体的认同。由于这些常见的非正式群体以越轨亚文化为主导，群体内部存在较多的失范行为倾向，并以与社会主流群体相异为荣，这反过来又进一步阻止了这些学生与其他社会群体的交往，更容易受到不良因素的刺激和影响。

有些学生来到专门学校后，与原校同学联系减少，为了快速融入班级中“受欢迎”的圈子、交到新朋友，周末会和现在学校的学生出去玩，甚至会学着大人的样子，混进禁止未成年人出入的场所（显示自己已经是大人了、自己胆子很大、自己很“酷”）。社会对于专门学校学生“坏”的标签，对于本来就是处于

① 管健：《身份污名的建构与社会表征——以天津 N 辖域的农民工为例》，载《青年研究》2006 年第 3 期。

青少年时期是非意识淡薄、价值观不稳定的他们产生了消极影响。

（二）污名的影响因素

1. 社会文化与规范

污名，是不受社会喜欢的特征所导致的偏见。因而，污名与社会规范密切相关，是被规范所界定的越轨。当社会文化与规范认为学习成绩不好、有不良行为的学生都是“坏孩子”，而不能用多元、优势的视角对其进行评价时，这些所谓的“坏孩子”就与主流的“好”有明显的差异，从而被界定为“不好”与“越轨”，将遭遇来自社会的偏见与排斥。

2. 社会身份与标签

现如今，学生进入专门学校的原因非常多样，专门学校的教育管理制度也发生了很大的变化，但社会公众对专门学校的认识仍然停留在十几年前，这就导致学生自入学之日起，就获得了一个“专门学校学生”的身份，也被贴上了标签。在学生遭遇污名、被排斥的过程中，贴标签是关键，而加入越轨群体则是强化。如果没有被贴标签，就不会被排斥，越轨群体或越轨亚文化的影响也就会失去基础。他人或群体对越轨者的否定性评价和处置措施在越轨者最初形成过程中起着关键的作用。① 被贴上标签的学生，很难在正式群体中获得认可与支持，他们不得不通过和其他越轨的学生组成亚文化越轨群体，获得失去的归属感、自尊心、认可与支持。这种越轨意愿不断得到强化，导致越轨行为重复发生。

3. 社群隔离

非正式群体以越轨亚文化为主，与社会主流群体之间存在很大的隔阂，由于社会心理距离较大，彼此疏远，导致被贴上标签的学生很难融入社会主流群体，无法获得相应的社会资源和社会认可。他们融入主流群体的能动性被削弱，对越轨群体的依赖性和归属感更强，陷入恶性循环。

4. 自我标签的认同

在与他人的互动过程中，个体通过感知他人对自己的反映和评价，从而建立起个体的自我意识、自我印象和自我评价。标签所带来的社会排斥会强化专门学校学生对自我的负面评价，带来更多的自我贬损、自尊下降、情绪低落，产生被歧视感和被遗弃感，从而在行为上更容易受到越轨群体的影响。这种自我标签的认同会降低专门学校学生的自我认知，减少社会机会，进一步被边缘化。

---

① 徐玲：《标签理论及其对教育“问题青少年”的启示》，载《社会》2000 年第 10 期。

（三）需求

污名化会给专门学校学生带来消极的心理体验与认知，并影响其与其他群体正常的人际交往，最终影响其融入主流社会的意愿、能力、资源与机会。因此，专门学校学生有着强烈的“去标签”、去污名化、减少偏见与社会排斥的需求。在实际工作过程中，老师和驻校社工可以通过鼓励学生参与传统活动，加强社会联结，学习社会规范，习得社会角色，从而拓展个人成长空间，并获得来自他人的认可；利用社会认同的力量，推动学生加入主流群体，改变被排斥、被贴标签的状况。

二、小组工作介入去污名化的方案设计

（一）理论基础

污名所带来的一个重要问题是社会公众的偏见。偏见是人们对某一特定社会群体及其成员所持有的一种不公平、不合理的消极否定态度，是影响群际关系的重要因素。严重的偏见会导致歧视行为。

学界通常认为，有效地减少甚至消除社会偏见的手段是有效的宣传、劝说、增加沟通、被歧视者自立自强。

群际接触理论认为，群体之间若能满足一些条件，则简单的接触就能减少偏见，促进群际之间的交往，改善群际关系。其中的接触假说认为，只有当被歧视的群体（以下简称“内部群体”）和其他群体（以下简称“外部群体”）中的成员聚在一起时，偏见才能减少。减少偏见，必须满足六个条件：（1）内部群体和外部群体具有一定程度的相互依存关系；（2）内部群体和外部群体具有基于共同目标的合作性；（3）内部群体和外部群体具有同等地位；（4）内部群体和外部群体之间经常有非正式人际联系的机会；（5）内部群体和外部群体之间有多种联系；（6）内部群体和外部群体存在平等的行为规范和道德准则。在这一过程中，群际接触使内部群体和外部群体中的成员都发生了认知和情感方面的变化，彼此增进了了解，增加了对互动的积极期待，感知到大家的相似性，减少了对内部群体的偏见。简言之，群际接触能减少刻板印象，从而减弱群际焦虑，最终减少偏见，促进群际交往。

因此，当专门学校学生有机会与社会中其他群体加强接触，并按照平等的社会标准获得认可时，有利于减少社会偏见、避免污名化。

驻校社工选择组织学生们参与舞蹈活动，来完成“去污名化”的过程。

首先，考虑到舞蹈活动具有干预身体、感知、情绪和认知，帮助人们表达内心，旨在实现身心整合的特点，驻校社工链接舞蹈培训机构作为校外资源，邀请舞蹈老师为学生排练集体现代舞蹈，帮助学生锻炼身体、增强自我表现力、提高自尊水平，从而协助学生更好地实现个人发展。与此同时，舞蹈作为人类共通的艺术，在排练后登台表演的过程中，通过肢体语言的表达可以让观众感受到参与学生的身体语言、情绪情感状态、能力情况及自我的表达与展露，有助于社会外界更好地了解、接纳、认同专门学校学生，用更加正向、丰富的认知替代单一、标签化的负面认知。舞蹈治疗充分利用了创造性的非言语沟通方式，把科学与艺术、东方和西方理念很好地结合在一起。舞蹈治疗针对的层面包括身体、感知、情绪和认知，最后的目标是身心的整合。另外，舞蹈治疗除了用于"一对一"的治疗，还可以针对团体进行治疗，不仅仅局限于临床病患的治疗，对于大众人群也同等适用，比如个人和家庭（个人自信心、亲密关系）、企业（减压、精神危机干预、员工创造力、团队精神建设）以及专业舞者的训练等。[①]

其次，舞蹈活动符合减少偏见的各类特征：（1）增加人际接触，其成果容易向社会其他群体展现，获得社会认可；（2）易于学习和掌握，有助于促使学生自强自立；（3）便于宣传，特别是在公共场所的演出，可以在社会公众中形成口碑，提高社会影响力。

（二）干预目标

1. 总目标

增强社会外界对于专门学校学生的了解、接纳、认同。

2. 分目标

（1）帮助学生增强自身意志力、表现力，从而使其更加自信，提高自尊水平；

（2）促进学生与校外社会人士相互之间的了解；

（3）促进社会外界对于专门学校及其学生的了解、接纳。

（三）干预方案

1. 链接资源及招募

了解各方需求，链接合适的资源。其间，驻校社工作为沟通的桥梁，担负着搭建沟通渠道、协调活动时间与具体人员安排等各项工作任务。

---

① 周宇：《舞蹈治疗的回顾、现状与展望》，载《北京舞蹈学院学报》2016 年第 1 期。

资源链接初步实现后，进行组员的招募与筛选。招募工作以学生自愿报名与班主任推荐相结合的形式展开；筛选工作由舞蹈老师、班主任与驻校社工协商，参考学生个人意愿共同完成。

【延伸阅读】链接资源与驻校社工工作目的的协调

在专业舞蹈难度与学生情况相匹配的情况下，结合学校感恩教育的主题，为学生争取更多、更大的表演舞台。

舞蹈曲目选择可以在考虑舞蹈专业能力的基础上，加入更多学校、老师甚至社会关注的元素，为之后的表演争取更大的空间。

2. 第一阶段的排练

进行为期两个月的舞蹈排练，保持每周一次的基本频率。

3. 校内表演

准备彩排，在校内舞台上进行公开演出。

4. 第二阶段的排练

继续进行为期一个月的舞蹈排练，保持每周一次的基本频率。

5. 校外公演

准备彩排及面向社会的公演。

三、小组工作介入去污名化的实务过程

（一）挖掘优势，增强自信心，提高自尊水平

1. 链接资源及招募

驻校社工了解到学校有舞蹈表演的需求、舞蹈机构有公益项目服务的需求后，作为两者的桥梁，帮助促进学生与社会外界相互了解，以让更多的人“认识真实的专门学校”、“了解专门学校学生”为目标链接资源、搭建平台。

本阶段，驻校社工主要负责沟通、联络的工作，协调各方情况、需求和意见，促成舞蹈小组活动的展开。

招募工作是初步形成舞蹈老师、班主任老师、社工这一跨领域工作小组后开展的第一项实际工作，一方面由舞蹈老师示范简单的动作，学生展示动作完成情况，根据具体情况挑选；另一方面由班主任确定名额，推荐有一定特长的、有条件进行训练的学生。综合两方面的情况，完成招募工作。在此过程中，驻校社工发挥优势，协调、联络各方完成相应的工作，各方磨合之后形成有统一目标、分工明确的工作小组，开展后续的工作。

【延伸阅读】链接资源的运用

驻校社工链接、寻找到合适的资源后，在与校外舞蹈老师沟通的过程中，需要向其介绍专门学校场域内的相关信息，以帮助校外人士更好地了解专门学校学生的身心特点，开展有效的合作。可以带领校外舞蹈老师进入专门学校场域中，近距离地参观，从而更加全面、细致、生动地了解专门学校的真实现状。

2. 第一阶段的排练

第一阶段的排练持续了近两个月，每周由舞蹈老师带领、驻校社工和班主任协助排练一次，学生主要进行舞蹈的基本功训练、学习新的舞蹈动作。此外，每周由班主任、驻校社工带领学生利用课余时间排练1~2次，学生主要复习新学的舞蹈动作、音乐卡点。

3. 校内表演

值元旦晚会之际，在礼堂面向全校进行了表演。表演前，多次带妆、踩点彩排；表演当天，驻校社工协助班主任、舞蹈老师进行最后的化妆、排练准备工作。本次校内表演，得到了全校师生的肯定和欢迎。

（二）增加社会互动，逐步减少偏见、获得认可

1. 与舞蹈老师的互动——前期排练（第一阶段的排练）

第一阶段的排练，是帮助学生学习、练习、记忆舞蹈动作的过程，也是舞蹈老师与学生逐渐熟悉、深入交往的过程。通过共同排练、共同努力，舞蹈老师了解、认识了每一个学生的特点，和学生们建立了良好的关系。

2. 校内平台：小范围与社会人士的互动——校内表演

舞蹈老师及其所在机构的创始人、理事，以及与学校紧密合作的社会人士代表出席观看了演出，并对学生的舞台表现给予了充分的肯定。在第二阶段，由舞蹈老师主要带领、班主任和驻校社工协助带领，每周排练一次，学生主要抠动作、合音乐，更加注重动作的标准度、与音乐的协调配合。

3. 校外平台：大范围与社会人士的互动——校外公演

演出当天，驻校社工与班主任一起负责学生的化妆造型工作，联络舞蹈老师、家长，承担票务以及后勤保障工作。

当天的演出出乎意料的震撼，舞蹈老师、班主任以及台下观众都受到了节目氛围的感染，流下了感动的泪水。

四、干预效果与反思

（一）干预效果

本次小组活动较好地实现了促进社会外界对于专门学校学生了解、接纳、认同的目标。

首先，组员由开始的动作不协调、忘记动作、跟不上音乐的节奏，到后来可以表演出流畅的舞蹈作品，再到第二阶段对外公演时带着感情翩翩起舞，深深打动了观众。在整个过程中，组员的身体协调性有所增强、意志力得到了锻炼，身体动作的表现力、自信心及自尊水平都得到了提升。尤其是两次正式的、较大舞台的演出经验对于组员们来说是重要的、珍贵的成长经历，让他们感受到了成功的喜悦。

其次，整个小组活动促进了专门学校学生与校外人士相互之间的了解，更重要的是促进了社会外界对于专门学校及其学生的更丰富多元的认识，增加了对于专门学校及其学生的接纳。

1. 与舞蹈老师的互动

舞蹈老师常老师通过和专门学校学生的接触，发现“他（她）们并不是像社会上说的那样”，并表示“其实我小时候也和他（她）们一样”。常老师认真记住了每个学生的名字，了解了他（她）们每个人的特点，在练习舞蹈的过程中会根据学生们的具体情况给予不同的指导，看到学生们的进步，感到无比的欣慰。通过几个月来与学生们的朝夕相处，舞蹈老师表示“他们是一群很可爱的孩子”。

2. 小范围与社会人士的互动

学生们第一次登台演出后，常老师特别感动地说道：“孩子们都很认真、很努力。大家都特别棒，表演得比彩排时好很多”。舞蹈机构的创始人、理事认为，完全没有舞蹈功底的孩子们能在这么短的时间内达到这样的演出效果实属不易，可以看出孩子们真的“很用心、很努力”。

3. 大范围与社会人士的互动

第二次在正式的剧场对外公演时，学生们跳出了感情，舞蹈老师、班主任和驻校社工都被学生饱含情绪的舞蹈所打动，流下了激动的泪水。此外，在表演过程中，许多社会外界人士感动于学生们带来的震撼、动人的演出，纷纷热泪盈眶，表演结束后送出了经久不息的掌声。观众的眼泪、掌声就是对他们最真实的

肯定、接纳和认可。

（二）反思

在活动设计环节，可以更多地参考学生的意见，协助学生发挥自主性、创造力，建立更加正向、积极的自我认知。

活动之后感想的收集、记录形式有待改进，例如，可以在活动中详细记录下每个组员的成长、变化，尤其是从开始的笨拙、陌生到后来的熟练、流畅，再到后来的情感投入的过程，然后再将这些影像资料和每次活动后的感想反馈给组员，让组员看到自己的进步、变化，从而帮助组员树立自信心、提高自尊水平。此外，制作而成的小视频，还可以让更多的社会人士了解到专门学校学生认真、努力和更加丰富、真实的一面。

经验分享：

1. 链接资源的重要性

驻校社工提供服务时，常常需要借助各种专业的媒介资源，这就需要驻校社工积极扮演好资源链接者的角色，善于发现各方的需求以及契合点，找到可以满足各方需求的方案、方法，从而更好地整合资源、实现目标。

2. 舞蹈教育的可推广性

舞蹈是一种非言语的身心整合方法，具有一定的治愈功能。因此，舞蹈教育对于青少年的身心健康发展具有重要意义。驻校社工可以以舞蹈为媒介，设计出更多符合服务对象群体特点的活动。

3. 舞台表演的重要性

获得舞台表演的机会代表着一种正式的肯定。舞台表演，可以塑造学生的自信心、学会欣赏他人，从而形成一种积极的心态，巩固已有的变化，获得更好的发展。

教师点评（李静怡）

随着青春期的到来，初中生在生理上出现了急剧的变化，这必然给他们的心理活动带来巨大的影响。由于初中生产生了一种强烈的成人感，进而产生了强烈的独立意识，他们对一切都不愿顺从，渴望与父母建立平等的关系，希望通过各种契机证明自己已经长大了、具有了独立人格。由于初中生正处在叛逆期巅峰的阶段，与父母的沟通存在较大的障碍，因此，亲子之间经常出现比较“冷”的尴尬局面。

作为班主任，我们一直在寻找最佳教育契机。驻校社工作为社会资源的链接者，拥有较多的优势资源和教育力量，通过合作，可以将资源整合，形成有效的教育合力，进而通过一系列的德育活动，提高学生的心理素质，缓解亲子关系，促进学生健康成长。

“有教无类，教无定法。”专门学校将通过与驻校社工的持续合作，切实为学生提供多方面的服务。驻校社工在活动中，不仅是资源的提供者，也是教育转化的陪伴者，更是为学生重新找回自信的塑造者。

第九章

嵌入、建构与融合：驻校社工的今天与未来

随着社会的不断变化，未成年人犯罪与不良行为教育矫正问题逐渐进入了人们的视野，除了关心对于已经犯罪了的青少年的教育帮扶外，社会还将焦点投射到了犯罪预防及未成年人不良行为的教育矫正上。作为专门招收有心理、行为问题甚至轻微违法犯罪行为的学生的学校，自然成为了开展未成年人犯罪预防工作的主阵地。

然而，在具体实践过程中，这一工作的开展却遇到了很大的障碍。这一障碍的出现，主要是因为学校原有的教育体系难以应对纷繁复杂的社会变化导致的学生问题，亟须新鲜血液的注入，提升其预防未成年人犯罪的能力。与此同时，从理论上分析，社会工作者的第三方身份、社会学专业背景、个案小组等工作技巧，对于促进专门学校犯罪预防工作效果有着很强的适配性。看似一个场域存在需求，一个场域存在满足需求的能力，但是，两个场域之间的合作并不一帆风顺。社会工作者在初入校园之时遭遇了严重的“水土不服”。这也是纵观近30年来的学校社会工作实践中遇到的常见却难以解决的问题。

在过去的五年中，北京超越青少年社工事务所和专门学校就这一问题进行了深入细致的研讨与实践，在五年后的今天，他们的合作成功打破了两个场域之间无法实现良性合作的问题，形成了丰富的服务内容体系和顺畅的合作机制。而打开这一困境的钥匙，则是两个常见的概念：“嵌入”与“建构”。

一、嵌入：实现真正入场的核心

两个场域之间的融合，从来都不仅仅是物理空间的融合，更是游戏规则的习得、惯习之间的碰撞、资本之间的互动。驻校社工发展的第一步，就是从物理空间的嵌入转化为真真正正的场域嵌入。

（一）嵌入：作为驻校社工发展的核心思路和方法

嵌入是近年来社会工作行业内比较认同的观点。对于这一观点，很多学者进行了阐述。“嵌入”这个概念涉及的是社会工作者与受助对象（组织、个人、社区等）的关系，其原有含义是指社会工作者在主观意识和行动上要自觉纳入受助对象的关系网络中去，争取最大限度地获得受助对象的理解和支持（徐永祥，2009）。

嵌入性理论对于驻校社工介入到不同的场域内开展服务有着十分重要的指导作用。当专业社会工作在我国恢复重建时，我国的社会服务领域并不是一片空白，传统的社会工作实践还在承担着服务职能。只是由于市场化改革，使得传统的、以单位体制为基础的社会保障和社会服务职能弱化，但这种以单位体制为基础的服务职能的弱化也得到了政府支持的社区服务的一定补充（王思斌，2013）。可以说，现阶段，驻校社工介入的任何一个场域都不是真空的空间，而是各种社会力量交互影响的空间。因此，在任何一个场域推进社会工作服务，社会工作者都必须清楚地意识到自己是以“嵌入”的身份进入到该场域中的，必须了解和尊重该场域的特点和游戏规则，才能使自己真正走进该场域中并与其形成互动。

在专门学校社会工作的服务推进过程中，驻校社工应当根据嵌入性理论，了解和尊重这一场域的特点，在充分分析其游戏规则的基础上，将自己的服务以“嵌入”的姿态放置到该场域中去，这样才能与该场域形成良好的互动，进而实现进入专门学校这一场域的目标。

（二）具体服务：作为嵌入的内容依托

根据嵌入性理论，嵌入的内容包括关系嵌入、内容嵌入等。结合专门学校这一场域的实际特点，驻校社工应当采用具体服务作为嵌入的内容依托。社会工作具体服务是最能够体现社会工作专业性和独特性的，以此为依托，显然能够更快地让原有的教育场域看到社会工作专业的优势与特点，进而更好地促进社会工作专业真正进入教育场域之中。

（三）弥散性嵌入：作为嵌入的主要方式

社会工作者习惯的工作模式是，服务购买方提出一定的服务需求，社会工作者根据这些需求进行评估后，设计具体的服务方案，并推进服务。这里有一个暗含的前提，即社会工作者拥有自己特定的服务空间。而在学校社会工作实践过程中，这种具有特定的、独立的工作空间的可能性微乎其微。这是因为，学校场域和社会工作者的工作目标、服务对象、工作时间、工作空间都有着高度的重叠性，社会工作者难以划分出独立的工作空间开展完整而系统的社会工作服务。在这种情况下，社会工作者与从事德育工作的教师形成了一种微妙的合作关系——隐秘性竞争。虽然这不是学校教师和社会工作者所期许和追求的，但却是在场域惯习影响下出现的现实情况。因此，社会工作者在专门学校提供服务的过程中，需要采用更加精巧的方式——弥散性嵌入。

所谓弥散性嵌入，是指社会工作者并不将自己的服务打包作为整体模块在学校中进行推广，而是将已有的服务内容和框架打散，将其与学校原有的德育教育活动紧密融合，弥散性地散落在原有的德育空间中。与原有的德育活动在互动的过程中形成一种“既旧又新”的服务内容，以减小场域阻力。在实践中，弥散性嵌入确实有效地减低了场域阻力，在这种“既旧又新”的服务内容形成的过程中，社会工作者将其打散嵌入到了教育体系之中，同时，又带来了两个重要的副产品。其一，在中观层面上，促进教育场域更加切实地了解到社会工作者的优势与特长，发现了合作的机会；其二，在微观层面上，促进了社会工作者与教育场域中原有德育工作人员的关系建立，打破了原有的“隐秘性竞争”的微妙关系，搭建了以平等、信任为基础的良性合作关系。这些都为后续工作的开展打下了坚实的基础。

需要强调的是，在打散的过程中，社会工作者还需要注意在理念和价值上的“抱元守一”。也就是说，社会工作者需要清晰地认识到，弥散性嵌入是社会工作者的一种嵌入策略，因此，在这一过程中，打散的只能是具体的服务内容和服务形式，而社会工作的理念与价值作为社会工作的核心，必须时刻秉持。只有这样，社会工作才能够作为独立的场域而存在，并与教育场域产生互动。

二、建构：实现专业发展的关键

弥散性嵌入，使得社会工作者获得了在场域中开展场域游戏的资格。为了促进社会工作专业的发展，推动社会工作者在学校场域中开展完整的服务，社会工作者还需要对服务内容进行重新建构。也就是说，社会工作者不是将原有的工作体系搬入到学校场域之中，而是要在弥散性嵌入的基础上，以现有服务为蓝本，以社会工作专业价值、理念、理论为基础，重新建构一个适合该场域的服务体系。

（一）建构服务体系

所谓建构服务体系，就是将原有散落在学校各个角落中的服务，以及社会工作者希望开展的服务，按照社会工作的理念与方法进行重新整合。社会工作者主要采用“广域临床象限”模型对服务内容进行整合。从服务干预单元和服务改变单元出发，将服务内容划分为四个象限，并以生态系统理论为框架，对象限进行进一步调整，最终形成涵盖学生个人、朋辈、家庭、学校、社会环境等多个层面的、适合该学校实际特点的服务体系。

（二）建构专业关系

如上所述，受到教育场域惯习的影响，社会工作者与教师，尤其是主要开展德育工作的教师之间形成了一种微妙的合作关系——“隐秘性竞争”，大家看似目标一致，协同配合，但是在具体服务效果部分，分歧严重。具体地说，社会工作者看到的学生的成长变化，教师不认同；教师认为需要看到的学生的成长变化，社会工作者无法推动实现。这一方面是受到不同身份视角的影响，另一方面是受到这种微妙的、带有竞争味道的合作关系的影响。因此，在这一阶段，在社会工作者已经真正进入了学校场域，并让学校场域中的大部人员认可了其专业能力之后，社会工作者需要与场域中的人员重新建立关系。从具体实践来看，社会工作者的角色位置是，通过服务方案提供、理论方法视角提供、资源链接等方式，成为德育工作人员开展工作的重要支持力量。由此，社会工作的理念与方法能够在更加广阔的范围内得到实践，学校德育工作人员也能够在这些新方法的运用中减轻工作压力，取得更好的工作效果。

（三）建构合作机制

社会工作场域与教育场域的合作，若要实现稳定长期发展，必须建立完善驻校社工服务合作机制，共同为学校的整体教育目标服务。

三、建构与融合：驻校社工的明天

在这五年的实践中，专门学校的社会工作者走过了嵌入和建构两个环节，而在建构与融合的环节上，社会工作者还有很长的路要走。社会工作者需要找到和专门学校的共同点，社会工作者和专门学校之间应当是紧密团结的合作关系、相互协作的支持关系，这一基础定位是不可忽视的。也就是说，驻校社工需要成为学校社会支持体系中的重要一环。

附　录

义务教育阶段未成年人转送专门学校机制研究

专门学校是教育体系内的一类特殊学校，专门招收有心理、行为问题以及有轻微违法犯罪行为的学生。专门学校在我国已经有 60 余年的历史，而近年来，随着社会的不断变化，专门学校的生存环境也发生了巨大的变化，从实践经验来看，阻碍专门学校发展的关键因素之一是转送机制问题，在一定程度上影响了专门学校的生源，主要表现在转送机制不完善、转送条件不明确、转送落实难度高等方面。2016 年，受北京市教育委员会委托，首都师范大学北京青少年社会工作研究院对此展开了深入细致的研究，通过文献整理、政策分析、实地调研、走访学习，最终形成了适合北京市实际情况的、能够充分保障学生权益和发展需求的、具有可操作性的转送机制。

一、国内外专门学校转送机制调查情况

对于涉法涉诉未成年人的教育保护，不同的国家和地区有不同的做法，考察其他国家和地区的经验，取其精华、去其糟粕，有助于我们避免“重复建设”，更好地加强和完善现有的对于义务教育阶段涉法涉诉未成年人的转送过程管理。

本课题组以我国香港地区、台湾地区和日本为主要的考察对象，这主要是考虑到文化相似性的问题，针对的是涉法涉诉未成年人的帮教工作。

（一）《北京规则》——最大限度地避免监禁刑

联合国 1984 年 11 月制定的《少年司法最低限度标准规则》（又称《北京规则》）对未成年人犯罪非刑罚处遇措施进行了规定。《北京规则》第 18 条规定："应使主管当局可以采用各种各样的处理措施，使其具有灵活性，从而最大限度地避免监禁。有些可以结合起来使用的这类措施包括：（a）照管、监护和监督的裁决；（b）缓刑；（c）社区服务的裁决；（d）罚款、补偿和赔偿；（e）中间待遇和其他待遇的裁决；（f）参加集体辅导和类似活动的裁决；（g）有关寄养、生活区或其他教育设施的裁决；（h）其他有关裁决。"由于《北京规则》所提出的上述各种不同的未成年犯罪的非刑罚处遇措施是在充分考虑未成年人犯罪的复杂情况、吸取多数国家少年司法有益经验的基础上提出的，因而自它诞生之日起，就成为现代各国制定未成年人犯罪非刑罚处遇措施的重要指南。

从国际形势来看，对于涉法涉诉的未成年人，并不主张一定使用监禁刑，而是十分注重"教育帮助"的内容，更加强调社会融入和社会适应。基于此，对于涉法涉诉未成年人的教育帮助方式也多种多样，《北京规则》是一个统领性的文件，不同的地区亦有自己的独特做法。

（二）我国香港地区的经验——感化令、社区服务令

我国香港地区由于没有统一、完整的刑法典，无论是刑罚还是非刑罚处理方法，均是零零散散地规定在一些条例里。至于未成年人犯罪的非刑罚处理方法，更是零散而杂乱。从《少年犯条例》、《罪犯感化条例》、《教导所条例》所规定的未成年人犯罪的非刑罚处理方法来看，我国香港地区未成年人犯罪的非刑罚处理方法主要有以下几种：

1. 入劳役中心

入劳役中心适用的对象是年龄为 14~25 岁的被告人。法庭判处这一年龄段的罪犯入劳役中心，是想让他们"短时间震惊一下"，以威慑其不再参加犯罪活动。[①] 根据我国香港地区《劳役中心条例》第 4 条的规定，被告人除年龄为 14~25 岁外，还必须具备以下条件才可以被判处入劳役中心：一是所犯罪行可以判处监禁刑；二是被告人以前未被送过监狱或者劳役中心；三是将被告人送往劳役中心符合被告人和公众的利益。法院判处被告人入劳役中心时并不规定入劳役中心的期限。如果被告人年龄在 21 岁以上的，则被关押 3~12 个月；如果被告人年

① 赵秉志：《香港刑法学》，河南人民出版社 1997 年版，第 116 页。

龄在21岁以下的，则被关押1~6个月。在这些范围内，惩教署署长认为再关押被告人对其无益处就会释放他。

2. 入教导所

入教导所是教导和感化罪犯的一种措施。根据我国香港地区《教导所条例》第4条的规定，此种措施适用于年龄为14~21岁的罪犯。如果法庭考虑了惩教署署长关于被告人适合入教导所的报告（该报告说明有有效的教导场所），则可以命令将其关押在教导所。作出入教导所的命令是为了通过职业教导改造罪犯和预防犯罪，只要所犯罪行可以判处监禁的，就可以作出这种命令。

3. 社会服务令

社会服务令是法庭判处被告人从事有益于社会的无报酬的工作，以代替其他判决的命令，或者是除了其他处罚外，还要从事有益于社会的无报酬工作的命令。但如果所判处的其他刑罚是监禁刑的就不能判处社会服务令。① 根据我国香港地区《社会服务令条例》第4条的规定，只有具备以下条件的，法庭才可以颁发社会服务令：一是社会服务令适用的对象是被宣告构成可判处监禁刑罪行的14岁以上的人；二是社会福利署署长通知法庭，执行社会服务令的管理设施有效；三是被告人同意对其颁发该命令；四是法庭考虑了感化官提交的报告或者聆讯感化官的报告后，认为被告人适合从事社会服务令中规定的工作；五是法庭认为，可以颁发社会服务令，从而让被告人执行社会服务令规定的工作。

4. 赔偿

赔偿是指犯罪人因给被害人人身或财产造成损害而向被害人支付一定数额金钱的方法。根据我国香港地区《刑事诉讼程序条例》第73条和《裁判官条例》第98条的规定，香港高等法院法官或者裁判官现在有权命令被告人因给受害人人身造成伤害和财产造成损失或损害而向被害人予以赔偿。我国香港地区《地方法院条例》第82条第5款授予了香港地方法院法官和香港高等法院法官同样的权力。香港裁判官可以判处赔偿的数额最高为10万港元。香港高等法院和地方法院判处的赔偿金额无数额限制，只要合理即可，法庭也可以命令归还被盗的财物。对于命令赔偿，只有对同一犯罪作出了其他判决时才可以作出。②

5. 感化

感化是香港刑法所规定的在社会内协助罪犯改过自新的非监禁性刑罚。根据

---

① 赵秉志：《香港刑事诉讼程序法》，北京大学出版社1996年版，第261页、第265页。

② 赵秉志：《香港刑事诉讼程序法》，北京大学出版社1996年版，第261页、第265页。

我国香港地区《罪犯感化条例》第3条的规定，如果法庭考虑了犯罪性质、犯人性格等所有情节，认为颁发感化令是恰当的，就可以颁发此命令，但法律规定绝对确定刑的除外。根据感化令的规定，被告人由感化官监管的期限为12~36个月，感化官将定期访问罪犯。在感化期内，罪犯在感化官的辅导和监管下，可作为社会有用的一员继续留在社会中过正常生活、工作和学习。但罪犯在感化期内须遵守下列规定：保持行为良好，与感化官保持联系并接受感化官的探访；在改变住址或职业时通知感化官。法庭也可以根据具体情况附加其他规定，如要求受感化的罪犯接受精神病医生的治疗或强制戒毒等。

我国香港地区的经验说明，社会服务令能够加强未成年人与社会的联系，在为社会付出的时候体验到自己与社会的联结以及自我效能感，对于其顺利回归社会有着非常重要的作用。而在这其中，不能忽视的人员是矫正官或感化官。这些矫正官或感化官很多都有心理学、社会工作等专业背景或相关经验，能够更好地完成对于未成年人的教育矫正工作。

（三）我国台湾地区的经验——“少年事件处理法”和少年法庭

我国台湾地区界定了“虞犯”的概念。所谓“少年虞犯”，系指有“少年事件处理法”第3条第2款所列情形之一，而有触犯刑罚法令之行为者。虞犯，即有可能犯罪的人，一般包括：（1）经常与有犯罪习性之人交往者；（2）经常出入少年不当进入之场所者；（3）经常逃学或逃家者；（4）参加不良组织者；（5）无正当理由经常携带刀械者；（6）有违警习性或经常于深夜在外游荡者；（7）吸食或施打烟毒以外的麻醉或迷幻物品者。少年法庭对少年虞犯事件，据第三人的报告，或检察官、司法警察官的移送，或对少年有监护权人的请求，应立即开展调查。

我国台湾地区对虞犯范围做了扩张性规定，对于少年虞犯的处遇，是根据“少年事件处理法”来进行的，更加关注未成年人是否有违法犯罪的风险，十分具有前瞻性。

【延伸阅读】我国台湾地区“少年事件处理法”（节录）

【第3条】下列事件，由少年法院依本法处理之：

一、少年有触犯刑罚法律之行为者。

二、少年有左列情形之一，依其性格及环境，而有触犯刑罚法律之虞者：

（一）经常与有犯罪习性之人交往者。

（二）经常出入少年不当进入之场所者。

（三）经常逃学或逃家者。

（四）参加不良组织者。

（五）无正当理由经常携带刀械者。

（六）吸食或施打烟毒或麻醉药品以外之迷幻物品者。

（七）有预备犯罪或犯罪未遂而为法所不罚之行为者。

【第 29 条】少年法院依少年调查官调查之结果，认为情节轻微，以不付审理为适当者，得为不付审理之裁定，并为下列处分：

一、转介儿童或少年福利或教养机构为适当之辅导。

二、交付儿童或少年之法定代理人或现在保护少年之人严加管教。

三、告诫。

【第 42 条】少年法院审理事件，除为前二条处置者外，应对少年以裁定谕知左列之保护处分：

一、训诫，并得予以假日生活辅导。

二、交付保护管束并得命为劳动服务。

三、交付安置于适当之福利或教养机构辅导。

四、令入感化教育处所施以感化教育。

少年有下列情形之一者，得于为前项保护处分之前或同时谕知下列处分：

一、少年染有烟毒或吸用麻醉、迷幻物品成瘾，或有酗酒习惯者，令入相当处所实施禁戒。

二、少年身体或精神状态显有缺陷者，令入相当处所实施治疗。

【第 44 条】少年法院为决定宜否为保护处分或应为何种保护处分，认有必要时，得以裁定将少年交付少年调查官为六月以内期间之观察。

前项观察，少年法院得征询少年调查官之意见，将少年交付适当之机关、学校、团体或个人为之，并受少年调查官之指导。

少年调查官应将观察结果，附具建议提出报告。

少年法院得依职权或少年调查官之请求，变更观察期间或停止观察。

【第 50 条】对于少年之训诫，应由少年法院法官向少年指明其不良行为，晓谕以将来应遵守之事项，并得命立悔过书。

行训诫时，应通知少年之法定代理人或现在保护少年之人及辅佐人到场。

少年之假日生活辅导为三次至十次，由少年法院交付少年保护官于假日为之，对少年施以个别或群体之品德教育，辅导其学业或其他作业，并得命为劳动服务，使其养成勤勉习惯及守法精神；其次数由少年保护官视其辅导成效而定。

前项假日生活辅导，少年法院得依少年保护官之意见，将少年交付适当之机关、团体或个人为之，受少年保护官之指导。

【第 51 条】对于少年之保护管束，由少年保护官掌理之；少年保护官应告少年以应遵守之事项，与之常保接触，注意其行动，随时加以指示；并就少年之教养、医治疾病、谋求职业及改善环境，予以相当辅导。

少年保护官因执行前项职务，应与少年之法定代理人或现在保护少年之人为必要之洽商。

少年法院得依少年保护官之意见，将少年交付适当之福利或教养机构、慈善团体、少年之最近亲属或其他适当之人保护管束，受少年保护官之指导。

【第 52 条】对于少年之交付安置辅导及施以感化教育时，由少年法院依其行为性质、身心状况、学业程度及其他必要事项，分类交付适当之福利、教养机构或感化教育机构执行之，受少年法院之指导。

感化教育机构之组织及其教育之实施，以法律定之。

从上述条款中，我们发现有三个方面十分重要：

一是少年法院的作用。我国台湾地区“少年事件处理法”明确规定，所有的少年保护事件，都要先经过少年法院，少年法院对事件进行分析，并分流一部分未成年人直接进入适合的保护机构中；情节较为严重的，才会回到检察署，最终由少年法院进行审判，其审判结果具有较强的执行力。

二是对于“少年虞犯”的明确定义。我国台湾地区以司法干预为主对不良行为进行干预，将具有不良行为且有犯罪倾向的未成年人界定为“少年虞犯”，通过设置多样化的干预措施以及配备专门的观护人员矫治不良行为，更加注重犯罪预防和未成年人的积极成长，在实践中取得了良好的效果，具有较强的借鉴意义。

三是对于少年保护事件的发起人的明确定义。“少年法庭对少年虞犯事件，据第三人的报告，或检察官、司法警察官的移送，或对少年有监护权人的请求，应立即开展调查。”这个定义较为宽泛，使得更多的人可以成为少年保护事件的发起人，也能够更加全面地照顾到更多的未成年人的发展。

（四）日本的经验——虞犯的行为定义

本课题组发现，日本对于未成年人涉法涉诉事件的处遇同我国香港地区和台湾地区有许多相似之处。下面，对日本的做法进行简单的总结与分析。

在日本法律中，“少年”是指年龄不满 20 岁的人，计算方法按周岁确认。

“虞犯少年”是指根据该少年的性格或环境，可以预测其将来有犯罪或触犯刑罚法令的危险性，年龄适用范围较为宽泛，专指20岁以下的少年。

日本《少年法》对“虞犯少年”的行为类型进行了概括，以列举和归纳的方式阐述了其含义：（1）具有不服从监护人正当保护的习性；（2）无正当理由而对家庭没有亲近感；（3）与有犯罪倾向的人或不道德的人交往，出入不健康场所；（4）具有损害自己或他人道德修养的习性。

日本《少年法》设置的“虞犯少年”条款，不是由于该少年发生了违法犯罪之类的行为，而是从立法的价值目标着眼，本着期望少年健康成长的精神，认为其有必要进行性格矫正以及调整生活环境，将其作为保护处分的对象加以对待，这是从司法程序上进行的特殊保护规制。

2001年的跟踪研究发现，“虞犯少年”的具体表现形式更为丰富多彩，根据统计数据，“虞犯少年”的行为可以从5个到7个方面进行说明：（1）离家出走行为；（2）不良交友行为；（3）不纯异性交游行为；（4）怠学行为；（5）不健康娱乐行为；（6）夜游行为；（7）其他行为。

对于“虞犯少年”的发现途径，日本《少年法》也有具体规定：第一，未成年人的监护人和治安警察作为主要的发现者。当他们发现了应该交由家庭裁判所审判的少年，应该立即通知家庭裁判所；也可以先通知儿童商谈所。第二，家庭裁判所“调查官”也具有同样的职责。第三，检察官，司法警员，都、道、府、县的知事，或儿童商谈所的所长发现了“虞犯少年”，凡是符合年龄条件的，家庭裁判所都可以直接进行受理并进入司法程序。

按照审判程序，“虞犯少年”有时会获得“审判不开始”或“不适合交付审判”的不处分结果，这时，少年保护事件在程序上即宣告结束，家庭裁判所官员会对少年或其监护人交代应如何矫正该少年的性格和调整其生活环境等问题。事实上，“虞犯”事由的不适格，“虞犯”结论也便不成立，而每年都会有相当数量的“虞犯少年”需要接受处分，即需要进行“保护观察”而被送到少年院收容。

需要注意的是，这些“虞犯”的行为表现，都是发起保护事件的重要因素，而不是判断其应当接受何种教育保护的因素。有这些行为，意味着未成年人可能有犯罪的风险，但并不意味着他一定会实施犯罪行为，在选择处遇方式时，应该关注个人特征和环境特征两个方面的因素。

（五）我国大陆地区的转送经验

在这里，需要考虑这样几个问题。究竟什么样的未成年人需要转送？这些未

成年人有哪些行为表现？转送过程由谁来确定？

《国务院办公厅转发国家教委、公安部、共青团中央关于办好工读学校几点意见的通知》（国办发〔1987〕38号文件）明确指出，工读学校的任务是全面贯彻执行党的教育方针，把有违法和轻微犯罪行为的学生，教育、挽救成为有理想、有道德、有文化、有纪律并掌握一定生产劳动技术和职业技能的社会主义公民。工读学校的招生对象是，12周岁至17周岁有违法或轻微犯罪行为，不适宜留在原校学习，但又不够劳动教养、少年收容教养或刑事处罚条件的中学生（包括那些被学校开除或自动退学、流浪在社会上的17周岁以下的青少年）。

1992年北京市人民政府办公厅发布的《北京市人民政府办公厅转发市教育局等部门关于完善工读学校教育发挥工读教育社会职能问题请示的通知》指出，工读学校担负着对有违纪、违法、轻微犯罪行为的中学生进行教育、矫治和预防青少年早期犯罪的特殊任务。

2002年北京市教育委员会、北京市人民政府教育督导室、首都社会治安综合治理委员会办公室、北京市未成年人保护委员会、北京市公安局、北京市人事局、北京市财政局、共青团北京市委员会共同发布的《关于印发〈北京市工读教育工作暂行规定〉的通知》指出："工读学校应当招收本责任区内具有《中华人民共和国预防未成年人犯罪法》所规定的九种有严重不良行为的学生，一般在学年初招生。对在普通学校屡教屡犯、难以教育的学生，应依据'及时制止'原则，立即招入工读学校。"

以上是相关重要文件的摘录，从中我们可以看到，从最早的1987年国务院办公厅的文件，到2002年北京市教委等8个部门联合发布的暂行规定，专门学校的招生条件是逐渐放宽的。专门学校主要招收的是行为上有偏差的学生，甚至是其行为对社会产生了一定不良影响的学生，与学生的学业成绩并不直接发生关联，与学生的智力水平也不发生直接关联。

2003年北京市教育委员会、首都社会治安综合治理委员会办公室、北京市公安局、北京市人事局、北京市财政局、北京市司法局、共青团北京市委员会、北京市妇女联合会联合下发了《关于印发加强对有严重不良行为学生管理和教育意见的通知》，明确指出："按照《中华人民共和国预防未成年人犯罪法》的规定，对有严重不良行为学生应当实行工读教育。根据《中华人民共和国预防未成年人犯罪法》第三十四条的规定，'严重不良行为'是指下列严重危害社会，尚不够刑事处罚的违法行为：（一）纠集他人结伙滋事，扰乱治安；（二）携带管制刀具，屡教不改；（三）多次拦截殴打他人或者强行索要他人财物；（四）传播淫秽的读物或者音像制品等；（五）进行淫乱或者色情、卖淫活动；（六）多次偷窃；（七）参与赌博，屡教不改；（八）吸食、注射毒品；（九）其他严重危害社会的行为。”

《国务院办公厅转发国家教委、公安部、共青团中央关于办好工读学校几点意见的通知》（国办发〔1987〕38号文件）明确指出：“工读学生入学须经当地区、县教育局和公安局共同审批。学校和街道要共同做好家长及学生的思想工作。经过审批应当入工读学校学习而拒不报到的，或报到后又中途擅自逃离的，公安部门要积极帮助学校使他们入学。”

2002年北京市教育委员会、北京市人民政府教育督导室、首都社会治安综合治理委员会办公室、北京市未成年人保护委员会、北京市公安局、北京市人事局、北京市财政局、共青团北京市委员会共同发布的《关于印发〈北京市工读教育工作暂行规定〉的通知》指出：“学生进入工读学校学习应当由其父母或其他监护人，或者由原所在学校提出申请。当地公安部门可提出建议，并协助做好学生的入学工作。工读学校应依据相关条件对学生进行认真考察，并经区县教育行政部门批准后，方可接纳学生入学。”

2003年北京市教育委员会、首都社会治安综合治理委员会办公室、北京市公安局、北京市人事局、北京市财政局、北京市司法局、共青团北京市委员会、北京市妇女联合会联合下发了《关于印发加强对有严重不良行为学生管理和教育意见的通知》，明确指出：“应送入工读学校的学生，由学生父母或者其他监护人，或者原所在学校提出申请，当地公安部门确认，区县教育行政部门审批后实行。学校要在社区和当地公安部门的配合下做好学生父母或者其他监护人的工作，并尽量征得监护人的同意。”

在这一点上，学校的困难较大，主要是由于学校最清楚学生的在校表现，而需要转送这个判断也多是学校提出的。在学校提出这样的建议的时候，不接受的家长数量比较多。家长不接受的原因主要是：觉得学校是在推卸责任；觉得专门学校不好，不想让学生转过去。这两种情况是影响转送顺利完成的主要因素。

在转送过程中，学校通常具有较多的压力，一方面不能给学生“攒材料”，这不符合规定，另一方面又很难说服家长学生确有问题需要转送，因而，在具体操作层面上，什么样的情况需要转送，遇到了很大障碍。

（六）小结

总的来说，我国港台地区和日本的经验做法值得借鉴，主要有以下几点：

（1）对于未成年人的工作，核心是帮助教育、社会融入和社会适应，而不是注重惩罚。

（2）在教育矫正过程中，应当注重增强其与社会的联结。

（3）在教育矫正过程中，应当由具有专业背景的专门人员及时跟进，以保证教育矫正的效果。

（4）对于不同类型的未成年人，应当采用不同的处遇方式。

（5）法律在未成年人保护方面应当起到更加强硬的态度，充分发挥少年法庭的职能优势。

（6）关于虞犯的定义，可以更加广泛，同时，定义“虞犯”是以发起保护事件为目的，而非确定处遇形式。

（7）保护事件的发起人可以是多元的，以保证照顾到更多的未成年人。

（8）建立完善相关法律制度。

二、专门学校转送机制问卷调查

（一）问卷发放情况

通过问卷调查的方式，分为三种情况展开调研。

一是面对区教委专门从事转送工作的工作人员，了解其在管理转送问题过程中的具体情况。

二是面对普通学校负责转送工作的教师，了解其在转送工作具体运行过程中所遇到的问题。

三是面对专门学校负责转送工作的教师，了解其在接收学生过程中所遇到的问题。

（二）问卷分析——普通学校问卷

1. 样本情况

共回收来自各区县的有效问卷 622 份，具体区县分布情况如附表 1 所示。

附表 1　样本情况

区县	数量	有效百分比
昌平	37	5.9%
朝阳	99	15.9%
东城	36	5.8%
大兴	36	5.8%
房山	36	5.8%
丰台	21	3.4%
海淀	72	11.6%
怀柔	18	2.9%
门头沟	11	1.8%
密云	36	5.8%
平谷	26	4.2%
石景山	12	1.9%
顺义	42	6.8%
通州	51	8.2%
西城	53	8.5%
延庆	28	4.5%
燕山	8	1.3%

调研采取普查的方式，调查全市所有的初中学校以及完全中学中的初中部，每所学校请 1~2 位负责专门学校转送工作的教师进行问卷填写工作。

2. 负责专门学校转送工作的教师的其他工作状况

调查负责专门学校转送工作的教师的其他工作状况，具体情况如附表 2 所示。

附表 2　从事其他主要工作情况

工作内容	频率	有效百分比
普通任课教师	65	10.5%
班主任	99	15.9%
从事德育管理工作的教师	156	25.1%
德育主任	171	27.5%
德育副校长	97	15.6%
年级组长	24	3.9%

以上数据显示，从事专门学校转送工作的教师，超过50%是由德育主任或从事德育管理工作的教师来担任。另外，有15%左右的教师，平时还承担任班主任和德育副校长的工作，有10.5%的教师是普通的任课教师，有3.9%的教师还承担年级组长的工作。

由此可以看到，在现在的教育体系中，学校中基本不可能由专人来负责专门学校转送工作，该工作主要由从事德育教育的相关教师来承担，从行政部门上来看，主要由德育处的相关老师来承担。

3. 从事专门学校转送工作的教师的年龄区间

在问卷调查中，研究者同时还关注了从事专门学校转送工作的教师的年龄，其分布情况如附表 3 所示。

附表 3　年龄区间

年龄区间	频率	有效百分比
25 岁以下	10	1.6%
25~30 岁	55	8.8%
31~35 岁	106	17.0%
36~40 岁	131	21.1%
41~45 岁	156	25.1%
45 岁以上	157	25.2%

从数据统计结果来看，从事专门学校转送工作的教师年龄呈递增态势。这一态势也是明显符合这一工作的特点的。由此可见，学校也十分重视对于从事专门学校转送工作的教师的工作经验的要求。工作年限较长的教师显然具有更加丰富的工作经验，但是在与学生的沟通方面存在一定的弊端。由于教师年龄较大，有可能由于与当事的学生之间缺少共同话题而使得工作难度加大。

4. 普通学校与专门学校的沟通机制

沟通机制就是一种交流的制度。普通学校与专门学校的沟通情况也是研究者比较关注的话题，其调查结果如附表 4 所示。

附表 4　普通学校与专门学校的沟通机制

沟通机制	频率	有效百分比
固定每学期召开一次沟通协调会议	120	19.3%
固定每学年召开一次沟通协调会议	68	10.9%
无固定联络，有需要时才进行沟通	330	53.1%

调查数据显示，有 19.3%的普通学校与专门学校的沟通机制为：固定每学期召开一次沟通协调会议；有 10.9%的普通学校与专门学校的沟通机制为：固定每学年召开一次沟通协调会议；有 53.1%的普通学校与专门学校之间没有固定的联络，只是在有需要时才进行沟通。

沟通机制是转送工作顺利进行的重要保障，良好的沟通机制，可以增进普通学校与专门学校之间的相互了解，专门学校得以了解普通学校的需求，从而对于自己的教育内容进行有效的补充；普通学校得以了解专门学校的现状，以便为有需要的学生提供更好的教育。

5. 在校学生不良行为的主要表现

此调查主题旨在了解在普通学校教师的视野中，在校学生的不良行为表现主要集中在哪些方面。其调查结果如附表 5 所示。

附表 5　在校学生不良行为的主要表现

主要表现	频率	有效百分比
长期无故不完成作业或对学业严重缺乏信心与动力	355	57.07%
校园欺凌，以大欺小，倚强凌弱	350	56.27%

续表

主要表现	频率	有效百分比
严重扰乱课堂秩序或不听讲	286	45.98%
经常出现撒谎或欺骗师长的行为	257	41.32%
长期旷课或长期无故不到校	240	38.59%
经常性的抽烟、喝酒	219	35.21%
经常去未成年人不适宜出入的场所	189	30.39%
观看不健康的网站、书籍等	175	28.14%
与社会不良人员联系较多	144	23.15%
经常带头有意毁坏公共财物	102	16.40%
经常有夜不归宿的行为	95	15.27%

调查数据显示，在普通学校教师的视野中，在校学生的不良行为主要集中在“长期无故不完成作业或对学业严重缺乏信心与动力”和“校园欺凌，以大欺小，倚强凌弱”方面，分别占到57.07%和56.27%；其次是“严重扰乱课堂秩序或不听讲”和“经常出现撒谎或欺骗师长的行为”，分别占到45.98%和41.32%；最后是“长期旷课或长期无故不到校”“经常性的抽烟、喝酒”“经常去未成年人不适宜出入的场所”，均占到30%以上。

6. 具有哪些行为应当转入专门学校

这一主题与转送标准的建立密切相关。从这一调查项目中，研究者期待看到关于转送标准的相关问题。其调查结果如附表6所示。

附表6　具体哪些行为应当转入专门学校

主要表现	频率	有效百分比
长期无故不完成作业或对学业严重缺乏信心与动力	298	47.91%
校园欺凌，以大欺小，倚强凌弱	240	38.59%
严重扰乱课堂秩序或不听讲	222	35.69%
经常出现撒谎或欺骗师长的行为	216	34.73%

续表

主要表现	频率	有效百分比
长期旷课或长期无故不到校	201	32.32%
经常性的抽烟、喝酒	183	29.42%
经常去未成年人不适宜出入的场所	167	26.85%
观看不健康的网站、书籍等	156	25.08%
与社会不良人员联系较多	112	18.01%
经常带头有意毁坏公共财物	74	11.90%
经常性有夜不归宿的行为	72	11.58%

从以上数据来看，教师对应当转入专门学校的行为的选择与学校学生现有的不良行为的情况是基本一致的。排在首位的是“长期无故不完成作业或对学业严重缺乏信心与动力”，占47.9%；“校园欺凌，以大欺小，倚强凌弱”“严重扰乱课堂秩序或不听讲”“经常出现撒谎或欺骗师长的行为”“长期旷课或长期无故不到校”的占比均超过30%。

7. 对于将转入专门学校的学生应当审核的内容

数据整理结果如附表7所示。

附表7　对于将转入专门学校的学生应当审核的内容

审核内容	频率	有效百分比
学生的校内外表现	508	81.67%
学生个体的性格和行为特点	498	80.06%
学生的家庭情况	400	64.31%
家长配合学校教育的情况	378	60.77%
学校针对学生进行的帮助教育或辅导情况	311	50.00%
学生的优点和专长	253	40.68%
学生对未来生活的设想	183	29.42%

从以上数据来看，对于将转入专门学校的学生应当审核的内容包括：学生的校内外表现（81.67%），学生个体的性格和行为特点（80.06%），学生的家庭情况（64.31%），家长配合学校教育的情况（60.77%），学校针对学生进行的帮助教育或辅导情况（50.00%），学生的优点和专长（40.68%），学生对未来生活的设想（29.42%）。

8. 转送学生评估资料的来源

这一主题主要是为了了解在转送过程中学生的资料来源。其调查结果如附表8所示。

附表8　转送学生评估资料的来源

转送方式	频率	有效百分比
有涉法涉诉情况的，评估由公安机关提供的相关调查资料	84	14%
评估学校提供的学生个人、家庭、学校教育内容等相关资料	63	10.5%
评估审查部门派人与学生及其家长进行面谈的相关资料	38	6.3%
以上三者相结合	407	67.9%

在这一问题上，答案相对比较集中，67.9%的受访者认为，应当将公安机关调查材料、学校提交材料、审查部门访谈材料结合起来，对转送学生进行综合评估。

9. 转送过程中遇到的困难

数据整理结果如附表9所示。

附表9　转送过程中遇到的困难

转送过程中遇到的困难	频率	有效百分比
由于普通学校和学生本人、家长对学生的认识分歧较大，难以说服学生到专门学校就读	291	46.78%
由于学生和家长对于专门学校存在较大的偏见，不同意学生到专门学校就读	281	45.18%

续表

转送过程中遇到的困难	频率	有效百分比
由于缺少转送的标准，学校难以判断是否应当将学生转送至专门学校	269	43.25%
由于学生和家长无法达成一致目标，难以将学生转送到专门学校就读	152	24.44%
由于家长认为将学生转送至专门学校就读是普通学校推卸责任的做法，因而不同意转送	143	22.99%
由于辖区内没有专门学校，指定接收的专门学校路程较远，因而学生和家长不同意转送	115	18.49%
由于普通学校对转送学生态度生硬，难以说服家长同意学生到专门学校就读	104	16.72%
由于家长担心学生无法转出专门学校，不同意学生到专门学校就读	91	14.63%
由于普通学校与专门学校沟通机制不畅，学生不能顺利转到专门学校	66	10.61%

从数据的统计结果来看，在转送过程中存在着诸多困难。

10. 学生是否应当转回普通学校

数据整理结果如附表 10 所示。

附表 10　学生是否应当转回普通学校

是否应当转回	频率	有效百分比
若原学校存在与该学生冲突较为明显的学生，应当考虑由区教委协调转回其他普通学校	271	46%
若原学校不存在与该学生冲突较为明显的学生，应当考虑转回原学校	218	37%
不应当转回普通学校	100	17%

从数据的统计结果来看，在这一问题上，教师们普遍认为，“若原学校存在与该学生冲突较为明显的学生，应当考虑由区教委协调转回其他普通学校”，

“若原学校不存在与该学生冲突较为明显的学生，应当考虑转回原学校”，也有17%的教师认为“不应当转回普通学校”。

（三）问卷分析——区县教委问卷

1. 教师年龄分布

数据整理结果如附表 11 所示。

附表 11　教师年龄分布

年龄区间	频率	有效百分比
31~35 岁	6	37.5%
36~40 岁	6	37.5%
41~45 岁	4	25%

从数据的统计结果来看，教师年龄普遍集中在 40 岁以下，另有 25%的教师年龄在 41~45 岁。

2. 主要承担的工作和负责该工作的年限

区教委负责转送工作的教师还负责德育工作以及特殊教育工作，工作内容相对统一，工作年限从半年到 15 年不等，多数集中在 5 年左右。

3. 区教委在转送过程中充当的角色

数据整理结果如附表 12 所示。

附表 12　区教委在转送过程中充当的角色

角色	频率	有效百分比
区教委不应当承担工作，应由公安部执法部门决定	2	12.5%
区教委不应承担主要工作，应由本校与家长共同合作完成	4	25%
区教委应当设立专门部门负责转送的联络与组织	8	50%

有 50%的教师认为，区教委应当设立专门部门负责转送的联络与组织；有25%的教师认为，区教委不应承担主要工作，应由本校与家长共同合作完成；有12.5%的教师认为，区教委不应当承担工作，应由公安部执法部门决定。

4. 沟通联络机制

数据整理结果如附表 13 所示。

附表 13　沟通联络机制

沟通联络机制	频率	有效百分比
固定每学期召开一次沟通协调会议	3	18.8%
固定每学年召开一次沟通协调会议	6	37.5%
无固定联络，有需要时随时联络	6	37.5%

从沟通联络机制上来看，认为“无固定联络，有需要时随时联络”和“固定每学年召开一次沟通协调会议”的，占比均为 37.5%；认为“固定每学期召开一次沟通协调会议”的，占比为 18.8%。由此反映出沟通联络的不足，不利于相互了解和信息流通。

5. 转送学生评估资料的来源

数据整理结果如附表 14 所示。

附表 14　转送学生评估资料的来源

评估资料来源	频率	有效百分比
有涉法涉诉情况的，评估由公安机关提供的相关调查资料	2	12.5%
评估学校提供的学生个人、家庭、学校教育内容等相关资料	2	12.5%
评估审查部门派人与学生及其家长进行面谈的相关资料	2	12.5%
以上三者相结合	12	75%

与普通学校教师情况类似，教委教师也普遍认为，应当将公安机关调查材料、学校提交材料、审查部门访谈材料结合起来，对转送学生进行综合评估。

6. 评估审核的内容

数据整理结果如附表 15 所示。

附表 15　评估审核的内容

评估审核的内容	频率	有效百分比
学生个体的性格和行为特点	11	68.75%
学生的优点和专长	6	37.5%
学生的校内外表现	15	93.75%
学生对未来生活的设想	6	37.5%
学生的家庭情况	10	62.5%
家长配合学校教育的情况	11	68.75%
学校针对学生进行帮助教育和辅导的情况	9	56.25%

与学校教师不同，区教委教师认为最重要的是“学生的校内外表现”，占93.75%；其次是“学生个体的性格和行为特点”“家长配合学校教育的情况”“学生的家庭情况”“学校针对学生进行教育帮助和辅导的情况”，分别占60%左右。

7. 转送过程中遇到的主要困难

数据整理结果如附表 16 所示。

附表 16　转送过程中遇到的主要困难

转送过程中遇到的主要困难	频率	有效百分比
由于普通学校对转送学生态度生硬，难以说服家长同意学生到专门学校就读	3	18.75%
由于缺少转送的标准，学校难以判断是否应当将学生转送至专门学校	12	75%
由于辖区内没有专门学校，指定接收的专门学校路程较远，因而学生和家长不同意转送	6	37.5%
由于学生和家长对于专门学校存在较大的偏见，不同意学生到专门学校就读	9	56.25%
由于家长担心学生无法转出专门学校，不同意学生到专门学校就读	3	18.75%

续表

转送过程中遇到的主要困难	频率	有效百分比
由于普通学校与专门学校沟通机制不畅，学生不能顺利转到专门学校	2	12.5%
由于学生和家长无法达成一致目标，难以将学生转送到专门学校就读	3	18.75%
由于家长认为将学生转送至专门学校就读是普通学校推卸责任的做法，因而不同意转送	6	37.5%

从数据统计情况来看，转送过程中遇到的困难主要表现为“没有统一的标准”，“学生和家长对于专门学校存在较大的偏见”，分别占到75%和56.25%。除此之外，“辖区内没有专门学校，指定接收的专门学校路程较远”“家长认为转送是普通学校推卸责任的做法”也是很重要的困难和阻碍，均占到了37.5%。

8. 负责审查、决定学生是否转入的部门

数据整理结果如附表17所示。

附表17　负责审查、决定学生是否转入的部门

部门	频率	有效百分比
建立区级审查协调机制	3	18.8%
由各区综治办牵头，区未保部门、区公安机关等相关执法部门参与	9	56.3%
由区教委主要负责	2	12.5%
由受政府委托的第三方评估机构负责	2	12.5%

数据统计结果显示，56.3%的区教委教师认为应当由各区综治办牵头，区未保部门、区公安机关等相关执法部门参与。

9. 是否转回原校

数据整理结果如附表18所示。

附表 18　是否转回原校

是否转回原校	频率	有效百分比
若原学校存在与该学生冲突较为明显的学生，应当考虑转回其他普通学校	3	20%
若原学校不存在与该学生冲突较为明显的学生，应当考虑转回原学校	8	50%
不应当转回普通学校	4	26.7%

50%的区教委教师认为，若原学校不存在与该学生冲突较为明显的学生，应当考虑转回原学校；26.7%的区教委教师认为，不应当转回普通学校；20%的区教委教师认为，若原学校存在与该学生冲突较为明显的学生，应当考虑转回其他普通学校。

(四) 问卷分析——专门学校教师问卷

1. 负责转送工作的教师在学校中的任职情况

数据整理结果如附表 19 所示。

附表 19　任职情况

任职情况	频率	有效百分比
从事德育管理工作的教师	3	50%
普通任课教师	1	16.67%
专门从事转送工作的教师	2	33.33%

与普通学校相比，专门学校更加重视转送工作，从工作人员的配比情况来看，主要由从事德育管理工作的教师负责转送工作，占 50%；有 33.33%的学校选择配备专门的教师来进行转送工作。

2. 负责转送工作的教师的年龄区间

数据整理结果如附表 20 所示。

附表 20　年龄区间

年龄区间	频率	有效百分比
26~30 岁	1	14.29%
31~35 岁	1	14.29%
36~40 岁	3	42.86%
41~45 岁	1	14.29%
46 岁以上	1	14.29%

数据统计结果显示，负责转送工作的教师年龄分布比较分散，主要集中在 36~40 岁，占调查总数的 42.86%。

3. 普通学校学生不良行为的主要表现

数据整理结果如附表 21 所示。

附表 21　普通学校学生不良行为的主要表现

普通学校学生不良行为的主要表现	频率	有效百分比
校园欺凌，以大欺小，倚强凌弱	4	57.14%
经常性的抽烟、喝酒	5	71.43%
经常去未成年人不适宜出入的场所	4	57.14%
观看不健康的网站、书籍等	2	28.57%
长期旷课或长期无故不到校	6	85.71%
严重扰乱课堂秩序或不听讲	3	42.86%
经常出现撒谎或欺骗师长的行为	1	14.29%
长期无故不完成作业或对学业严重缺乏信心与动力	1	14.29%
与社会不良人员联系较多	5	71.43%

数据统计结果显示，专门学校教师认为普通学校学生的不良行为主要表现为：长期旷课或长期无故不到校（85.71%）；经常性的抽烟、喝酒（71.43%）；与社会不良人员联系较多（71.43%）；校园欺凌，以大欺小，倚强凌弱（57.14%）；经常去未成年人不适宜出入的场所（57.14%）；严重扰乱课堂秩序

或不听讲（42.86%）。

4. 应当转入专门学校的行为表现

数据整理结果如附表22所示。

附表22　应当转入专门学校的行为表现

应当转入专门学校的行为表现	频率	有效百分比
校园欺凌，以大欺小，倚强凌弱	2	28.57%
经常去未成年人不适宜出入的场所	4	57.14%
观看不健康的网站、书籍等	1	14.29%
长期旷课或长期无故不到校	4	57.14%
严重扰乱课堂秩序或不听讲	4	57.14%
经常出现撒谎或欺骗师长的行为	1	14.29%
长期无故不完成作业或对学业严重缺乏信心与动力	3	42.86%
与社会不良人员联系较多	4	57.14%
经常带头有意毁坏公共财物	2	28.57%
经常有夜不归宿的行为	5	71.43%

数据统计结果显示，专门学校教师认为应当转入专门学校的主要行为表现有：经常有夜不归宿的行为（71.43%），经常去未成年人不适宜出入的场所（57.14%），长期旷课或长期无故不到校（57.14%），严重扰乱课堂秩序或不听讲（57.14%），与社会不良人员联系较多（57.14%）。

5. 转送学生评估资料的来源

在这一问题上，专门学校教师的观点比较一致，83.33%的受访者认为，应当将公安机关调查材料、学校提交材料、审查部门访谈材料结合起来，对转送学生进行综合评估。

6. 评估审核应当包含的内容

数据整理结果如附表23所示。

附表 23　评估审核应当包含的内容

评估审核应当包含的内容	频率	有效百分比
学生个体的性格和行为特点	5	71.43%
学生的优点和专长	2	28.57%
学生的校内外表现	5	71.43%
学生对未来生活的设想	1	14.29%
学生的家庭情况	6	85.71%
家长配合学校教育的情况	3	42.86%
学校针对学生进行帮助教育或辅导的情况	4	57.14%

从数据统计结果来看，专门学校教师认为，对于将要转送的学生的评估审核应当包含以下内容：学生的家庭情况（85.17%），学生个体的性格和行为特点（71.43%），学生的校内外表现（71.43%），学校针对该学生进行帮助教育或辅导的情况（57.14%），家长配合学校教育的情况（42.86%），学生的优点和专长（28.57%），学生对未来生活的设想（14.29%）。

从中可以看到，专门学校对于学生的家庭情况、学生个体的性格和行为特点、学生的校内外表现给予了高度的关注，此外，也很关注学校对学生采取的其他帮助教育方式。

7. 转送过程中遇到的主要困难

数据整理结果如附表 24 所示。

附表 24　转送过程中遇到的主要困难

转送过程中遇到的主要困难	频率	有效百分比
由于普通学校和学生本人、家长对学生的认识分歧较大，难以说服学生到专门学校就读	5	71.43%
由于普通学校对转送学生态度生硬，难以说服家长同意学生到专门学校就读	3	42.86%
由于缺少转送的标准，学校难以判断是否应当将学生转送至专门学校	5	71.43%

续表

转送过程中遇到的主要困难	频率	有效百分比
由于学生和家长对专门学校存在较大的偏见，不同意学生到专门学校就读	6	85.71%
由于普通学校与专门学校沟通机制不畅，学生不能顺利转到专门学校	1	14.29%
由于学生和家长无法达成一致目标，难以将学生转送到专门学校就读	4	57.14%

从数据统计结果来看，专门学校教师认为，转送过程中遇到的困难主要集中在以下几个方面：学生和家长对专门学校存在较大的偏见（85.71%），普通学校和学生本人、家长对学生的认识分歧较大（71.43%），缺少转送的标准（71.43%），学生和家长无法达成一致的目标（57.14%），普通学校对转送学生态度生硬（42.86%）。

8. 普通学校参与负责转送工作的人员

数据整理结果如附表 25 所示。

附表 25　普通学校参与负责转送工作的人员

普通学校参与负责转送工作的人员	频率	有效百分比
由德育主任负责	5	83.33%
由德育副校长负责	1	16.67%

从数据统计结果来看，在这一问题上，专门学校教师的意见比较集中，即主要由德育主任负责（83.33%）。

9. 专门学校与普通学校的主要沟通机制

数据整理结果如附表 26 所示。

附表 26　专门学校与普通学校的主要沟通机制

专门学校与普通学校的主要沟通机制	频率	有效百分比
固定每学年召开一次沟通协调会议	2	33.33%
无固定联络，有需要时随时联络	4	66.67%

数据统计结果显示，66.67%的受访者认为专门学校与普通学校无固定联络，有需要时随时联络；33.33%的受访者表示专门学校与普通学校之间固定每学年召开一次沟通协调会议。

10. 学生是否转回

数据整理结果如附表27所示。

附表27 学生是否转回

学生是否转回	频率	有效百分比
若原学校存在与该学生冲突较为明显的学生，应当考虑转回其他普通学校	1	16.67%
若原学校不存在与该学生冲突较为明显的学生，应当考虑转回原学校	2	33.33%
不应当转回普通学校	3	50%

从数据统计结果来看，50%的受访者认为，学生不应当转回普通学校；33.33%的受访者认为，若原学校不存在与该学生冲突较为明显的学生，应当考虑转回原学校；16.67%的受访者认为，若原学校存在与该学生冲突较为明显的学生，应当考虑转回其他普通学校。

（五）数据交叉分析

笔者对区教委教师问卷、普通学校教师问卷、专门学校教师问卷进行了数据交叉分析，以比对不同受访者对转送的关键问题的不同看法。

1. 应当转送专门学校的行为特点

数据整理结果如附表28所示。

附表28 应当转送专门学校的行为特点

应当转送专门学校的行为特点	普通学校受访者	专门学校受访者
长期无故不完成作业或对学业严重缺乏信心与动力	47.91%	42.86%
校园欺凌，以大欺小，倚强凌弱	38.59%	28.57%
严重扰乱课堂秩序或不听讲	35.69%	57.14%

续表

应当转送专门学校的行为特点	普通学校受访者	专门学校受访者
经常出现撒谎或欺骗师长的行为	34.73%	14.29%
长期旷课或长期无故不到校	32.32%	57.14%
经常性的抽烟、喝酒	29.42%	0
经常去未成年人不适宜出入的场所	26.85%	57.14%
观看不健康的网站、书籍等	25.08%	14.29%
与社会不良人员联系较多	18.01%	57.14%
经常带头有意毁坏公共财物	11.90%	28.57%
经常有夜不归宿的行为	11.58%	71.43%

从数据统计结果来看，普通学校受访者的选项与专门学校受访者的选项存在较大的差异。普通学校受访者比较关注学生的校内表现，认为在校内表现较差的学生应当转入专门学校；而专门学校受访者则比较关注学生的校外表现，认为在校外有不良交往行为的学生应当转入专门学校。

2. 评估审核应当包含的内容

数据整理结果如附表 29 所示。

附表 29　评估审核应当包含的内容

评估审核应当包含的内容	普通学校受访者	专门学校受访者	区教委受访者
学生个体的性格和行为特点	80.06%	71.43%	68.75%
学生的优点和专长	40.68%	28.57%	37.50%
学生的校内外表现	81.67%	71.43%	93.75%
学生对未来生活的设想	29.42%	14.29%	37.50%
学生的家庭情况	64.31%	85.71%	62.50%
家长配合学校教育的情况	60.77%	42.86%	68.75%

续表

评估审核应当包含的内容	普通学校受访者	专门学校受访者	区教委受访者
学校针对学生进行帮助教育或辅导的情况	50.00%	57.14%	56.25%

从数据统计结果来看，在对于学生的评估审核应当包含的项目这一部分，受访者的意见基本保持一致。普通学校受访者的前三个选项是：学生的校内外表现、学生个体的性格和行为特点、学生的家庭情况；专门学校受访者的前三个选项是：学生的家庭情况、学生个体的性格和行为特点、学生的校内外表现；教委受访者的三个选项是：学生的校内外表现、学生个体的性格和行为特点、家长配合学校教育的情况。

但是在排序上有一些差异，专门学校教师更加在意学生的家庭情况，而普通学校教师则更关注学生的个体特征和行为表现。

3. 转送过程中遇到的主要困难

数据整理结果如附表 30 所示。

附表 30　转送过程中遇到的主要困难

转送过程中遇到的主要困难	普通学校受访者	专门学校受访者	区教委受访者
由于普通学校和学生本人、家长对学生的认识分歧较大，难以说服学生到专门学校就读	46.78%	71.43%	0
由于学生和家长对于专门学校存在较大的偏见，不同意学生到专门学校就读	45.18%	85.71%	56.25%
由于缺少转送的标准，学校难以判断是否应当将学生转送至专门学校	43.25%	71.43%	75%
由于学生和家长无法达成一致目标，难以将学生转送到专门学校就读	24.44%	57.14%	18.75%

续表

转送过程中遇到的主要困难	普通学校受访者	专门学校受访者	区教委受访者
由于家长认为将学生转送至专门学校就读是普通学校推卸责任的做法，因而不同意转送	22.99%	0	37.50%
由于辖区内没有专门学校，指定接收的专门学校路程较远，学生和家长不同意转送	18.49%	0	37.50%
由于普通学校对转送学生态度生硬，难以说服家长同意学生到专门学校就读	16.72%	42.86%	18.75%
由于家长担心学生无法转出专门学校，不同意学生到专门学校就读	14.63%	0	18.75%
由于普通学校与专门学校沟通机制不畅，学生不能顺利转到专门学校	10.61%	14.29%	12.50%

从数据统计结果来看，普通学校受访者认为在转送过程中遇到的主要困难是：普通学校和学生本人、家长对学生的认识分歧较大，学生和家长对专门学校存在较大的偏见，以及缺少转送的标准。专门学校对此问题的意见与普通学校基本类似，但是从排序上看，专门学校受访者认为学生和家长对专门学校的偏见是重要的影响因素。区教委受访者认为在转送过程中遇到的主要困难是：缺少转送的标准，学生和家长对于专门学校存在较大的偏见，家长认为普通学校将学生转送至专门学校是推卸责任的做法，以及辖区内没有专门学校。

三、专门学校转送机制个案访谈

（一）访谈情况

本课题组对4个区（县）的普通学校的教师及区教委专门负责这一工作的老师进行了访谈，并邀请专门学校的主管老师通过焦点小组的方式收集整理了部分资料。取样时，尽量邀请所有能够参加的专门学校的老师来进行访谈，以获取更多的资料。

（二）访谈方式

主要通过个案访谈和焦点小组两种方式开展调研。

个案访谈是指通过单独访谈的方式，调查受访者对于某一情况的认识和了解情况。通过个案访谈，能够收集到细致深入的信息，对所调研的问题有一个比较全面的了解。焦点小组是指由一小部分人组成一个小组，就一个核心问题展开讨论，其有助于大家相互激发想法，在小组互动中获取更多的信息。

在本次调研中，对于普通学校的教师和区教委的负责教师，主要采用的是个案访谈的方式，有助于了解到更加深入的信息；对于专门学校负责转送的教师，主要采用的是焦点小组的方式，由于他们之间的同质性较强，在焦点小组过程中容易激发更多的想法，获取更多的信息。

（三）访谈中呈现的主要信息

在访谈过程中，对于学生转送专门学校机制的问题，学校教师和教委老师从不同的视角提出了现阶段存在的问题，并给出了一些建设性的意见。总的来说，普通学校在教育特殊学生的问题上存在着很多困扰，但是，目前的转送机制很难保障有需要的学生顺利转入专门学校。除此之外，也有很多教师反映，专门学校的社会形象、普通学校在教育问题学生过程中的无力感、学生多种分流途径等都严重影响了学生转送专门学校的过程。

1. 普通学校教师对专门学校了解太少

（1）部分普通学校教师不知道专门学校的存在。在访谈过程中，我们发现，有很多普通学校教师不知道专门学校的存在。当访谈员提及专门学校的时候，老师们表示很惊讶，“这种学校现在还存在吗？”这种情况在接受访谈的教师中是比较普遍的，大多数教师表示困惑、不了解。

（2）部分普通学校教师不知道如何将学生转送到专门学校。由于部分普通学校教师根本不知道专门学校的存在，因而对于如何将学生转送到专门学校就更加不了解。不知道在什么样的情况下，可以将学生转送到专门学校；不知道转送时应当与谁联系；不知道转送之后还需要怎样配合。教师们在这些方面存在着很多的困惑。

（3）部分普通学校教师对于专门学校存在较大的偏见。很多普通学校教师表示，和专门学校之间没有什么联系，对于专门学校的了解还停留在他们童年时的印象。而对于专门学校近年来发生的变化，很多普通学校教师表示“一无所知”。从这个角度上来看，当前专门学校在社会中的形象问题仍然存在。

2. 需要明确转送的标准

很多教师认为，应当制定更加明确且可操作性强的转送标准；在转送过程中，应当由第三方进行评估确认，降低学生、家长对于评估结果的排斥性，促进学生顺利转送到专门学校。

四、专门学校转送机制问题整理及对策分析

（一）在转送过程中出现的主要问题

在前期问卷调查和个案访谈的基础上，笔者清晰地意识到，转送过程中存在的问题，与转送机制中涉及的各类定义不明确密切相关，与区教委、专门学校和普通学校之间的联系较少密切相关，与专门学校在社会中的形象较差密切相关。

（二）有效做法

（1）定期到普通学校主动沟通，借用各种机会增进联系，从被动等待转向积极服务。

（2）修炼内功，实现良性循环。

（3）形成有效的沟通机制。

（三）应对建议

1. 明确转送的可操作细则

究竟学生的行为呈现出哪些特点就可以转送？这是很多普通学校教师一直感到困惑的问题，因此，需要制定详细的评价标准，当达到这个标准时，就可以进行转送。在调研中，也有一些普通学校教师提到，这个标准的制定，可以培养学生的敬畏感，促进学生建立内心的价值秩序。

2. 引入第三方机构协助完成学生转送评估

在现有的转送过程中，由于学生平时的教育和学生的转送评估都是由普通学校来完成的，使得一部分家长认为学校是在推卸责任，导致很难同意签订三方协议。为了解决这一问题，可以引入第三方机构，秉承对学生负责的态度，协助完成学生转送评估工作。

3. 加强专门学校建设

专门教育是国民教育体系的组成部分，是对有严重不良行为的未成年人进行教育和矫治的重要保护处分措施。《中华人民共和国预防未成年人犯罪法》把专门教育和专门学校建设上升到国家高度，彰显了国家意志，明确规定了专门学校的性质、地位、任务和专门教育的层级责任。

五、义务教育阶段未成年人转送专门学校机制流程

根据前期的各项研究，本课题组设计了适合北京特点的转送专门学校机制流程，如附图1所示。

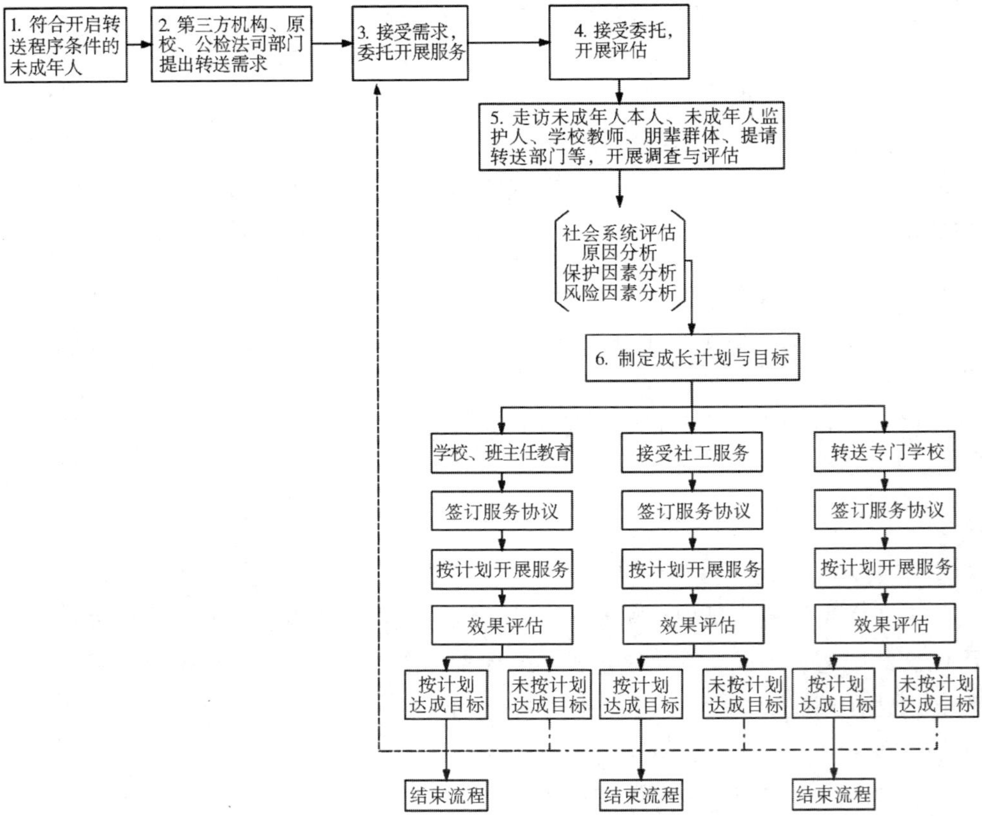

1. 符合开启转送程序条件的未成年人
2. 第三方机构、原校、公检法司部门提出转送需求
3. 接受需求，委托开展服务
4. 接受委托，开展评估
5. 走访未成年人本人、未成年人监护人、学校教师、朋辈群体、提请转送部门等，开展调查与评估

社会系统评估
原因分析
保护因素分析
风险因素分析

6. 制定成长计划与目标

学校、班主任教育 → 签订服务协议 → 按计划开展服务 → 效果评估 → 按计划达成目标 → 结束流程 / 未按计划达成目标

接受社工服务 → 签订服务协议 → 按计划开展服务 → 效果评估 → 按计划达成目标 → 结束流程 / 未按计划达成目标

转送专门学校 → 签订服务协议 → 按计划开展服务 → 效果评估 → 按计划达成目标 → 结束流程 / 未按计划达成目标

附图1　转送专门学校机制流程

（一）核心理念

帮助教育是转送专门学校机制流程的核心要义。对于任何一个由于各种原因进入该流程的学生来说，我们的目的都是考察和评估其行为表现和学校适应性，并有针对性地设计促进其积极正向发展的计划，并努力执行这一计划，促进学生自主成长、自我更新。

（二）关键环节

1. 符合开启转送程序条件的未成年人

本研究讨论的是义务教育阶段涉法涉诉青少年的转送机制问题，所面向的学生主要分为两种类型：一是违反《治安管理处罚法》的义务教育阶段学生；二是发生犯罪行为的学生，其面临的结果可能是附条件不起诉、相对不起诉或缓刑（在这里，不讨论已经被判处实刑的案例）。“符合开启转送程序条件的未成年人”的行为表现主要包括：纠集他人结伙滋事，扰乱治安；携带管制刀具，屡教不改；多次拦截殴打他人或者强行索要他人财物；传播淫秽的读物或者音像制品等；进行淫乱或者色情、卖淫活动；多次偷窃；参与赌博，屡教不改；吸食、注射毒品；具有不服从监护人正当保护的习性；无正当理由而对家庭没有亲近感；多次离家出走；不纯异性交游行为；夜游行为。这里所指的条件，只是开启转送程序的条件，也就是说，当义务教育阶段的未成年人符合上述所列部分标准时，就可以提请相关部门，要求开启转送程序，但转送是否能够确认，还需要后续的评估来跟进。

2. 第三方机构、原校、公检法司部门提出转送需求

目前，转送程序的提起方多为原校。但是，有很多种情况原校并不了解，因此，还需要公检法司部门的介入。一旦公检法司部门接收到相关案件，便可以比对具体条件，决定是否提起转送程序。

3. 接受需求，委托开展服务

丰富提起转送程序的主体，是为了从更多的角度观察和了解未成年人的具体情况，从而为其提供及时有效的教育保护。笔者建议，可以借鉴我国台湾地区的做法，由少年法庭担任接收主体。先在某一区的少年法庭开展试点工作，而后推动相关政策的不断完善，所有与未成年人权利保护和教育矫正相关的事件，都经由少年法庭进行裁决，以此来保障未成年人的合法权益。此外，也可以考虑由专门学校担任接收主体，教育委员会负责推进、指导、协调、监督专门学校的工作，确保服务质量。

4. 接受委托，开展评估

由具备专业资质的青少年社会工作服务机构接受委托，并开展有效评估。首先，这一机构的社会工作者通常具备较为完善的社会学知识体系和较强的沟通能力，能够协助学校教师以更加系统的观点和视角来观察学生，获得更加完整的资料，并保证资料的客观性与真实性。

5. 走访未成年人本人、未成年人监护人、学校教师、朋辈群体、提请转送部门等，开展调查与评估

秉承帮助教育的核心理念，走访未成年人本人、未成年人监护人、学校教师、朋辈群体、提请转送部门等，开展调查与评估。一是“社会系统评估”，了解学生当前的生活状态、生活环境、身边有哪些重要他人以及成长经历等。二是“原因分析”，基于“社会系统评估”得到的信息，分析事件发生的原因。三是“保护因素分析”，分析在学生已有的社会系统（包括正式系统和非正式系统）中，哪些因素是能够促进其获得良好发展的；哪些因素是可以调动其积极性的。四是“风险因素分析”，分析在学生已有的社会系统（包括正式系统和非正式系统）中，哪些因素是阻碍其发展，需要在后期的帮助教育过程中予以修正或调整的。

6. 制定成长计划与目标

青少年社会工作服务机构依据社会工作专业理论知识与实践技巧，为学生制定成长计划与目标。具体地说，可以根据学生的社会系统支持情况采取以下三种方式。

（1）学校、班主任教育。对于问题十分轻微、主观恶性较小、社会支持较好的学生，适合采用学校、班主任教育的方式。也就是说，对于这样的学生，学校和班主任给予更多的关注和教育就能够促进其积极成长。按照已有的成长计划，若到期能够达到所规定的目标，则结束流程；若到期不能达到所规定的目标，则重新回到评估环节，重新评估问题，并讨论、制定新的成长计划和更加适合的成长发展方式。

（2）接受社工服务。对于具有明显的心理、行为或社会适应问题的学生，适合采用要求其定期接受社工服务的方式来促进其成长。社工服务通常安排在放学后、周六日或寒暑假，开展有针对性的专业服务。专业服务不仅包括对于学生的服务和帮助，还包括对于其家长的服务和支持。同样，若到期能够达到所规定的目标，则结束流程；若到期不能达到所规定的目标，则重新回到评估环节，重新评估问题，并讨论、制定新的成长计划和更加适合的成长发展方式。

（3）转送专门学校。对于心理、行为、社会适应问题较为严重，主观恶性较大，社会支持相对较弱的学生，适合采用转送专门学校的方式进行帮助教育。按照拟定的教育方案开展成长促进服务，到期对于学生进行重新评估，讨论下一阶段更加适合学生发展的成长促进方式。需要说明的是，这部分成长促进工作由专门学校主要负责，同时需要普通学校、司法部门、第三方机构及学生家长共同

推动支持。

（三）其他需要注意的事项

1. 理念转变与保密原则

社会工作者应当转变工作理念，不排斥、不歧视、守信义、多倾听、非评判，理解学生的行为选择，从帮助教育的角度出发，促进学生的积极成长。此外，为了降低标签效应对于学生的影响，成长协调会议应当在校外召开，所有参会的资料应当保密，不记入学生个人档案。

2. 降低普通学校对于转送工作的压力

从教委层面和学校层面，明确教育保护的方式和途径，降低普通学校对于转送和帮助教育工作的压力，根据学生身心发展的需要开展有针对性的主题教育。但不论是采取哪种教育帮助方式，都离不开普通学校的协助与支持。

3. 积极推动各部门间的联系与协调机制

针对在调查中发现的教委、普通学校、司法部门三方联系较弱的问题，加强协调机制，定期召开协调会议，通报最近的学生情况，沟通工作经验以及遇到的困难。教委、普通学校、司法部门、第三方机构之间应当设立“对接窗口”，做好协调与对接工作，推动青少年社会服务工作再上新台阶。

后记一

在社会经济不断发展、我国社会主要矛盾已经转化为人民日益增长的美好生活需要和不平衡不充分的发展之间的矛盾的背景下，专门学校引入社会工作有着重要的意义。

第一，专门学校引入社会工作服务回应了新时代下专门教育面临的新的发展需要。社会发展提出的新要求、产生的新变化，需要专门教育继续发挥矫治未成年人不良行为、预防未成年人违法犯罪的重要作用，更加积极、深入地参与到社会治理的过程中，因此，社会工作嵌入专门学校的教育体系是社会治理方式的进步。

第二，社会工作进入专门学校可以看作是专门教育领域与社会工作领域之间的跨领域合作，有利于跨专业、多领域育人合作方式的探索，从而更加综合、系统地解决学生成长中的困境、问题。

第三，在更加具体、微观的教育转化过程中，社会工作者介入专门学校开展服务，可以综合运用社会学、人类学、心理学等学科的知识与理论，协助完成对学生的教育矫治工作，有助于专门学校教育矫治工作实现科学化、现代化的进一步发展。

鉴于以上社会工作融入专门教育的重要意义，海淀寄读学校自 2014 年起引入社会工作，驻校社工在实践中取得了突出的成绩。

第一，面向主要的服务群体——学生，驻校社工在运用专业知识和技巧辅助矫治个别学生的同时，还积极开展假期校外社会实践与兴趣手工活动、校内特色校本课程及菜单式小组服务，课间活动全程陪伴学生，有效地丰富了学生的校园生活，让很多学生找到了乐趣、提升了自信心，减少了学生之间的冲突、改善了同学关系，有助于学生的个人成长、全面发展。

第二，在学校这个主要的工作环境中，驻校社工通过日常与老师的工作配合与协调、策划校级大型活动等方式，促进生生、师生之间关系更加融洽，增强了学生的班级归属感、学校归属感，有助于营造更加和谐的校园环境。

第三，面向学生的家庭，通过线上推送相关教育文章，线下组织亲子活动、家长讲座和开展家庭个别化辅导的方式，向学生家长传递新型教育理念，架起家校沟通、合作的桥梁，协助学校更好地推进家长工作，有助于学生更加长远地发展。

基于驻校社工已经取得的卓有成效的实践，现提出对于未来社会工作专业发展的由衷期望。

希望国家的社工事业尽快发展起来。社会工作作为解决社会问题、促进社会发展的重要制度性手段，在我国全面深化改革、推进社会治理现代化的社会背景下发挥着日益重要的作用，社会工作专业化、职业化、本土化的进步与蓬勃发展，是我国制度进步、社会进步、人文关怀的具体实现。

希望普通教育能够引入社会工作力量，努力使社会工作者成为学校在岗在编的一员，使社会工作成为关乎整个国家和民族命运的教育事业中的重要组成部分。普通学校对于社会工作的接纳、引入，有助于社会工作发挥自身的专业学科、专业技能的优势，更好地参与、补充到普通教育进程中，助力普通教育的发展。

希望专门教育领域可以全面引入驻校社工。目前，在我国的专门教育发展中，值得正视的问题是有些专门学校的教育管理方式还不够科学、不完全符合偏差行为学生的教育规律和特点，这就需要专门学校充分发挥主动性，进一步突破瓶颈、探索新的发展方向，而引入社会工作力量是解决专门学校发展难题的路径之一。专门教育领域对于社会工作力量更加全面地引入，有助于专门学校更好地发挥自身作用，助力偏差行为学生的全面健康成长。

相信在各方的通力合作下，专门教育可以进一步转型，实现持续跨越发展，社会工作发展也会迎来自己的春天。

姚鹏龄

2021 年 9 月

后记二

完成《嵌入与建构：专门学校社会工作服务模式研究》一书的统稿工作之后，我终于有一种如释重负的感觉。常常想起自己小时候与奶奶一起观看以海淀工读学校为题材的电视剧《寻找回来的世界》时的懵懵懂懂，彼时无论如何也想不到将来会与社会工作结下不解之缘。2008 年毕业后，尚未办完入职手续的我，就在酷暑中与席小华教授及社会工作专业的学生一起奔赴海淀寄读学校参与“温暖心泉——中学生成长夏令营”活动。2010 年初春，我又全程参加了针对北京市工读教育系统教师的培训工作。我不知道这些经历会有什么收获，也不知道由此走进的世界自己将飘向何处，然而，阅读完本书，让我豁然开朗。

本书中的文字，不仅贯穿了海淀寄读学校与北京超越青少年社工事务所五年来对专门学校社会工作服务模式的思考，也填补了我国本土学校社会工作理论与实务研究的空白。众所周知，尽管近年来我国社会工作的发展势头十分迅猛，但就学校场域社会工作而言，却始终踟蹰不前，至今只有“星星之火，难见燎原”之势。因此，海淀寄读学校这一实践空间的获得并且坚持达五年之久实属难能可贵。

首先，驻校社工与专门学校的学生、家庭及教师建立了信任关系。与服务对象建立良好的专业关系，是有效开展社会服务工作的前提和基础。在专门学校开展服务的初期，不仅是学生，包括学校的教师以及家长在内，对“社会工作”都不是很了解，甚至没有听说过这个名词，当然也就不会有专业社会工作服务的需要。正如舒茨所言，以往的主观经验构成了一个普通人面对情景时可以利用的“手头知识”，当普通人的这些“手头知识”不能发挥作用时，就会产生“危机”，破坏个人对日常生活的自然态度或现实感。这就意味着如果驻校社工照搬传统专业社会工作建立关系的方法，将面临失效的危险。因此，如何建立实质性的信任关系成为专门学校社会工作服务实践的一个难题。在这方面，驻校社工的努力和付出显然为我们打开了另一个窗口。在实践中，驻校社工以普适视角将学生、家长和教师作为服务对象，认为不论其行为或文化有着怎样的差别，彼此之间都是可以理解、可以沟通、可以结成亲密的社会联系的。从这个角度看，为了与专门学校的师生或家长建立良好的专业关系，驻校社工必须耐心、勇敢、富有同情心、讲信用、始终保持一颗好奇心，坚持不作价值判断。建立关系是一个缓慢的过程，不可能一蹴而就，社会工作者需要花费时间去赢得对方的信任，学习对方的言辞方式，理解对方的世界观。

许多驻校社工走近服务对象时，都要忍受服务对象的沉默、试探、猜疑甚至拒绝，但他们始终保持不卑不亢、平等诚恳的态度，一有机会就向对方介绍自己的工作目的，但绝不询问对方的隐私，努力保持平等、尊重和关爱的心态。由于有的服务对象总是把驻校社工当作老师或者想象成类似师长的角色，不敢过分地展现自己的个性。在这种情况下，驻校社工需要保持平等和尊重的心态来对待服务对象，时间久了，服务对象自然就放开了，而且随着关系越来越熟，会在接触中逐渐改变自己原先的角色设定，人际气氛将日渐轻松自如。同时，驻校社工也努力挖掘服务对象的需求和兴趣。驻校社工在服务过程中面临的主要问题就是不知道与学生在一起时该做些什么、聊些什么。比如，有的学生简单地说“只要玩就行”，但是怎么“玩”才是他最喜欢的，并且是社会服务计划中所允许的，确实需要费一番脑筋。此外，驻校社工始终在一种自然的日常生活处境中与服务对象对话交流，相信每个学生都具有一定的优势，即使他们在某些方面有所欠缺，但是他们是可以塑造的，可以在正确的指引下做得更好。其关键是设身处地地理解他们的内心世界，探索他们内心深处的情感体验和愿望，并相信他们自身存在着改变的潜能。驻校社工的作用在于在潜移默化中获得学生的认可，并促进学生自身潜能的实现，从而提升其抗逆力。

从本书中的服务案例来看，驻校社工之所以取得了服务对象的认可和信任，不仅仅是宽容、理解和尊重服务对象，还将教育、管理与服务实践寓于服务对象的实际生活；在服务的焦点上，更加关注服务对象的发展需要，而不是问题本身，使社会工作服务介入方式更容易在服务对象的日常生活中展开；在服务的手段上，驻校社工不仅注重利用语言和行动，还注意与其他一些实际交往场景中的手段结合起来影响服务对象，防止双方因为陌生产生摩擦和冲突，摆脱彼此的排斥感，让社会工作者的服务介入更为自然。

其次，驻校社工从来不居高临下或把自己视为驻足片刻的“鸟瞰者”，而是通过各种专业方法获得专门学校学生的默会知识，寻找合适的服务或干预策略。不少社会工作者在接触服务对象之前，往往只是借助二手材料的概括性描述或量化工具获得学生的某些群体知识，不仅忽略了对服务对象微观个体的考察，而且缺乏文化与社会的内涵。从本书中的服务案例来看，驻校社工与专门学校学生建立了平等友好的关系，并且牺牲大量业余时间创造深入体验对方同伴交往和亲子关系的机会，寻找主流叙述以外的下行概念，以便熟悉学生的文化剧目，娴熟地应对学生的各种挑战。通过细致入微的观察体验，驻校社工不仅能够体会专门学校学生所处的社会位置，而且逐渐留意到该群体文化观念建构的“必然性”和“无奈”。本书多数服务策略的出发点，正是从这种看似“无奈”，却是服务对象必须选择的结果出发，去探析专门学校学生的思维逻辑，寻找该群体与社会和历史的共生关系，并在此基础上设计出符合该群体知识价值观和需求的适切的服务方案。对于驻校社工而言，专门学校服务对象的概念性是独一无二的，只有站在对方的角度从他们的眼光去体味，才能真正了解其背后的文化意义。

专门学校的学生与成年人的思维方式迥异，他们有着自己的生存哲学的逻辑趋向。当他们的需求得不到满足时，他们就会努力地改变现状，去寻找其他途径释放能量。叛逆只是一种“补偿性策略”，尽管不被成人世界所认可，但是只要得到关注就证明了自身的存在与价值。事实上，专门学校的学生深知成人世界对他们的预期是什么，且不断运用积极的或消极的能量去和成人世界互动，定义和评估自身的成长，建构自己的生存环境和生存方式。他们的行为背后便是他们所坚守的信念，这种信念往往是社会工作者在社会化过程中所缺少的，需要用心观察，梳理其内在逻辑，挖掘其内在效能性，促进专门学校学生自主学习、自主发展。在本书的服务案例中，驻校社工主动融入学生的日常生活，站在受助者的角度去搜集材料和分析问题，发现学生及其所在的环境中的优势和资源，并在此基础上，深入探索服务群体认同感的文化脉络、文化逻辑和文化需求，真正做到平等、接纳和尊重。

当然，社会工作和学校教育的合作与磨合绝非一帆风顺，从本书的字里行间可以感受到二者之间始终都存在着对话的张力。社会工作进入专门学校是一个复杂的实践过程，驻校社工可通过嵌入中的信任建构，在服务取向上以增能视角代替问题视角，着重从专门学校学生认知修正、发展能力体验爱的价值等思路推进服务，使他们拥有价值观，并产生应对挫折的信心和勇气。通过不断拓展和深化各种服务，使学校社会工作者成为融合社会工作和学校教育的促进者。

周锦章

2021 年 9 月